張松輝 注譯
周鳳五 校閱

新譯沖虛至德真經

三民書局

國家圖書館出版品預行編目資料

新譯冲虛至德真經／張松輝注譯;周鳳五校閱.－－二版三刷.－－臺北市：三民，2023
面；　公分.－－(古籍今注新譯叢書)

ISBN 978-957-14-2471-2 （平裝）
1. 列子－注釋

121.321

古籍今注新譯叢書
新譯冲虛至德真經

注譯者　張松輝
校閱者　周鳳五

發行人　劉振強
出版者　三民書局股份有限公司
地　址　臺北市復興北路 386 號 (復北門市)
臺北市重慶南路一段 61 號 (重南門市)
電　話　(02)25006600
網　址　三民網路書店 https://www.sanmin.com.tw

出版日期　初版一刷 1997 年 1 月
二版一刷 2008 年 1 月
二版三刷 2023 年 1 月
書籍編號　S031260
ISBN　978-957-14-2471-2

三民書局

刊印古籍今注新譯叢書緣起

劉振強

人類歷史發展，每至偏執一端，往而不返的關頭，總有一股新興的反本運動繼起，要求回顧過往的源頭，從中汲取新生的創造力量。孔子所謂的述而不作，溫故知新，以及西方文藝復興所強調的再生精神，都體現了創造源頭這股日新不竭的力量。古典之所以重要，古籍之所以不可不讀，正在這層尋本與啟示的意義上。處於現代世界而倡言讀古書，並不是迷信傳統，更不是故步自封；而是當我們愈懂得聆聽來自根源的聲音，我們就愈懂得如何向歷史追問，也就愈能夠清醒正對當世的苦厄。要擴大心量，冥契古今心靈，會通宇宙精神，不能不由學會讀古書這一層根本的工夫做起。

基於這樣的想法，本局自草創以來，即懷著注譯傳統重要典籍的理想，由第一部的四書做起，希望藉由文字障礙的掃除，幫助有心的讀者，打開禁錮於古老話語中的豐沛寶藏。我們工作的原則是「兼取諸家，直注明解」。一方面熔鑄眾說，擇善而從；一方面也力求明白可喻，達到學術普及化的要求。叢書自陸續出刊以來，頗受各界的喜愛，使我們得到很大的鼓勵，也有信心繼續推廣這項工作。隨著海峽兩岸的交流，我們注譯的成員，也由臺灣各大學的教授，擴及大陸各有專長的學者。陣容的充實，使我們有更多的資源，整理更多樣化的古籍。兼採經、史、子、集四部的要典，重拾對通才器識的重視，將是我們進一步工作的目標。

古籍的注譯，固然是一件繁難的工作，但其實也只是整個工作的開端而已，最後的完成與意義的賦予，全賴讀者的閱讀與自得自證。我們期望這項工作能有助於為世界文化的未來匯流，注入一股源頭活水；也希望各界博雅君子不吝指正，讓我們的步伐能夠更堅穩地走下去。

新譯沖虛至德真經　目次

導讀

《冲虛至德真經》不僅是道教的一部重要經典，也是道家、乃至於中國思想史上的一部重要典籍。為了幫助讀者更好地理解這部道教要籍，我們將對它的書名、作者、內容等作一簡單介紹。

一 書名

《冲虛至德真經》原名《列子》，本屬道家書籍。東漢末年，道教產生並逐步發展壯大，成為中國的一大宗教。由於道教與道家有着極為密切、甚至是不可分割的關係，因而道家的典籍也就自然而然成為道教的典籍，於是，《列子》就逐漸受到道教的重視。

唐朝建立以後，皇室為了抬高自己的身價，同時也由於在建唐的過程中，曾得到道士們的有力支持，唐皇室便自認是道教始祖老子的後代，加封老子為玄元皇帝，因此，道教在唐代得到極大的重視。開元年間，唐玄宗置崇玄館，讓部分士子學習《老子》、《莊子》、《列子》

和《文子》，並納入科舉體系，當時稱「道舉」。天寶元年（西元七四二年），唐玄宗又封莊子為南華真人，改《莊子》為《南華真經》；封列子為冲虛真人，改《列子》為《冲虛真經》；封文子為通玄真人，改《文子》為《通玄真經》；封庚桑子為洞虛真人，改《庚桑子》為《洞虛真經》。這一舉措，極大地提高了《列子》也即《冲虛真經》的社會地位。

到了宋代，政府掀起了又一次崇道高潮。宋真宗時，仿效唐朝宗祖老子的辦法，編造出一個名叫趙元朗的人作為宋皇室的始祖，並把他視為道教天尊之一。宋景德年間，又加稱《冲虛真經》為《冲虛至德真經》。明代編修的《正統道藏》即以這個書名收入。我們的這個譯注本就是以《正統道藏》的版本為底本。

所謂的「冲虛」，就是「冲淡虛靜」的意思。它主要包括沒有欲望、沒有主觀成見等含義。虛靜淡泊，是道家至道教的一貫主張。道教認為，只有排除欲望和成見，纔能更好地去體驗大道和遵循大道，從而達到得道成仙的最終目的。由此可見，「冲虛」在修道過程中的重要作用。關於《列子》一書的主旨，《呂氏春秋・不二》和《尸子・廣澤》都評價為：「列子貴虛。」而「冲」也就是「虛」的意思。因此，唐代改《列子》為《冲虛真經》是有其根據的，也是恰當的。

所謂的「至德」，意思就是至高無上的品質。古人說的「德」與今人相比，含義要廣泛得多。道家、道教以「道」為最高哲學概念，「道」既是萬物之源，又是萬物（包括人在內）所必須遵循的規律和法則。人們學習的目的就是去認識、掌握這個客觀的「道」，而被人們認識、掌握的那部分「道」，就叫作「德」。所以王弼在《老子注》中曾解釋說：「德者，得也。」因此，「至德」也就是得道的意思。

總之，《冲虛至德真經》這一名稱，極為充分地體現了道家、道教的思想風格，也較為準確地概括了全書的要旨。

二 作者

關於《冲虛至德真經》的作者列禦寇，是學術界爭論較多的一個問題。

首先，有人懷疑本書作者列子是虛構的人物，如宋代的高似孫就認為：「豈禦寇者，其亦所謂鴻蒙、列缺者歟？」（《子略》）持這一觀點者的主要依據是《莊子・天下》和《荀子・非十二子》在論述學術流變時，沒有提到列子，司馬遷的《史記》也未提到列子。但這種論證方法是有漏洞的，因為某幾本書沒有記載某個人物，並不能證明這個人物就不存在，更何況這些書都沒有否認過列子的存在。

古今的大多數學者認為歷史上確有列子其人，《莊子》的許多篇章都記載了列子的言行，其後的《呂氏春秋・不二》把列子同其他思想家相提並論，說：

> 老聃貴柔，孔子貴仁，墨翟貴廉，關尹貴清，子列子貴虛，陳駢貴齊，陽生貴己，孫臏貴

勢，王廖貴先，兒良貴後。

《呂氏春秋》的寫作年代距列子年代不遠，作者這樣評價，應當是可信的。《戰國策．韓策二》也記載了有關列子的思想：

史疾為韓使楚，楚王問曰：「客何方所循？」曰：「治列子圉寇之言。」曰：「何貴？」曰：「貴正。」

《戰國策》雖有不少浮誇之詞，但基本上是一部信史。漢代班固在《漢書．藝文志》中也說：「《列子》八篇。」清人在《四庫提要》中總結說：「當時實有列子，非莊周之寓名。」

我們同意這一觀點，認為先秦時代的確有列子這麼一個人。根據散見於各種典籍的材料，可以對列子生平作以下簡單構畫。

列子，名禦寇，又作列圄寇或列圉寇。生活年代大約在老子的學生關尹之後、莊子之前。因為據《莊子》的〈達生〉和《列子》的〈說符〉記載，列子曾向關尹學過道。也就是說，列子生活於戰國前期。列子是鄭國人，是一位一生未曾入仕、生活貧寒的隱士。他早年曾從師學習，學成後自己也收徒傳道，他主要繼承老子、關尹一派的道家思想，是先秦道家的一位重要學者。

其次爭論的一個問題是，《冲虛至德真經》是否列禦寇本人所著。現在的學術界一般認為，現存的《冲虛至德真經》既非列子所著，也非《漢書・藝文志》講的「八篇」，真正的《列子》八篇已亡佚，現存的版本為魏晉間人所偽造。其主要證據是：第一，《冲虛至德真經》裡摻雜著大量的魏晉思想。第二，書中使用了許多先秦時代不可能有的詞彙。對此，不少學者都列舉了實例，我們在此不一一詳舉。總之，認為《冲虛至德真經》是後人偽造的學者很多，古代的有柳宗元、高似孫、黃震、宋濂、姚鼐，近現代的有梁啟超、胡適、馬敘倫、楊伯峻、任繼愈等。

那麼作偽者是誰呢？有人認為是為《列子》作注的張湛。張湛字處度，晉朝人。據他在《列子注》的序中講，是他的祖父在永嘉之亂後，分別從幾家藏書中收集整理而成的。現存的本子，就是張湛注釋過的本子。但認為是張湛作偽的說法也很難服人，因為張湛在注釋中承認自己有「未詳此義」的地方，甚至有注錯之處，並且多次批評書中矛盾、失實和誣賢的觀點。如果說是張湛本人偽造此書，就無法解釋以上現象。所以現在又有人認為，《冲虛至德真經》的作者是魏晉人，但究竟是誰，已不清楚。這種觀點似有道理，但終屬揣測之詞，難為確論。

我們很贊成《四庫全書總目提要》的說法：

> 凡稱子某子者，乃弟子之稱師，非所自稱，此書皆稱子列子，則決為傳其學者所追記，非

禦寇自著。

也就是說，《冲虛至德真經》這本書確非列子本人所著，書中稱列子為「子列子」已充分證明此書是列子的學生或後學的追記，就如孔子的學生追記孔子的言行而成《論語》一樣。

列子死後，他的後學們根據各自的所見所聞，把列子的有關思想、言行記載下來，拼湊成書。由於列學不是顯學，沒有受到社會的足夠重視，再加上焚書坑儒政策的摧殘和連年戰爭的浩劫，所以《冲虛至德真經》這本書在流傳過程中不絕如游絲，出現了很多訛誤和殘缺。據現有史料，至少劉向和張湛都對它進行過收集和整理。在收集整理過程中，特別是在流傳、轉抄的過程中，後人在這本書中不可能不摻進一些自己的語言。這就是《冲虛至德真經》中為什麼會出現少量後代語言的緣故。至於說《冲虛至德真經》中有魏晉思想，則純屬捕風捉影之說，因為我們很難證明，魏晉人所崇尚的思想，就一定是魏晉人的創造。相反，魏晉人的許多思想，都能從先秦諸子中找到根據。因此，我們不能依據《冲虛至德真經》的某些思想與魏晉思想有相似之處，就斷定本書是魏晉人所著。我們為什麼不能認為是魏晉人吸取了《冲虛至德真經》的思想呢？

所以我們認為，《冲虛至德真經》的作者是列子的後學，雖然書中可能摻入後人的一些語言或觀點，但其所載言行基本上體現了列子的風貌，是一部可信的早期道家著作。

三　思想內容

由於《冲虛至德真經》不是出自一人之手，而是由列子的後學拼湊而成，所以其內容比較龐雜，有時甚至出現矛盾，個別地方還有重複。但這本書畢竟是由道家一派寫成的，所以全書也有一以貫之的主題。下面，我們將緊扣著本書與道教的關係這一點，談談它的內容。

第一，以道為最高概念。

從老子到後來的道教，毫無例外都把道作為自己的最高哲學概念，《冲虛至德真經》也是如此。作者認為，道是天地萬物的始祖，是天地萬物產生的根源和存在的根據。天地萬物是有生有滅、有始有終的，而道卻是永恆不變的。正是這個不變的道安排了天地萬物的一切，但這種安排是無意識的，因為道與人格化的上帝不同，道沒有思想，沒有偏好，它本身就是無意識的，然而它又是不可違背的。從這一點講，道與今人所講的客觀規律極為相似。

正是因為道具有至高無上、不可違背的權威，所以人們就要盡力地去認識道、遵循道。按照道辦事，從大的方面講，能夠使政治清明、社會安定；從小的方面講，能夠使個人心平體康，避災取福。道教是宗教，但也注重現實政治，所以道教修道的目的一是要長生成仙，二是要治國安邦。《冲虛至德真經》既講無為政治，又講個人養生，不少地方也談到了神仙。可以說，這是本書與道教的一個很重要的契合點。比如〈黃帝〉中就描寫了一位能自高投下、入火不傷、沈水不溺、名叫商丘開的人；還描寫了一位能住進石壁、出入水火、上下飄蕩的無名人。很明顯，這些人就是作者心目中的得道之人，而這些得道之人的表現與道教中的得道神仙基本上一樣。

第二，在學道的方法上，以虛靜為主，這一點也與道教一致。

道教認為，要想得道成仙，就必須排除一切嗜欲和成見，甚至連妻子兒女都不要，專心入深山修煉。《冲虛至德真經》也持這種觀點，在〈黃帝〉中，列子之所以能夠乘風而行，就是因為他做到了「亦不知我之是非利害歟，亦不知彼之是非利害歟」，世俗上的一切利害得失都拋之腦後。不塞不流，不破不立，只有清除世俗的欲望和成見，纔能為道留下一片領地。這種學道方法不僅適用於道家、道教，而且還具有普遍的啟發意義。

第三，《冲虛至德真經》的政治觀與道教基本相同。

《冲虛至德真經》的政治觀就是「無為而治」，其主要內容基本上是繼承了老子思想。在〈黃帝〉和〈湯問〉中，作者都比較集中地描寫了理想的社會政治，在這樣的社會裡，沒有上下君臣之分，人們不競不爭，更無相害之心，他們不知樂生，也不知惡死，不知利己，也不知疏人。總之，那裡的人無智無欲，一切都是順應自然本性而為。這樣的社會與原始天放的社會相似，但又在原始社會的基礎上有所美化。當然，作者除了嚮往自然天放的社會外，也提出了一些較為現實的政治主張，如〈說符〉所強調的「舉賢而任之」等等。

道教與佛教不同，道教既重視個人修道成仙，也關心世事政治，不少著名道士都提出過較為系統的政治觀。道教產生於東漢末年，與原始天放的社會相距更遠，所以道教的政治主張更貼近現實，但其根本主旨仍與道家、與《冲虛至德真經》相通，那就是無為而治。特別是對統治者，要求他們清靜寡欲、任賢使能，一切順應自然。這些在著名道士葛洪的《抱朴子・外篇》就有詳細的論述。在此後的道教中，其政治觀雖各有不同，但崇尚清靜無為，卻是他們共同的地方。

第四，處世態度。

《冲虛至德真經》的處世思想是複雜的，有時甚至是矛盾的。比如它有時提倡清靜寡欲，有時又主張任情縱欲。這種矛盾現象的產生，主要是因為本書不是出自一人之手，而且書中點明，持縱欲觀的主要是楊朱。實際上，在現實生活中，不僅人與人之間的觀點矛盾，即便是同一個人，其思想觀點因時間、環境的不同，也會出現矛盾。因篇幅關係，我們不可能詳細討論這個問題，只能簡單介紹其主要的處世態度。

謙退柔弱，以後取先。書中反覆闡述這一處世態度，如〈說符〉中就先後用了幾個寓言故事來說明「持後」的道理。但作者強調謙退柔弱，只是把它作為一種手段，通過這種手段，以達到不衰不敗的目的。這也即人們常說的以後取先、以退為進的策略。後來的道教對此很欣賞，如唐代道士王玄覽就在《玄珠錄》中強調人性應如水性、柔弱不爭的問題。

審時度勢，順應自然。這也是道家、道教的一貫主張。所謂順應自然，就是順應大道。具體講，就是順應大道為人所安排的、包括自然、社會在內的客觀形勢。順應了這個形勢就興旺發達，否則就會衰敗，乃至於滅亡。《冲虛至德真經》的這一觀點無疑是正確的。

相信天命以求心理平衡。在〈力命〉中，作者雖然沒有完全排除人力的作用，但認為人生的最終結果──貧富、貴賤、壽夭等，全是由命運決定的。作者宣揚這種命定論思想，其主觀目的是為了讓失意的人們保持心理平衡，用作者自己的話講，懂得天命以後就會「衣其短褐，有狐貉之溫；進其茙菽，有稻粱之味；庇其蓬室，有廣廈之蔭；乘其篳輅，若文軒之飾」（〈力命〉）。無論物質生活如何不好，精神上也會快樂無比。命定論固然不對，但它既能調節人的心理，客觀上也是對「窮聖而達逆，賤賢而貴愚，貧善而富惡」這一不合理社會現象的一次揭露和抨擊。

淡泊名利與享樂主義的矛盾和統一。作者認為名和利往往會給人帶來麻煩，因此最好要遠離名利。但〈楊朱〉所鼓吹的享樂主義者無不是以財富為基礎的，沒有雄厚的經濟為後盾，享樂也就無從談起。於是作者又提出要有利之名，除有害之名。至於如何對待利，當然也要不偏不倚，多少適中。但人的欲望是無限的，作者在描寫子產兄弟時，也注意到這一點（見〈楊朱〉），那麼不多不少的利又如何能滿足無限的欲望呢？這是本書試圖統一而又無法統一的地方。當然，由於本書作者非一，他們也許根本就沒有考慮到統一的問題。另外要說明的是，遠名利的思想與道家、道教的清靜無為思想相聯繫，享樂縱欲主張與道家、道教的順應自然思想相聯繫（享樂是天賦予人的本性之一），二者都能從道家、道教的哲學思想中找到根據。

四　文學成就

《冲虛至德真經》不僅具有較高的思想學術價值，而且也取得了相當高的文學成就，主要表現在：

第一，現實主義與浪漫主義的高度統一。

本書的寫作目的很清楚，就是為了解決一些現實的具體問題，如社會問題、人生問題等。但作者在論述這些問題時，往往採用了浪漫主義手法，用極為豐富的想像和誇張的手段來闡述與人們生活息息相關的事情。比如著名的愚公移山故事，它所闡明的道理是現實的，具有處理世事的實際作用，但作者的想像是豐富的，其故事情節很明顯也是虛構的，帶有強烈的浪漫主義色彩。另如作者在描寫萬物生成過程、得道後的表現時，都摻進了大量的想像成分，使全書具有與《莊子》相類似的「汪洋恣肆」的特點。

第二，善於用淺近的寓言故事說明深奧的哲理。

用寓言故事說理是先秦諸子所常用的藝術手法，但《冲虛至德真經》表現得尤為突出，全書由一百個左右的寓言故事構成，從不同的方面闡述不同的道理。有講哲理的，有講政治的，有講學習的，也有講處世的。這些故事大多都有一個共同的特點：用人人都明白的故事去說明艱澀難懂的道理。比如在講到學術流變會使學術越來越遠離大道時，作者採用了「歧路亡羊」這個故事，使這一複雜的學術問題變得淺顯易懂了。

第三，語言質樸無華，準確形象。

《冲虛至德真經》不僅同後代的辭賦相比，即便同《莊子》相比，其語言也顯得質樸得多。全書既沒有故作高深之語，也沒有華麗虛浮之詞。所以唐代柳宗元評價說：「其文辭類《莊子》，而尤質厚。」（〈辨列子〉）本書語言的另一特點就是準確形象，如〈楊朱〉描寫公孫朝好酒的情況：

朝之室也聚酒千鍾，積麴成封，望門百步，醴漿之氣逆於人鼻。方其荒於酒也，不知世道之安危，人理之悔吝，室內之有亡，九族之親疏，存亡之哀樂也。雖水火兵刃交於前，弗知也。

這一段不僅描寫了酒鬼醉後的感受，還刻畫了他生活的酒環境，所用語言既準確又生動，使讀者讀後，眼前能清楚地凸現出一個好酒者的形象。

《冲虛至德真經》一書的內容繁富，闡述了許多深刻的人生哲理，短短的一篇導讀很難面面俱到地予以介紹。待讀者讀過本書，相信會有很大收益。本譯注以《正統道藏》中的《冲虛至德真經》為底本，除對個別明顯錯字、錯句進行校正外，盡量保持原貌。在譯注時，譯注者以簡明扼要為準則，不作不必要的考證和引述。另外，本譯注有選擇地吸取了不少前人的研究成果，也有作者自己的點滴心得。由於譯注者的學術水準所限，書中的缺陷和錯誤在所難免，希方家不吝指正。

張松輝

一九九六年十月十四日

天瑞第一

【題解】道家往往把道、天、自然相提並論，「天瑞」的意思即「道的表現」、「大自然的表現」。本篇主要論述了道產生天地萬物的過程以及事物之間相互轉化的情況，同時也提出了順應自然、樂天知命的人生態度。特別是對於生死問題，作了較多的討論，認為死亡就是歸家、死亡就是休息。

子列子❶居鄭圃❷，四十年人無識者。國君卿大夫眎❸之，猶眾庶也。國不足❹，將嫁❺於衛。弟子曰：「先生往無反期，弟子敢有所謁❻，先生將何以教？先生不聞壺丘子林❼之言乎？」子列子笑曰：「壺子何言哉？雖然，夫子嘗語伯昏瞀人❽，吾側聞❾之，試以告女❿。其言曰：有生不生⓫，有化不化。不生者能生生，不化者能化化。生者不能不生，化者不能不化，故常生常化。常生常化者，無時不生，無時不化，陰陽爾⑫，四時⑬爾。不生者疑獨⑭，不化者往復⑮，其際⑯不可終，疑獨其道不可窮。」

【章旨】本章主要描寫道生萬物及其本身亙古不變的特性。

【注釋】❶子列子　「子」是古人對男子的尊稱。前一「子」相當於「老師」，是弟子對老師的尊稱。列子，名禦寇，鄭國人，春秋末或戰國初年的道家學者。❷鄭圃　鄭國的一個地名。❸眎　「視」的異體字。❹不足　衣食不足。指發生饑荒。❺嫁　遷居。❻敢有所謁　有所請教。敢，謙辭，表示「不敢」、「斗膽」意。謁，請教。❼壺丘子林　人名，複姓壺丘。相傳為鄭國人，列子的老師。❽伯昏瞀人　人名，相傳是列子的朋友，壺丘子林的學生。❾側聞　從旁邊聽說。多用於謙辭。❿女　通「汝」。你。⓫有生不生　有一種東西，能生出萬物，而不被其他事物所產生。這種東西即「道」。道家認為，道是天地萬物產生的根源，而道本身是不生不滅、亙古不變的。以下數句都是描寫道的特性。⓬陰陽爾　陰陽二氣就是如此。古人認為，陰陽二氣不斷交融、不斷變化而生出萬物。爾，代指上文的「無時不生，無時不化」。⓭四時　四季。⓮疑獨　永恆不變、獨一無二。這是對道的描寫。疑，通「凝」。不變。⓯往復　循環。⓰際　時間。

【語譯】列子住在鄭圃，四十年而沒有人了解他。國君與公卿大夫看待列子，就像看待普通民眾一樣。鄭國發生饑荒，列子準備遷居到衛國。他的學生說：「先生這一走不知何時纔能回來，學生斗膽向您請教，先生將用什麼來教導我們呢？先生不是聽說過壺丘子林的言論嗎？」列子笑著說：「壺子哪裡說過什麼啦？雖然如此，壺子還是曾經對伯昏瞀人講述過一些事情，我在旁邊聽到了，現在就嘗試著告訴你們。他說：有一種東西——道，能產生萬物而自身不為外物所產生，能使萬物變化而自身卻永恆不變，不為外物所產生的能夠產生萬物，自身不變化的能夠使萬物變化。被產生的萬物不能不產生，被變化的萬物不能不變化，因此萬物經常都在產生，經常都在變化。經常產生、經常變化的萬物，無時無刻不在產生，無時無刻不在變化，陰陽二氣就是如此，春夏秋冬四季也是如此。不被外物所產生的道是亙古不變、獨一無二的，亙古不變的道循環往復，在時間上是沒有終結的，永恆唯一的道所蘊含的奧妙道理也是無法窮盡的。」

《黃帝書》❶曰：「谷神❷不死，是謂玄牝❸。玄牝之門，是謂天地之根。綿綿若存，用之不勤❹。」故生物者不生，化物者不化。自❺生自化，自形自色，自智自力，自消自息❻。謂之生化、形色、智力、消息者，非也。

【章旨】本章緊承上章，進一步說明道與萬物之間的關係。

【注釋】❶《黃帝書》 書名。以下引文也見於《老子》。❷谷神 指道。谷，山谷，此處指虛空。道是虛寂無形的，故以谷神喻之。❸玄牝 微妙的雌性生殖器官。玄，微妙。牝，雌性生殖器官。此處用來比喻道。

❹勤　盡。❺自　自然而然。❻息　生息；生長。

【語　譯】《黃帝書》說：「道永恆存在，它猶如雌性的生殖器官。雌性生殖器官的門戶，就是天地產生的根源。道無形無象，似有似無，然而卻用之不盡。」所以產生萬物的道自身不被外物所產生，使萬物變化的道自身卻不變化。萬物自然而然地產生，自然而然地變化，自然而然地成形，自然而然地著色，自然而然地有了智慧，自然而然地有了力量，自然而然地消亡，自然而然地生長。如果認為道是有意識地讓萬物產生、變化、成形、著色、有智慧、有力量、消亡、生長的話，那是錯誤的。

子列子曰：「昔者聖人因❶陰陽以統天地。夫有形者生於無形，則天地安從❷生？故曰：有太易❸，有太初❹，有太始❺，有太素❻。太易者，未見氣也；太初者，氣之始也；太始者，形之始也；太素者，質之始也。氣形質具而未相離，故曰渾淪❼。渾淪者，言萬物相渾淪而未相離也。視之不見，聽之不聞，循❽之不得，故曰易也。易無形埒❾，易變而為一❿，一變而為七⓫，七變而為九⓬。九變者，究⓭也，乃復變而為一。一者，形變之始也。清輕者上為天，濁重者下為地，沖和氣⓮者為人。故天地含精，萬物化生。」

【章　旨】本章闡述了天地萬物由無到有的產生過程。

【注　釋】❶因　順應。❷安從　從哪裡。安，哪裡。❸太易　指空虛無物的狀態。❹太初　指元氣萌發時的狀態。❺太始　指萬物開始成形時的狀態。❻太素　指萬物具備特性時的狀態。❼渾淪　萬物還未分離、混而為一時的渾沌狀態。❽循　尋找。❾形埒　形體與界線。❿一　這裡指萬物變化的最初狀態。⓫七　指萬物變化的中期狀態。⓬九　古人以「九」為極限數字，此處指萬物發展到極限的狀態。⓭究　窮極。⓮沖和氣　中和之氣。

【語　譯】列子說：「從前，聖人順應陰陽變化來治理天地萬物。有形體的事物產生於沒有形體的事物，那麼天地是從哪裡產生出來的呢？所以說：有太易，有太初，有太始，有太素。所謂太易，是指世界上連元氣都沒有的那種狀態；所謂太初，是指開始出現元氣的那種狀態；所謂太始，是指開始出現形體的那種狀態；所謂太素，是指事物性質開始確定時的那種狀態。元氣、形體、性質雖已具備但彼此還沒分離，所以稱這種狀態叫『渾淪』。所謂渾淪，就是說萬物渾然一體而尚未分離。看它看不見，聽它聽不到，找它找不著，所以把它叫作『易』。易沒有形體、沒有界線，易發生變化而成為『一』，一再變化而成為『七』，七繼續變化而成為『九』。變化到九，也就到了究盡極限的地步，於是又變化回復到『一』。所謂『一』，就是指萬物形體開始變化時的狀態。那時，清虛輕盈的氣上浮而成為天空，渾濁沈重的氣下降而成為大地，中和之氣就變化成為人。所以說天地之間充滿了精氣，萬物便得以化育生長。」

子列子曰：「天地無全❶功，聖人無全能，萬物無全用。故天職生覆❷，地職形載，聖職教化，物職所宜❸。然則天有所短，地有所長，聖有所否❹，物有所通❺。何則？生覆者不能形載，形載者不能教化，教化者不能違所宜，宜定者不出所位❻。故天地之道❼，非陰則陽；聖人之教，非仁則義；萬物之宜，非柔則剛：此皆隨所宜而不能出所位者也。故有生者，有生生❽者；有形者，有形形者；有聲者，有聲聲者；有色者，有色色者；有味者，有味味者。生之所生者死矣，而生生者未嘗終❾；形之所形者實矣，而形形者未嘗有；聲之所聲者聞矣，而聲聲者未嘗發；色之所色者彰矣，而色色者未嘗顯；味之所味者嘗矣，而味味者未嘗呈：皆無為❿之職也。能陰能陽⓫，能柔能剛，能短能長，能圓能方，能生能死，能暑能涼，能浮能沉，能宮能商⓬，能出能沒，能玄⑬能黃，能甘能苦，能羶⑭能香。無知也，無能也⑮，而無不知也，而無不能也⑯。」

【章　旨】本章認為，所有的具體事物，包括天地聖人在內，都各有長處，也各有短處。唯有道是無所不能的，進一步強調了道的重要性和至高地位。

【注　釋】❶全　齊備；完備。❷生覆　生育庇護萬物。❸所宜　所適宜做的事情。❹否　缺陷。❺通　長處；優點。❻位　範圍。❼道　法則。❽生生　產生生命。前一「生」字為動詞，後一「生」字為名詞。下面的「形形」、「聲聲」、「色色」、「味味」與此同。❾生生者未嘗終　產生生命的道不曾終結。道家認為，道雖能產生萬物，但道本身卻是無始無終、無形無象、無滋無味、看不見摸不著的。❿無為　順應自然，不摻進任何主觀意志地做事。此處是說道是無為的。⓫能陰能陽　以下十二句的主語都是道。⓬能宮能商　能產生宮音，也能產生商音。宮和商，古代音樂中的兩種音調。⓭玄　深黑色。⓮羶　「膻」的異體字。羊肉的氣味。⓯無知也無能也　道家認為，道沒有主觀意識，因此從這個角度講，道是無知無能的。⓰無不知也而無不能也　道雖然沒有主觀意識，但它卻生育萬物，支配萬物。因此從客觀效果看，道又是無不知、無不能的。

【語　譯】列子說：「天地沒有完備無缺的功能，聖人沒有完備無缺的本領，萬物沒有完備無缺的用途。所以天的職能只是育護生命，地的職能只是負載萬物，聖人的職能只是教化萬物，萬物的職能只是做一些適宜自己做的事情。那就是說，天有自己的短處，地有自己的長處，聖人有自己的缺陷，萬物有各自的優點。為什麼這樣講呢？育護萬物的天不能載負萬物，載負萬物的地不能教化萬物，教化萬物的聖人不能違背萬物各自所適應的特性，適應了一定特性的萬物不能超出各自所適應的範圍。所以天地的法則，不是陰就是陽；聖人的教化，不是仁就是義；萬物所適應的特性，不是柔就是剛：這些情況都是順應了各自所適應的特性而不能超出各自本性範圍之外。所以天地間有生命，有產生生命的道；有形體，有產生形體的道；有聲音，有產生聲音的道；有顏色，有產生顏色的道；有滋味，有產生滋味的道。產生出來的生命已經死亡，而產生生命的道卻不會完結；產生出來的形體已經成為實有，而產生形體的道卻沒有顯現；產生出來的聲音已經被聽到，而產生聲音的道卻沒有發出任何聲響；產生出來的顏色已經顯露，而產生顏色的道卻沒有出現；產生出來的滋味已經被品嘗，而產生滋味的道卻沒有顯示：這些情況都是道的無為職能促成的。道能陰能陽，能柔能剛，能短能長，能圓能方，能生能死，能熱能涼，能浮能沉，能宮能商，能出能沒，能玄能黃，能甜能苦，能羶能香。道無知、無能，然而它又無所不知、無所不能。」

子列子適❶衛，食於道，從者見百歲髑髏，攓蓬❷而指，顧謂弟子百豐曰：「唯予與彼知而未嘗生、未嘗死也❸。此過養❹乎？過歡乎？種有幾❺，若鼃❻為鶉，得水為㡭❼，得水土之際❽，則為鼃蠙之衣❾，生於陵屯❿，則為陵舄⓫。陵舄得鬱棲⓬，則為烏足⓭。烏足之根為蠐螬⓮，其葉為胡蝶。胡蝶胥⑮也化而為蟲，生竈下，其狀若脫⑯，其名曰鴝掇⑰。鴝掇千日化而為鳥，其名曰乾餘骨⑱。乾餘骨之沫⑲為斯彌⑳。斯彌為食醯頤輅㉑。食醯頤輅生乎食醯黃軦㉒，食醯黃軦生乎九猷㉓。九猷生乎瞀芮㉔，瞀芮生乎腐蠸㉕。羊肝化為地皋㉖，馬血之為轉燐㉗也，人血之為野火㉘也。鷂之為鸇㉙，鸇之為布穀，布穀久復為鷂也。燕之為蛤㉚也，田鼠之為鶉也，朽瓜之為魚也，老韭之為莧也。老羭㉛之為猨㉜也，魚卵之為蟲。亶爰㉝之獸，自孕而生曰類。河澤之鳥，視㉞而生曰鶂㉟。純雌其名大腰㊱，純雄其名稺蜂㊲。思士不妻而感㊳，思女不夫而孕。後稷生乎巨跡㊴，伊尹生乎空桑㊵。厥昭㊶生乎濕，醯雞㊷生乎酒。羊奚㊸比乎不筍㊹，久竹㊺生青寧㊻，青寧生程㊼，程生馬，馬生人。人久入於機㊽。萬物皆出於機，皆入於機。」

【章旨】此章列舉了許多事物的變化情況，其中不少內容純屬作者的想像，不符合事實。但也有一定的啟發意義。

【注　釋】❶適　到；去。❷攓蓬　拔去野草。攓，拔。蓬，野草名。❸唯予句　只有我和那髑髏曉得人無所謂生、無所謂死的道理。而，你；你們。此處泛指人。髑髏無知，不知分辨生與死。列子用道家「萬物齊同」的觀點看待生死，生與死也就沒有差別，故有「未嘗生、未嘗死」之語。❹過養　很痛苦。過，過分；很。養，通「癢」。煩悶痛苦。❺種有幾　物種變化有微妙之處。幾，微；微妙。❻鼃　即「蛙」的古體字。青蛙。❼𢇍　通「繼」。水草名，即水綿。❽水土之際　水土相交之處，即水邊。❾鼃蠙之衣　蘊藻、浮萍之類的水草。❿陵屯　土堆；丘陵。⓫陵舄　車前子之類的草。⓬鬱栖　肥土。⓭烏足　草名。⓮蠐螬　蟲名，即金龜子的幼蟲。⓯胥　不久。⓰脫　脫了一層殼。⓱鴝掇　小蟲名。⓲乾餘骨　鳥名。⓳沫　口中的黏液。⓴斯彌　蟲名。㉑食醯頤輅　蟲名。㉒食醯黃軦　蟲名。㉓九猷　蟲名。㉔瞀芮　蟲名。㉕腐蠸　小蟲名。㉖地臯　草名。㉗轉燐　飄動的燐火。㉘野火　野地之火，即後人所說的鬼火。㉙鸛　鳥名。㉚蛤　蛤蜊，生活於近海泥沙中的一種軟體動物。㉛羭　黑母羊。㉜猨　猿猴。㉝亶爰　山名。㉞視　此處指雌性鳥與雄性鳥互相對視。㉟鶂　鳥名。㊱大腰　龜鼈之類。㊲穉蜂　一種小蜂名。㊳感　此處指男女房事的感覺。㊴後稷句　後，常作后。相傳后稷的母親姜嫄，見到一個大人足跡，因好奇而踏上，心中有異樣感覺，接著有孕，生下后稷。后稷很有才能，長大後成為堯的賢臣，也即周代之祖。㊵伊尹句　相傳伊尹的母親住在伊水邊，有孕。夢見神仙告訴她說：「看見臼裡冒出水就馬上向東走，不要回頭！」第二天，臼裡冒出水來，她便叫鄉親們一起向東走。走了十里纔回頭看，家鄉已被水淹沒，而伊尹母親卻化為一株中空的桑樹。後來一女子採桑時，在桑樹的空洞中得一嬰兒，取名叫伊尹。伊尹長大後成為商湯王的賢相。㊶厥昭　蟲名。㊷醯雞　一種小飛蟲。㊸羊奚　一種植物名。㊹比乎不筍　生於不筍竹上。比，連接。引申為生於……。不筍，一種竹類植物。㊺久竹　竹子名。㊻青寧　蟲名。㊼程　豹子。㊽人久入於機　是說人活久了就會死去，再次進入微妙的變化之中，化生出其他各種東西來。機，通「幾」，微妙的變化。

【語　譯】列子到衛國去，途中吃飯時，隨行人員看見路邊有一具百年左右的死人枯骨，列子拔去蓬草指著枯骨，回頭對弟子百豐說：「唯有我與這具枯骨纔懂得人無所謂生、也無所謂死。這具枯骨很痛苦嗎？我們活著的人很歡樂嗎？物種變化很有點微妙，比如青蛙會變成鵪鶉，有了水的滋潤，還會變成水綿草，在水邊則會變作浮萍之類的草，如果長在丘陵上，就會變為車前草。車前草得到肥土，則變為烏足草。烏足草的根變化為金龜子幼蟲，烏足草的葉子變化為蝴蝶。不久蝴蝶又變為蟲，這些蟲生長在竈臺的下面，樣子好像蛻了一層皮，它們的名字叫鴝掇蟲。鴝掇蟲經過千日又變為鳥，名字叫乾餘骨。乾餘骨鳥口中的黏液變成斯彌蟲。斯彌蟲變成食醯頤輅蟲。食醯頤輅蟲生出食醯黃軦蟲，食醯黃軦蟲生出九猷蟲。九猷蟲生出瞀芮蟲，瞀芮蟲生出腐蠸蟲。羊肝變化為地臯草，馬血變化為磷火，人血變化為鬼火。鷂鳥變成鸇鳥，鸇鳥變成布穀鳥，布穀鳥經歷一段時間仍變成鷂鳥。燕子變為蛤蜊，田鼠變為鵪鶉，腐爛的瓜變成魚，老韭菜變成莧菜。老黑母羊變化為猿猴，魚卵變化為小蟲。亶爰山上的野獸，獨自懷孕而生的小獸叫作「類」。河澤裡的鳥，雌雄互相對視而生的小鳥叫作「鶂」。純雌性的龜鼈叫大腰，純雄性的蜂叫穉蜂。思念女子的男士不娶妻就有房事的感覺，思念男士的女子不嫁人就會懷孕。后稷是因為母親踏了大人的足跡而出生，伊尹則出生於母親變成的桑樹空洞裡。厥昭蟲產生於潮濕的地方，醯雞蟲產生於酒氣之中。羊奚生長在不筍竹上，久竹產生出青寧蟲，青寧蟲產生豹子，豹子產生馬，馬產生人。人生活久了會死去，重新進入微妙的變化之中。萬物都是在微妙的變化之中產生出來，死後又回到微妙的變化裡去。」

《黃帝書》曰：「形動不生形而生影，聲動不生聲而生響，無❶動不生無而生有❷。」形，必終者也。天地終乎？與我偕終❸。終，進❹乎？不知也。道終乎？本無始；進乎？本不久❺。有生則復於不生，有形則復於無形。不生者❻，非本不生者也；無形者，非本無形者也。生者，理❼之必終者也。終者不得不終，亦如生者之不得不生。而欲恆其生，盡其終❽，惑於數❾也。精神者，天之分❿；骨骸者，地之分。屬天，清而散；屬地，濁而聚。精神離形，各歸其真⓫，故謂之鬼。鬼，歸也，歸其真宅⓬。黃帝曰：「精神入其門⓭，骨骸反其根，我尚何存？」

【章旨】本章論述了有生必有終的道理。

【注釋】❶無　指無形無象、無聲無味的道。❷有　指有形體的萬物。❸與我偕終　與我一起終結。道家追求的就是與天地自然融為一體，故有此語。❹進　通「盡」。什麼也沒有。下一「進」字與此同義。❺久　當為「有」。指有形體。❻不生者　沒有生命的物質。❼理　自然法則。❽盡其終　沒有終結。❾數　自然法則。

❿天之分　屬於上天的一部分。⓫真　本原狀態。⓬真宅　老家。⓭門　門戶。這裡指上天。

【語譯】《黃帝書》說：「形體活動不產生形體而產生影子，聲音激盪不產生聲音而產生回響，無形無象的道進行運動不產生道而產生有形體的萬物。」有形體的萬物，必然要終結。那麼天地會終結嗎？天地大概會同我一起終結吧！終結之後，就一無所有了嗎？不知道。道會終結嗎？而道本來就沒有一個開始；道會變得一無所有嗎？而道本來就沒有任何形體。有生命的東西將復歸於無生命的狀態，有形體的東西將復歸於無形體的狀態。沒有生命的東西，並非原來就沒有生命；沒有形體的東西，並非原來就沒有形體。有生命的東西，按照自然法則必然要終結。必然終結的生命不能不終結，正如生命的誕生不能不誕生一樣。如果想讓生命永恆存在，不讓它終結，那就是不懂得自然法則。精神這東西，本屬上天的一部分；骨骸這東西，本屬大地的一部分。屬於天的精神，清盈而散漫；屬於地的骨骸，渾濁而凝聚。精神與形體分離以後，各自回歸到各自的本來狀態，所以把這種死亡情況叫作「鬼」。鬼，就是回歸的意思，指回歸到自己的老家。黃帝說：「精神進入自己的家門——上天，骨骸返回自己的根源——大地，我個人還留存點什麼呢？」

人自生至終，大化有四：嬰孩也，少壯也，老耄❶也，死亡也。其在嬰孩，氣專志一，和之至也，物不傷焉，德莫加焉❷。其在少壯，則血氣飄溢❸，欲慮❹充起，物所攻焉，德故衰焉。其在老耄，則欲慮柔❺

焉，體將休焉，物莫先❻焉，雖未及嬰孩之全，方❼於少壯，間❽矣。其在死亡也，則之❾於息焉，反其極❿矣。

【章旨】本章描寫了人生四個階段的情況，主張應該像嬰兒那樣無知無欲、精神專一。

【注釋】❶耄　年老。❷德莫加焉　品質達到最高境界。道家的「德」有自己的具體內容，主要是順應自然、無知無欲、恬淡處世。❸血氣飄溢　猶言「血氣方剛」。飄溢，盛滿。❹欲慮　欲望。❺柔　弱；減弱。❻先　首先。指放在最優先、最重要的位置上。❼方　比。❽間　通「閒」。安閑、恬淡。指不把名利太放在心上。❾之　到；達到。❿極　極點；最高境界。道家認為，人死後，纔算返歸本宅、回歸自然，恢復了自己的本來面目。

【語譯】人從出生到死亡，經歷了四個大的變化階段：兒童時期、青壯年時期、老年時期、死亡時期。兒童時期，精神意念專一，是身心最為和諧的時期，因此外物不能傷害他，他的品質達到最高理想境界。青壯年時期，血氣方剛，欲望強烈，因此外物就會對他加以侵害，他的品質也因而衰退。到了老年時期，欲望減弱，生命就要結束，身外之物不能引起他太大的興趣，雖然比不上兒童的品質完美，但與青壯年時相比，心境要恬淡得多了。到了死亡的時候，就處於一種安息狀態，返回到最高理想境界之中了。

孔子遊於太山❶，見榮啟期❷行乎郕❸之野，鹿裘帶索❹，鼓琴而歌。

孔子問曰：「先生所以樂，何也？」對曰：「吾樂甚多。天生萬物，唯人為貴，而吾得為人，是一樂也。男女之別，男尊女卑，故以男為貴，吾既得為男矣，是二樂也。人生有不見日月❺不免襁褓❻者，吾既已行❼年九十矣，是三樂也。貧者，士之常❽也；死者，人之終也。處常得終，當何憂哉？」孔子曰：「善乎！能自寬者也。」

【章　旨】本章通過孔子與榮啟期的對話，讚美了樂天知命、善於自寬的生活態度。

【注　釋】❶太山　即泰山。❷榮啟期　人名，春秋末期的隱士。❸郕　地名，在今山東省寧陽縣東北。❹鹿裘帶索　以鹿皮作衣服，以繩索作腰帶。❺不見日月　沒看見日月就死去。指胎兒在母腹中夭亡。❻不免襁褓　沒脫離襁褓就死去。指幼兒夭亡。襁褓，包嬰兒的被、毯等。❼行　將近。❽常　常見現象；普遍境況。

【語　譯】孔子在泰山遊覽時，看見榮啟期在郕地的野外行走，他穿著粗製的鹿皮衣服，腰上繫著繩索做成的腰帶，彈著琴，唱著歌。孔子問：「先生為什麼會這樣快樂呢？」榮啟期回答說：「讓我快樂的事太多了。天生育了萬物，其中只有人最高貴，而我能成為一個人，這是第一件讓我快樂的事。男女之間有差別，男尊女卑，所以人們以男子為尊貴，而我已經成為一個男子，這是第二件讓我快樂的事。有的人沒出生就夭折了，有的人死於襁褓之中，而我已經活到將近九十歲了，這是第三件讓我快樂的事。至於貧窮，那是讀書人的普遍境況；死亡，是所有人的必然歸宿。我生活於讀書人的一般境況之中，走向人的必然歸宿，還有什麼值得憂愁呢？」孔子說：「您講得真好啊！您是一位能自我寬慰的人。」

林類❶年且百歲，底春被裘❷，拾遺穗於故畦，並歌並進❸。孔子適❹衛，望之於野。顧謂弟子曰：「彼叟❺可與言者，試往訊之！」子貢❻請行。逆之隴端❼，面之而嘆曰：「先生曾不悔乎？而行歌拾穗。」林類行不留，歌不輟❽。子貢叩之不已❾，乃仰而應曰：「吾何悔邪？」子貢曰：「先生少不勤行，長不競時❿，老無妻子，死期將至，亦有何樂，而拾穗行歌乎？」林類笑曰：「吾之所以為樂，人皆有之，而反以為憂。少不勤行，長不競時，故能壽若此。老無妻子，死期將至，故能樂若此。」子貢曰：「壽者，人之情；死者，人之惡。子以死為樂，何也？」林類曰：「死之與生，一往一反。故死於是者，安知不生於彼⓫？故吾知其不相若⓬矣，吾又安知營營⓭而求生非惑乎？亦又安知吾今之死不愈⓮昔之生乎？」子貢聞之，不喻⓯其意，還以告夫子。夫子曰：「吾知其可與言，果然。然彼得之⓰而不盡者也。」

【章旨】本章用意與上一章相似，主張人在貧窮、困苦、死亡等災難面前，應善於自寬，保持達觀的態度。

【注釋】❶林類　人名，春秋末期的隱士。❷底春被裘　已是春末，還穿著皮衣。這說明林類貧窮，無衣可換。被，通「披」。穿。❸並歌並進　邊唱邊走。❹適　到。❺叟　老人。❻子貢　人名，孔子的學生。❼逆之隴端　在田頭迎著林類。逆，迎。之，代指林類。隴，通「壟」。田地分界的埂子。端，頭。❽輟　停止。❾叩之不已　不停地詢問。叩，問。❿競時　積極主動地去把握時機。⓫故死於是者二句　在此處死去，在另一個地方出生。道家認為，人死後，其身體變為物質性的氣，這種氣還可以演變為其他事物。也有人用佛教的輪迴思想解釋這兩句話。⓬不相若　不相似；不一樣。⓭營營　苦苦追求的樣子。⓮愈　超過。⓯喻　明白。⓰之　代指林類所講的關於貧富、生死等道理。

【語譯】林類年近百歲，到了春末，仍穿著皮衣，在田地裡撿拾掉在地上的麥穗，他一邊向前走，一邊唱著歌。孔子到衛國去，在田地裡望見林類，就回頭對弟子說：「那位老人是一位值得與他談談的人，試著去問問他！」子貢請求讓他去。子貢在田頭迎上林類，面對林類嘆了口氣，說：「先生難道不感到後悔嗎？這樣大的年紀還在唱著歌拾麥穗。」林類繼續往前走，歌聲也沒有停止。子貢詢問再三，林類纔抬起頭來，回答說：「我有什麼值得後悔呢？」子貢說：「先生您少年時不勤奮努力，長大後也不積極主動地去把握時機，年紀老了連妻子兒女都沒有，而且也快要死了，這些事又有什麼快樂而使您邊拾穗邊唱歌呢？」林類笑著回答說：「我認為快樂的事情，人人都有，只不過他們反而把這些事情看作憂愁而已。我少年時不勤奮努力，長大後不去費盡心機尋找時機，所以我纔能如此長壽。我老了而沒有妻子兒女，死期也快到了，因此我纔能如此快樂。」子貢說：「長壽，是每個人所希望的；死亡，是每個人所討厭的。而您卻把死亡看作快樂的事情，這是為什麼呢？」林類說：「死亡與出生，猶如一來一往。所以死在這個地方的人，又怎知他不會在另一個地方出生呢？我知道生與死是不一樣的，但我怎能知道苦苦求生不是一種糊塗行為呢？我又怎能知道死後的生活不會比活著時的生活更美好一些呢？」子貢聽了這些話，不明白其中的含義，回去告訴了孔子。孔子說：「我知道那位老人值得與他談談，果真如此。但是，他雖然懂得處世、生死等許多道理，卻沒有達到完美的程度啊。」

子貢倦於學，告仲尼❶曰：「願❷有所息。」仲尼曰：「生無所息。」子貢曰：「然則賜❸息無所乎？」仲尼曰：「有焉耳。望其壙❹，睪如❺也，宰如❻也，墳如❼也，鬲如❽也，則知所息矣。」子貢曰：「大哉死乎！君子息焉，小人伏焉❾。」仲尼曰：「賜，汝知之矣。人胥❿知生之樂，未知生之苦；知老之憊，未知老之佚⓫；知死之惡，未知死之息也。晏子⓬曰：『善哉！古之有死也。仁者息焉，不仁者伏焉。』死也者，德之徼⓭也。古者謂死人為歸人。夫言死人為歸人，則生人為行人矣。行而不知歸，失家者也。一人失家，一世非⓮之；天下失家，莫知非焉。有人去鄉土，離六親⓯，廢家業，遊於四方而不歸者，何人哉？世必謂之為狂蕩之人矣。又有人鍾賢世⓰，矜巧能⓱，修名譽，誇張⓲於世而不知已者，亦何人哉？世必以為智謀之士。此二者胥失者也，而世與一不與一⓳。唯聖人知所與，知所去⓴。」

【章　旨】本章繼續對死亡給予肯定，認為死亡使君子得到休息，使壞人停止作惡，使人們回歸自己的真正家園。

【注　釋】❶仲尼　孔子的字。❷願　希望。❸賜　子貢的名。❹壙　墓穴。此處指墳墓。❺睪如　圓圓的樣子。❻宰如　高高的樣子。❼墳如　高貌。高於周圍的土堆叫「墳」。❽鬲如　像鬲鼎一樣。鬲，古代烹煮器之一，樣子像鼎。這裡用來形容墳堆的模樣。❾君子二句　高尚的人得到休息，壞人也停止作惡。根據下文「仁者息焉，不仁者伏焉」，這裡的君子和小人是指品質高尚的人和品質惡劣的人。伏，躺下。引申為停止作惡。❿胥都。⑪佚 通「逸」。安逸。⑫晏子 春秋時齊國大夫，著名的政治家。⑬德之徼 得到歸宿。德，通「得」。徼，歸。⑭非 批評；責怪。⑮六親 指父、母、兄、弟、妻、子。⑯鍾賢世 聚集在太平社會上。鍾，聚集。賢，美好。⑰矜巧能 誇張自己的才能。⑱誇張 炫耀。⑲與一不與一 贊成一個，責備一個。前「一」字指智謀之士，後「一」字指狂蕩之人。與，贊成。⑳去 排斥；反對。

【語譯】子貢厭倦了學習，就對孔子說：「我真想休息一會兒。」孔子說：「活著就不能休息。」子貢說：「那麼我就沒有休息的時間了嗎？」孔子說：「有啊！當你望見那墳墓，圓圓的、高高的、隆隆的，像個鬲鼎模樣，你就知道什麼時候纔能休息。」子貢說：「死亡真偉大呀！死後，品質高尚的人得到休息，壞人也停止了作惡。」孔子說：「賜，你已經明白了死亡的含義。人們都知道活著的快樂，不知道活著的痛苦；知道老時的疲憊，不知道老時的安逸；知道死亡的壞處，不知道死後可以得到休息。晏子說：『自古就有死亡，這真是太好了！死後，仁人得到休息，壞人也停止了作惡。』死去的人，得到了自己的歸宿。古人稱呼死人叫歸人。說死人是歸人，那麼活人就是行人了。四處行走而不知道回家，就是拋棄家庭的人。一個人拋棄家庭，全社會都責備他；整個天下人都拋棄家庭，卻沒有人知道去責備他們。如果有人離開故鄉，告別親人，廢棄家業，遊蕩於四方而不返家，那麼這算什麼樣的人呢？社會上一定稱他是狂蕩之人。如果還有人聚集在安定的社會上，誇張自己的才能，追求美好的名聲，無休無止地在社會上炫耀自己，那麼這又是一種什麼樣的人呢？社會上一定認為他是智謀之士。這兩種人都不對，而社會上卻贊成智謀之士，反對狂蕩之人。只有聖人纔知道應該贊成什麼，應該反對什麼。」

或❶謂子列子曰：「子奚貴虛❷？」列子曰：「虛者無貴也❸。」子列子曰：「非其名也，莫如靜，莫如虛。靜也，虛也，得其居❹矣。取也，與也，失其所矣。事之破䃣❺，而後有舞❻仁義者，弗能復也。」

【章　旨】本章主張人生處世，應該虛靜恬淡，不可太看重名利。

【注　釋】❶或　有人。❷虛　虛靜恬淡。指淡泊名利、超然物外的生活態度。❸虛者無貴也　虛靜恬淡的人什麼也不重視。真正做到「虛」的人，對任何事情都淡然處之，即使對於「虛」本身，他也會忘掉的。❹得其居　找到了正確的安身立命的地方。❺事之破䃣　事情辦壞了。䃣，通「毀」。毀壞。❻舞　舞弄；宣揚。

【語　譯】有人問列子：「您為什麼重視虛靜恬淡呢？」列子回答說：「真正做到了虛靜恬淡的人什麼也不會重視的。」列子接著又說：「排除名利思想，最好做到恬靜，做到虛淡。做到了恬靜，做到了虛淡，也就找到了正確的安身立命之處。想謀取點什麼，想施捨點什麼，都是沒有找到正確的安身立命之處的表現。事情辦壞了，然後去宣揚仁義加以補救，這已不可能再恢復事情的原來面貌了。」

粥熊❶曰：「運轉亡❷已，天地密移，疇❸覺之哉？故物損於彼者盈於此，成於此者虧於彼。損盈成虧，隨世❹隨死，往來相接，間不可省❺，疇覺之哉？凡一氣不頓進❻，一形不頓虧❼，亦不覺其成，不覺其虧。亦如人自世至老，貌色智態，亡❽日不異；皮膚爪髮，隨世隨落，非嬰孩時有停而不易❾也。間不可覺，俟至後知❿。」

【章旨】本章闡述了天地萬物無時不變的觀點。

【注釋】❶粥熊　即鬻熊，人名。相傳為楚國的祖先，曾當過周文王的老師。❷亡　通「無」。❸疇　誰。❹世　出生；產生。❺間不可省　前後變化的間隔無法察覺。省，覺察。❻一氣不頓進　任何一種氣都不可能突然之間變化為具體物體。古人認為，萬物都是在道的支配下，由氣逐漸演變而成。氣聚為物，物散為氣。頓，突然。進，進化。這裡指進化為物體。❼虧　虧損。這裡引申為消亡。❽亡　通「無」。❾易　變化。❿俟至後知　等到出現了巨大變化，然後人們纔知道。俟，等到。至，極。這裡指極大變化。

【語譯】鬻熊說：「萬物運動變化從未停止，天地也在悄悄地移動，誰能感覺得到呢？事物在那裡減少了，而在這裡卻增多了；在這裡成就了，而在那裡卻虧損了。減少、增多、成就、虧損，這些現象隨時都在產生，隨時都在消亡，這些現象生生滅滅，相互轉化連接，前後變化的間隔無法覺察，誰能感覺得到呢？任何一種氣都不可能突然之間變化為物體，任何物體也不可能突然之間就完全消失，然而人們卻感覺不到氣正在進化成物體，也感覺不到物體正在慢慢消亡。這正像人一樣，從出生到年老，他的面貌、膚色、神智、體態，沒有一天不在改變；皮膚、指甲、毛髮，隨時都在生長，隨時都在脫落，並非在嬰孩時期就停止了變化。事物在變化前後的間隔無法察覺，一直等到巨大的變化出現以後，人們纔知道。」

杞國❶有人，憂天地崩墜，身亡所❷寄，廢寢食者。又有憂彼之所憂者，因往曉之❸曰：「天積氣耳，亡處亡氣。若❹屈伸呼吸，終日在天中行止，奈何憂崩墜乎？」其人曰：「天果積氣，日月星宿不當墜邪？」曉之者曰：「日月星宿，亦積氣中之有光耀者，只使❺墜亦不能有所中傷。」其人曰：「奈地壞何？」曉者曰：「地積塊❻耳，充塞四虛，亡處亡塊。若躇步跐蹈❼，終日在地上行止，奈何憂其壞？」其人舍然❽大喜，曉之者亦舍然大喜。長廬子❾聞而笑之曰：「虹霓也，雲霧也，風雨也，四時也，此積氣之成乎天者也。山嶽也，河海也，金石也，水火也，此積形之成乎地者也。知積氣也，知積塊也，奚謂不壞？夫天地，空中之一細物，有❿中之最巨者。難終難窮，此固然⓫矣；難測難識，此固然矣。憂其壞者，誠為大遠⓬；言其不壞者，亦為未是⓭。天地不得不壞，則會歸於壞。遇其壞時，奚為不憂哉？」子列子聞而笑曰：「言天地壞者亦謬⓮，言天地不壞者亦謬。壞與不壞，吾所不能知也。雖然，彼一⓯也，此一也。故生不知死，死不知生；來不知去⓰，去不知來。壞與不壞，吾何容心⓱哉！」

【章　旨】這則杞人憂天的故事，主要討論了天地會不會毀滅的問題。文中認為，關於天地的發展結果，是不可知的，因此也不必放在心上。

【注　釋】❶杞國　周朝時的諸侯國，在今河南省杞縣一帶。❷亡所　沒有地方。亡，通「無」。沒有。下文「亡」字，與此同義。❸曉之　讓他明白。曉，使……明白。之，代指杞國人。❹若　你。❺只使　即使。❻塊　泥土。❼躇步跐蹈　行走跳躍。躇步，行走。跐，踩。蹈，跳。❽舍然　即釋然。如釋重負、突然輕鬆的樣子。❾長廬子　人名，戰國時期道家學者。❿有　指有形的物體。⓫固然　本來如此。⓬大遠　太遙遠了。大，通「太」。⓭是　正確。⓮謬　錯誤。⓯一　一樣。既然無法知道天地是否會毀壞，因此無論哪種說法都是一樣的沒有意義。⓰來不知去　現在的不知道過去的。⓱容心　放在心裡。

【語　譯】杞國有一個人，擔心天塌地陷，使自己沒有安身的地方，為此發愁得睡不著、吃不下。另外一個人看到杞國人如此發愁，倒替他擔起心來，於是跑去給他解釋解釋，說：「天，是氣聚積起來變成的，任何地方都是氣。你彎腰伸體，呼氣吸氣，整天都在天空中活動，為什麼還擔心天會掉下來呢？」杞國人說：「天如果真的是聚積的氣，那麼日月星星不就會掉下來嗎？」解釋的人說：「日月星星也是聚積起來的氣，只不過是氣中有光亮的東西而已，即使掉下來，也不會擊中什麼、傷害什麼。」杞國人又問：「那麼大地毀滅了怎麼辦呢？」解釋的人說：「大地是泥土聚積起來變成的，泥土塞滿了所有空虛的地方，任何地方都是泥土。你行走跳躍，整天都在地上活動，為什麼要擔心地會毀滅呢？」杞國人聽了如釋重負，非常高興。解釋的人也心情輕鬆，非常高興。長廬子聽到這件事，笑著說：「虹霓、雲霧、風雨、四季，這些都是氣聚積起來在天上形成的。山嶽、河海、金石、水火，這些都是有形體的東西聚積在大地上形成的。既然知道天是聚積的氣形成的，地是聚積的泥土形成的，怎麼能說天地不會毀壞呢？天地，是遼闊空間中的微小物體，又是有形事物中的最大物體。天地很難有個終結，確實如此；天地很難認識清楚，也確實如此。因此，擔心天地毀滅，確實考慮得太久遠了一點；但是說天地不會毀滅，也並不正確。天地不能不毀滅，到頭來總歸要毀滅的。萬一遇上天地毀滅的時候，怎能不發愁呢？」列子聽到這件事情後，笑著說：「說天地會毀滅的人是錯誤的，說天地不會毀滅的人也是錯誤的。天地會毀滅還是不會毀滅，我無法知道。既然不知道，無論是那種說法還是這種說法，都一樣沒有意義。所以說活著的不知道死後的事情，死去的不知道活著的事情；現在不了解過去的情況，過去不了解現在的情況。天地會毀滅不會毀滅這類難知的事情，我又何必把它放在心裡呢？」

舜❶問乎烝❷曰：「道可得而有乎？」曰：「汝身非汝有也，汝何得有夫道？」舜曰：「吾身非吾有，孰有之哉？」曰：「是天地之委形❸也。生非汝有，是天地之委和❹也。性命❺非汝有，是天地之委順也。孫子❻非汝有，是天地之委蛻❼也。故行不知所往，處不知所持❽，食不知所以❾。天地，強陽❿，氣也。又胡可得而有邪？」

【章　旨】本章認為，人的一切都是大自然賦予的。這體現了道家重視自然、順應自然的思想。

【注　釋】❶舜　傳說時代的君主。❷烝　通「丞」。輔佐大臣。❸委形　委託給你的一種形體。❹委和　委託給你的一種中和之氣。上文言：「冲和氣者為人。」道家認為人是由中和之氣變化而成的。❺性命　性情。道家認為，人的正確性情應是順應自然，故下句講「天地之委順也」。❻孫子　即子孫。❼委蛻　委託你進化蛻變而形成的。❽持　幹；做。❾食不知所以　吃飯也不知該吃些什麼。以上三句用誇張的語言，說明人並不真正了解自己的生活目的。❿強陽　指陽剛一類的性格。

【語　譯】舜問他的一位大臣：「可以獲得並佔有道嗎？」大臣回答說：「連您的身體都不屬於您所有，您又怎能佔有道呢？」舜說：「我的身體不屬於我所有，那麼屬於誰所有呢？」大臣說：「您的身體是天地委託給您的一種形體。您的生命非您所有，而是天地委託給您的一種中和之氣。您的性情非您所有，而是天地委託給您的一種順和之氣。您的子孫非您所有，而是天地委託您進行蛻變的結果。所以人們出門不知該上哪裡去，在家不知該做點什麼，吃飯也不知該吃些什麼。

像天地這些物體，像陽剛這些性格，都是由氣形成的。您又怎能獲得並佔有道呢？」

齊之國氏❶大富，宋之向氏❷大貧。自宋之❸齊，請其術。國氏告之曰：「吾善為盜。始吾為盜也，一年而給，二年而足，三年大穰❹。自此以往，施及州閭❺。」向氏大喜，喻❻其為盜之言，而不喻其為盜之道，遂踰垣❼鑿室，手目所及，亡不探❽也。未及時❾，以贓獲罪，沒其先居之財❿。向氏以國氏之謬⓫己也，往而怨之。國氏曰：「若⓬為盜若何？」向氏言其狀。國氏曰：「嘻！若失為盜之道至此乎！今將告若矣。吾聞天有時，地有利，吾盜天地之時利。雲雨之滂潤⓭，山澤之產育，以生吾禾，殖吾稼，築吾垣，建吾舍。陸盜禽獸，水盜魚鼈，亡非盜也。夫禾稼、土木、禽獸、魚鼈，皆天之所生，豈吾之所有？然吾盜天而無殃。夫金玉、珍寶、穀帛、財貨，人之所聚，豈天之所與⓮？若盜之而獲罪，孰怨⓯哉？」向氏大惑，以為國氏之重罔⓰己也，遇東郭先生⓱問焉。東郭先生曰：「若一身庸⑱非盜乎？盜陰陽之和⑲，以成若生，載若形；況外物而非盜哉？誠然天地萬物不相離也，仞⑳而有之，皆惑也。國氏之盜，公道也，故亡殃；若之盜，私心也，故得罪。有公私者，亦盜也；亡公私者，亦盜也。公公私私㉑，天地之德㉒。知天地之德者，孰為盜耶？孰為不盜耶？」

【章　旨】本章開始論述了盜天地之財與盜私人之財的區別，有一定的社會意義。文章結尾時卻試圖泯滅兩種「盜」的差異，體現了道家一貫主張的齊生死、無是非的萬物齊同思想。

【注　釋】❶國氏　姓國的人。❷向氏　姓向的人。❸之　到。❹大穰　非常富有。❺州閭　古代的兩種行政區域。這裡指住在同州同閭的鄉親。❻喻　明白；清楚。❼踰垣　翻牆。垣，牆。❽探　拿。❾未及時　沒有多久。❿先居之財　偷盜之前所有的財產。⓫謬　欺騙。⓬若　你。⓭滂潤　滋潤。⓮與　送。⓯孰怨　怨誰。孰，誰。⓰重罔　再次欺騙。⓱東郭先生　人名，春秋時齊國的一位隱士。⓲庸　表反問的語氣詞。⓳和　中和之氣。⓴仞　通「認」。認作。㉑公公私私　把「公道」看作正確行為，把「私心」看作自私行為。前一「公」、「私」作動詞用。後一「公」、「私」作名詞用。㉒天地之德　都是天地賦予的品質。

【語　譯】齊國的國氏非常富有，而宋國的向氏非常貧窮。於是向氏就從宋國跑到齊國，向國氏請教致富的方法。國氏告訴他說：「我善於偷盜。我開始偷盜以後，一年就做到衣食自給，二年就財產充足，三年就非常富有了。從此以後，我就把財物布施給同州同閭的鄉親們。」向氏聽了異常歡喜，但只聽清楚了偷盜致富的話，卻沒弄明白偷盜的具體方法，於是就翻牆鑿室，凡是手摸到的，眼睛看到的，統統拿走。沒過多長時間，就被查出贓物而定了罪，連他從前的財產也一起被沒收了。向氏認為國氏欺騙了自己，就跑去責備他。國氏問：「你是怎麼偷盜的？」向氏就講述了自己偷盜的情況。國氏說：「哎呀！你竟然如此不懂偷盜的方法！現在我就告訴你。我聽說天有季節，地有物產，我盜用的是天地的季節和物產。雲雨可以滋潤萬物，山澤可以產育萬物，我利用這些條件來培育我的稻禾，種植我的莊稼，築起我的牆壁，修建我的房屋。在陸地上我盜用飛禽走獸，在水中我盜用魚蝦龜鼈，沒有哪一樣我不盜用。禾稼、土木、禽獸、魚鼈，都是天生的，哪裡是我個人所有呢？但是我盜用天生的東西就不會有禍殃。金玉、珍寶、穀帛、財貨，都是別人靠力氣積累來的，哪裡是天上掉下來的呢？你偷盜別人的財產而被定了罪，還能埋怨誰呢？」向氏聽了更加糊塗，認為國氏又一次在欺騙自己，於是就向東郭先生請教。東郭先生說：「你的整個身體不就是偷盜來的嗎？你盜得陰陽的中和之氣，纔產生了你的生命，構成了你的形體；何況身外之物，哪一樣不是偷盜來的呢？天地與萬物確實不能分離，而你卻把萬物認作已有，這完全是糊塗想法。國氏的偷盜方法，是大家認可的一種方法，所以沒有禍殃；你的偷盜方法，完全出於損人利己的私心，所以被定了罪。把大家認可的偷盜方法同損人利己的偷盜方法區別開來，它們同樣都是偷盜；不把大家認可的偷盜方法同損人利己的偷盜方法區別開來，也同樣都是偷盜。把認可的偷盜方法看作正確也好，把自利的偷盜方法看作私心的表現也好，它們都是天地賦予人的品質。既然知道都是天地賦予的品質，還何必去分辨誰是偷盜、誰不是偷盜呢？」

黃帝第二

【題解】篇名「黃帝」是取自本篇最開始的兩個字，並非對全篇思想的概括。本篇包括了十九個神話和寓言故事，說明只有排除個人情欲偏見，內心保持清虛狀態，並依靠直覺體驗才能得道，重點論述了要順應自然、不可妄為、至誠即可感物的觀點。同時還提出了和光同塵、反對炫耀、物我合一、以柔克剛等主張。在最後一章，作者對儒家、墨家的仁義思想也給予了充分的肯定。本篇主要體現了傳統的道家、道教思想，但也能從中看到儒家影響的痕跡。

黃帝即位十有五年，喜天下戴己❶，養正命❷，娛耳目，供鼻口，焦然❸肌色皯黣❹，昏然五情爽惑❺。又十有五年，憂天下之不治❻，竭聰明，進智力，營❼百姓，焦然肌色皯黣，昏然五情爽惑。黃帝乃喟然❽讚❾曰：「朕之過淫❿矣。養一己其患如此，治萬物其患如此。」於是放萬機⑪，舍宮寢，去直侍⑫，徹鍾懸，減廚膳，退而間居⑬大庭之館⑭，齋心服形⑮，三月不親⑯政事。晝寢而夢，遊於華胥氏之國⑰。華胥氏之國在弇州⑱之西，台州⑲之北，不知斯齊國⑳幾千萬里，蓋非舟車足力之所及，神遊而已。其國無帥長，自然而已。其民無嗜慾，自然而已。不知樂生，不知惡死，故無夭殤；不知親己，不知疏㉑物，故無愛憎；不知背逆，不知向順，故無利害；都無所愛惜，無所畏忌。入水不溺，入火不熱，斫撻㉒無傷痛，指擿㉓無痟癢㉔。乘空如履㉕實，寢虛若處牀。雲霧不硋㉖其視，雷霆不亂其聽，美惡不滑㉗其心，山谷不躓㉘其步，神行而已。黃帝既寤㉙，怡然自得，召天老、力牧、太山稽㉚，告之曰：「朕間居三月，齋心服形，思有以㉛養身治物之道，弗獲其術。疲而睡，所夢若此。今知至道不可以情㉜求矣。朕知之矣！朕得之矣！而不能以告若㉝矣。」又二十有八年，天下大治，幾若㉞華胥氏之國。而帝登假㉟，百姓號㊱之，二百餘年不輟㊲。

【章　旨】此章透過黃帝夢遊的故事，歌頌了不要政府、自然天放的社會。

【注　釋】❶戴己　擁戴自己。❷正命　生命。正，當作「生」。❸焦然　形容焦黑的樣子。❹皯䵴　焦黑色。❺五情爽惑　頭腦糊塗。五情，指喜、怒、哀、樂、怨五種情感，這裡泛指思想、頭腦。爽，差錯。❻治　安定。❼營　治理。❽喟然　嘆氣的樣子。❾讚　感嘆。❿過淫　錯誤太嚴重了。過，過錯。淫，過度；嚴重。⓫萬機　繁多的事務。機，重要事務。⓬直侍　侍從人員。⓭閒居　閒居。閒，通「閑」。⓮大庭之館　宮廷外面的客舍。⓯齋心服形　清心靜坐。齋心，心中無任何念頭。服，通「伏」。不動。⓰親　接觸；處理。⓱華胥氏之國　神話傳說中的國名。後來人們把夢境也稱為華胥氏之國。⓲弇州　古地名。⓳台州　古地名。⓴斯齊國　距離中國。斯，距離。齊，通「臍」。引中為中央，指中國。㉑踈　通「疏」。疏遠。㉒斫撻　刀砍鞭打。㉓指擿　搔撓。㉔痟癢　疼癢。㉕履　踏；踩。㉖硋　「礙」的異體字。阻礙。㉗滑　亂。㉘蹪　絆倒；阻礙。㉙既寤　醒來以後。㉚天老力牧太山稽　均為人名。相傳此三人是黃帝的三位大臣。㉛有以　有什麼辦法。㉜情　主觀的想法。㉝若　你們。㉞幾若　差不多像……，差不多趕上……。㉟登假　昇天遠去。相傳黃帝治理好國家以後便昇天成仙了。假，通「遐」。遙遠。這裡指遙遠的天空。㊱號　大聲哭。㊲輟　停止。

【語　譯】黃帝即位十五年，因天下百姓擁戴自己而高興，於是開始注意保養自己的生命，聽美聲，看美色，嗅美味，吃美食，結果卻皮膚焦黑，頭腦昏亂。又過了十五年，為國家不安定而發愁，於是竭盡自己的力量，運用自己的智慧，去管理百姓，結果仍然是皮膚焦黑，頭腦昏亂。黃帝於是長嘆說：「我的錯誤太嚴重了。只保養我個人身體，竟出現了如此禍殃；想治理好百姓，竟然也出現了如此禍殃。」於是他拋開繁重的政務，離開自己的寢宮，擯去貼身的侍從，撤掉用來娛樂的鍾鼓，減少美味的食品，退隱閑居在宮廷外面的簡陋客舍裡，清心靜坐，整整三個月都不過問政事。他有一次白天做夢，夢見自己到華胥氏之國漫遊。華胥氏之國在弇州的西邊、台州的北邊，不知距離中國有幾千萬里路，大概並非靠乘船坐車和步行所能達到的，只是自己的精神到那裡漫遊罷了。這個國家沒有君主官長，一切任其自然。這裡的百姓沒有嗜好和欲望，一切任其自然。他們不知熱愛生命，不知厭惡死亡，因此也就沒有短命夭折的人；他們不知偏愛自己，不知疏遠外物，因此也就沒有喜愛和憎恨的情感；他們不知違背反對什麼，不知追求順從什麼，因此也就沒有利益和禍害的區別；他們對任何東西都不偏愛吝惜，對任何東西都不畏懼忌諱。他們投入水中不會淹死，跳進火裡不會燒傷，刀砍鞭打不感到傷痛，用手指搔撓不感到疼癢。在空中行走如履實地，在空中睡覺如同躺在床上。雲霧不能阻礙他們的視線，雷霆無法擾亂他們的聽覺，美惡難以搞亂他們的心境，山谷休想絆倒他們的腳步，因為這一切都不過是他們的精神在活動而已。黃帝醒後，感到身心非常愉快，把他的大臣天老、力牧和太山稽召來，告訴他們說：「我整整閑居了三個月，清心靜坐，考慮用來保養身體治理萬物的辦法，但卻沒能找到這種辦法。後來我疲倦了，睡著了，就做了這樣一個夢。現在我懂得，最高妙的道是不能夠靠個人主觀想法去求得的。現在我知道它啦！我得到它啦！卻又沒有辦法把它告訴給你們。」又過了二十八年，天下大治，差不多同華胥氏之國一樣了。而黃帝卻昇天仙逝了，百姓們為他痛哭，兩百多年都沒停止。

列姑射山❶在海河洲❷中，山上有神人焉，吸風飲露，不食五穀，心如淵泉❸，形如處女；不偎❹不愛，仙聖為之臣；不畏❺不怒，原愨❻

為之使；不施不惠，而物自足；不聚不斂，而己無愆⑦。陰陽常調，日月常明，四時常若⑧，風雨常均，字⑨育常時，年穀常豐；而土無札傷⑩，人無夭惡⑪，物無疵癘⑫，鬼無靈響⑬焉。

【章旨】此章用誇張的語言，描述了作者心目中的理想人物。

【注釋】①列姑射山　古代傳說中的山名。②海河洲　黃河入海處的洲島。一說為傳說中的海中洲名。③心如淵泉　思想幽寂深邃得如同深淵一樣。④偎　親近。⑤畏　通「威」。威嚴。⑥原慤　忠厚誠實。這裡指忠厚誠實的人。⑦愆　通「蹇」。這裡是缺陷、缺乏的意思。⑧若　順。⑨字　生育。⑩札傷　瘟疫。⑪夭惡　夭折；短命。⑫疵癘　災害；毛病。⑬鬼無靈響　鬼不會顯靈。《老子》說：「以道涖天下者，其鬼不神。」意思是說，只要人們按照道的原則辦事，社會就安定太平，鬼就無法作怪。靈響，靈驗。

【語譯】列姑射山座落在黃河入海處的海島上，山上有神人居住，他吸風飲露，不吃五穀，思想深邃如淵水，體態柔美如處女；他無所親愛，而神仙聖人都當了他的臣僕；他不威不怒，而忠厚誠實的人都願意供他役使；他從不施捨、從不惠賜，而萬物各自都得到滿足；他從不聚斂財物，但他什麼也不缺乏。那裡的陰陽永遠調和，日月永遠明亮，四季永遠和順，風雨永遠均勻，養育永遠適時，糧食永遠豐收；而且那個地方沒有瘟疫，人們不會夭折，萬物不出毛病，神鬼也不會有靈驗。

列子師❶老商氏❷，友伯高子❸，進❹二子之道，乘風而歸。尹生❺聞之，從列子居，數月不省舍❻。因間❼請蘄❽其術者，十反❾而十不告。尹生懟❿而請辭，列子又不命⓫。尹生退。數月，意不已⓬，又往從之。列子曰：「女⓭何去來之頻？」尹生曰：「曩⓮章戴有請於子，子不我告，固有憾⓯於子。今復脫然⓰，是以又來。」列子曰：「曩吾以汝為達，今汝之鄙至此乎！姬⓱將告女所學於夫子者矣。自吾之事夫子友若人⓲也，三年之後，心不敢念是非，口不敢言利害，始得夫子一眄⓳而已。五年之後，心更念是非，口更言利害，夫子始一解顏⓴而笑。七年之後，從心之所念，更無是非；從口之所言，更無利害，夫子始一引吾並席而坐。九年之後，橫心㉑之所念，橫口之所言，亦不知我之是非利害歟，亦不知彼之是非利害歟；亦不知夫子之為我師，若人之為我友：內外進㉒矣。而後眼如耳，耳如鼻，鼻如口，無不同也㉓。心凝形釋㉔，骨肉都融㉕，不覺形之所倚，足之所履，隨風東西，猶木葉幹殼，竟不知風乘我邪，我乘風乎！今女居先生之門，曾未浹時㉖，而懟憾者再三。汝之片體將氣所不受㉗，汝之一節將地所不載㉘。履虛乘風，其可幾㉙乎？」尹生甚怍㉚，屏息良久㉛，不敢復言。

【章旨】這個故事說明只有排除是非利害等私心，纔能達到自由的境界。

【注釋】❶師　用作動詞，拜某人為老師。❷老商氏　人名。列子的老師。一說即壺丘子林。❸友伯高子　與伯高子交朋友。伯高子，人名。一說即伯昏瞀人。❹進　通「盡」。完全學到；全部掌握。❺尹生　一位姓尹的書生，名章戴。❻省舍　探家。省，探望。舍，指尹生自己的家。❼伺間　趁機；找機會。❽蘄　通「祈」。祈求。❾反　通「返」。此處的「十反」是「十次來回」的意思。❿懟　怨恨。⓫命　表態。⓬意不已　學道的願望不能消失。⓭女　通「汝」。你。⓮曩　從前。⓯憾　不滿。⓰脫然　得到解脫而心情輕快的樣子。這裡指對列子的怨氣消失了。⓱姬　通「居」。坐下。⓲若人　這個人。指伯高子。⓳眄　即「盼」，一說當作眄。斜視一下。⓴解顏　面部表情愉快的樣子。㉑橫心　隨心。㉒內外進　內心的念頭和外界的事物都不復存在。一進，通「盡」。沒有。這種境界類似莊子講的「坐忘」，即通過一定的修養過程，達到物我皆忘的精神境界。一旦進入這種境界，一切是非利害觀念都不復產生，人也就獲得了自由。㉓而後四句　這幾句是說，一旦達到「內外進矣」的境界，就會在主觀上泯滅事物間的差別，於是眼和耳一樣，耳和鼻一樣，鼻和口一樣，彼此都沒有區別了。㉔心凝形釋　心志專一，形體被忘卻。釋，消散，這裡指忘掉形體。㉕骨肉都融　自己的形體與道（或自然）融為一體。㉖未浹時　沒多長時間。㉗汝之片體句　你的任何一點身體都不會被靈氣所接受。實際意思即：你獲得不到任何一點靈氣。㉘汝之一節句　大地也不願負載你的任何一點肢體。以上兩句極言存有私心私念的人是不會被大自然所接受的，更談不上得道了。㉙幾　通「冀」。希望。㉚怍　慚愧。㉛屏息良久　好久不敢出口大氣。

【語　譯】列子拜老商氏為師，與伯高子交友，完全學到了二位先生的道術，於是乘著風飛了回來。尹生聽說了這件事，便跟隨列子學習，好幾個月都沒有回去探家。他找了一個機會向列子請教道術，連續請教了十次，列子十次都沒有告訴他。尹生很惱火，請求離開這裡，而列子也沒表示什麼態度。尹生就返回家中。又過了幾個月，尹生學道的念頭難以消失，於是又跑去跟隨著列子。列子問：「你為什麼來來去去這樣頻繁？」尹生說：「以前我向您請教，您不肯告訴我，我心裡確實對您不滿。現在我的怨氣消了，所以又來找您啦。」列子說：「從前我還認為你通達事理，現在纔知道你竟是如此的淺薄！坐下！我將告訴你我從老師那裡學來的道術。自從我拜老商氏為師、與伯高子交友以後，整整過了三年，我心裡不敢存是非觀念，口裡不敢講利害得失，老師這纔斜看了我一眼。又過了五年，心裡纔敢又有了是非觀念，口裡纔敢又談論利害得失，老師這纔開顏地對我笑了笑。又過了七年，隨心想去，再也不會出現是非觀念；隨口道來，再也不會涉及利害得失，老師這纔開始讓我同他並排坐在一張席子上。九年過去了，我隨心所想，隨口所講，既不知道我自己的是非利害是什麼，也不知道別人的是非利害是什麼；既不知道商老先生是我的老師，也不知道伯高子是我的朋友：內心的念頭和外界的事物對我來說都不復存在了。這以後，我感到眼睛和耳朵一樣，耳朵和鼻子一樣，鼻子和嘴巴一樣，全身各部位之間沒有不一樣的。我心志專一，忘掉了形體，整個骨肉之軀與大自然融為一體，再也感覺不到自己的身體還需要依賴什麼，自己的雙腳還需要踏著什麼，我隨風東西飄蕩，猶如枯葉幹殼一樣，竟然不知道是風乘著我飄蕩，還是我乘著風飛翔！而你現在在我門下當學生，還沒多長時間，就多次怨恨不滿。那麼你身體的任何一部分都不會獲得靈氣，大地也不願負載你任何一部分肢體。如此還想凌空乘風而行，這難道有可能嗎？」尹生聽了十分慚愧，好久連大氣也不敢出，也不敢再多說什麼了。

列子問關尹❶曰：「至人潛行不窒❷，蹈火不熱，行乎萬物之上❸而不慄❹。請問何以至於此？」關尹曰：「是純氣之守❺也，非智巧果敢之列。姬❻！魚語女❼。凡有貌像聲色者，皆物也。物與物何以相遠也？夫奚足以至乎先❽？是色❾而已。則物之造乎不形❿，而止乎無所化⓫。夫得是⓬而窮之⓭者，焉得而正⓮焉？彼將處乎不深之度⓯，而藏乎無端之紀⓰，游乎萬物之所終始⓱。壹其性⓲，養其氣，含其德，以通乎物之所造⓳。夫若是者，其天守全⓴，其神無郤㉑，物奚自入焉？夫醉者之墜於車也，雖疾㉒不死。骨節與人同，而犯害與人異，其神全也。乘亦弗知也，墜亦弗知也。死生驚懼不入乎其胸，是故逆物㉓而不慴㉔。彼得全於酒㉕而猶若是，而況得全於天㉖乎！聖人藏於天㉗，故物莫之能傷也。」

【章　旨】這則故事說明只有如癡如醉地去順應自然、信仰天道，纔能具備健全的精神境界。有了這種境界，就能避害保身，不為外物所傷。

【注　釋】❶關尹　春秋、戰國之交的道家人物，老子的弟子。姓尹名喜，字公度。因曾當函谷關令，故又稱關令尹。❷至人潛行不空　得道之人在水裡潛行不會被窒息。至人，道家心目中的得道之人。空，通「窒」。窒息。❸萬物之上　指最高處。❹慄　害怕。❺純氣之守　心中保持著純正之氣。所謂純正之氣，即一種物我皆忘的精神境界。「潛行不空，蹈火不熱」，靠的就是這種類似酒醉的精神境界。❻姬　通「居」。坐下。❼魚語女　我告訴你。魚，通「余」。我。女，通「汝」。你。❽先　優先；優越。❾色　泛指上文的貌像聲色。❿造乎不形　產生於道。造，塑造；產生。不形，指沒有形體的道。⓫止乎無所化　最終又回到道。止，終。無所化，指永恆不變的道。⓬得是　懂得這個道理。是，代指上述萬物產生於道又回歸於道的道理。⓭窮之　完全掌握這個道理。窮，完全。⓮焉得而正　怎能阻礙他。焉得，怎能。正，據《莊子・達生》，「正」當為「止」。⓯不深之度　適當的地位。不深，據《莊子・達生》，當作「不淫」，不過分。⓰無端之紀　無始無終的循環之理。端，頭。紀，理。⓱游乎萬物之所終始　游心於道。萬物始於道、終於道，故「物之所終始」即指道。⓲壹其性　使自己的心性專一，不為外物所動。⓳物之所造　造物者。即指道。⓴天守全　天性得以保全。天，指來自道的天然本性。㉑郤　通「隙」。空隙。㉒疾　傷。㉓遻物　遇到意外事情。遻，遇到。物，這裡指意外事件。㉔慴　懼怕。㉕得全於酒　從醉酒中得到的精神專一純全。㉖天　指道。㉗藏於天　藏心於道。即在精神上與道融為一體。

【語譯】列子問關尹：「得道之人在水中潛行而不被窒息，投入火裡而不被燒傷，行走在最高處而不感到害怕。請問他們是如何達到這種地步的？」關尹說：「這是心中保持了純正之氣的結果，並非智慧、技巧、果斷、勇敢之類的原因。坐下！我告訴你。凡是有面貌、形象、聲音、色彩的，都是物。物與物又怎麼會相差太遠呢？又有哪種物能處於優越地位呢？萬物都不過是些形體顏色而已。而且萬物都是產生於道，最終又回歸於道。那些懂得並且完全掌握這一道理的人，外物怎能阻礙他的行為呢？他將處於最適當的位置上，心藏循環無窮之理，遊心於道。他心性專一，涵養純正之氣，保持崇高的品德，而與道融為一體。像這樣的人，天性完美，精神健全，外物怎能侵擾他呢？醉酒的人從車上摔下來，即使受了傷也不會死亡。他們的身體與別人一樣，而受到傷害的程度卻與別人不一樣，這是因為他們的精神純全。乘坐在車上他們不知道，從車上摔下來他們仍然不知道。生死驚懼的念頭根本沒放在心上，所以遇到意外事情就不害怕。那些因酒醉而精神純全的人尚且如此，更何況因得道而精神純全的人呢！聖人與道融而為一，所以沒有任何外物能夠傷害他。」

列禦寇為伯昏無人❶射，引之盈貫❷，措❸盃水其肘上。發之，鏑矢復沓❹，方矢復寓❺。當是時也，猶象人❻也。伯昏無人曰：「是射之射，非不射之射❼也。當❽與汝登高山，履危❾石，臨百仞❿之淵，若⓫能射乎？」於是無人遂登高山，履危石，臨百仞之淵，背逡巡⓬，足二分垂在外，揖⓭禦寇而進之。禦寇伏地，汗流至踵。伯昏無人曰：「夫至人者，上闚青天，下潛黃泉，揮斥八極⓮，神氣不變。今汝怵然⓯有恂目⓰之志，爾於中也殆⓱矣！」

【章旨】這則故事說明如果一個人對自己的生死得失顧慮重重，即便有高超的技能也很難施展。

【注釋】❶伯昏無人　即伯昏瞀人。列子的老師。❷引之盈貫　拉滿弓。引，拉弓。盈貫，把弓弦拉得很滿，使箭頭與弓背相齊。❸措　放置。射箭時肘上能放置盃水，表明列子射箭時十分鎮定。❹鏑矢復沓　箭一枝枝地連續射出。鏑矢，箭。復沓，連續不斷。❺方矢復寓　箭箭射中目標。方，並。這裡泛指多。寓，居，在。這裡指射中。❻象人　雕塑的人。比喻列子射箭時精神專一的樣子。❼是射之射兩句　這種射法是有心於射箭的射法，並不是無心於射箭的射法。所謂「不射之射」，指心神超然於具體射箭的動作之上，卻又能射無不中。❽當　通「倘」。假如。❾危　高。❿仞　古時以七尺或八尺為一仞。⓫若　你。⓬背逡巡　背對著深淵向後移步。⓭揖　拱手相請。⓮揮斥八極　逍遙奔馳於八方。揮斥，奔馳。八極，八方極遠的地方。⓯怵然　害怕的樣子。⓰恂目　因害怕而眨眼。恂，通「眴」。⓱殆　困難。

【語　譯】列子為伯昏無人表演射箭，他拉滿弓，並能放一杯水在自己的胳膊上。他開始發射，一枝接著一枝，箭箭射中在目標上。當射箭時，列子神情專注得像尊雕像。伯昏無人說：「你這種射法是有心於射箭的射法，並非無心於射箭的射法。假如我同你一起登上高山，站在高聳的石崖上，面臨百仞深淵，你還能射箭嗎？」於是伯昏無人就帶著列子登上了高山，站在高聳的石崖邊上，面對著百仞深淵。然後伯昏無人背對深淵，向後退行，雙腳有一半懸在石崖之外，他向列子拱了拱手，請列子朝前走來。列子已嚇得趴在地上，冷汗一直流到腳跟。伯昏無人說：「那些得道之人，上可以窺測於蒼天，下可以潛行於黃泉，他們逍遙奔馳於四面八方，而神情不變。而你現在卻害怕得直眨眼睛，你在這種情況下要想射中目標，恐怕太困難了吧！」

夫范氏❶有子曰子華，善養私名，舉國服之。有寵於晉君，不仕而居三卿之右❷。目所偏視❸，晉國爵之❹；口所偏肥❺，晉國黜之。遊其庭者侔於朝❻。子華使其俠客以智鄙相攻，強弱相凌，雖傷破於前，不用❼介意。終日夜以此為戲樂，國殆❽成俗。禾生、子伯，范氏之上客，出行，經坰外❾，宿於田更❿商丘開之舍。中夜⓫，禾生、子伯二人相與言子華之名勢，能使存者亡，亡者存；富者貧，貧者富。商丘開先窘於飢寒，潛於牖⑫北聽之。因假糧荷畚⑬之⑭子華之門。子華之門徒皆世族也，縞衣乘軒⑮，緩步闊視⑯。顧見商丘開年老力弱，面目黧黑，衣冠不檢⑰，莫不眲⑱之。既而狎侮欺詒⑲，攩抭挨抌⑳，亡所不為。商丘開常無慍容㉑，而諸客之技單㉒，憊於戲笑。遂與商丘開俱乘㉓高臺，於眾中漫言㉔曰：「有能自投下者，賞百金。」眾皆競應。商丘開以為信然㉕，遂先投下，形若飛鳥，揚㉖於地，骪骨無碼㉗。范氏之黨以為偶然，未詎㉘怪也。因復指河曲之淫隈㉙曰：「彼中有寶珠，泳可得也。」商丘開復從而泳之，既出果得珠焉。眾昉㉚同疑。子華昉令豫㉛肉食衣帛之次㉜。俄而㉝范氏之藏㉞大火，子華曰：「若能入火取錦者，從所得多少賞若。」商丘開往無難色，入火往還，埃不漫㉟，身不焦。范氏之黨以為有道，乃共謝㊱之曰：「吾不知子之有道而誕㊲子，吾不知子之神人而辱子。子其愚我㊳也，子其聾我也，子其盲我也。敢問其道。」商丘開曰：「吾亡道。雖吾之心，亦不知所以㊴。雖然，有一於此，試與子言之。曩子二客之宿吾舍也，聞譽范氏之勢，能使存者亡，亡者存；富者貧，貧者富。吾誠之㊵無二心，故不遠而來。及來，以子黨之言皆實也，唯恐誠之之不至，行之之不及，不知形體之所措㊶，利害之所存也。心一而物亡迕㊷者，如斯而已。今昉知子黨之誕我，我內藏猜慮，外矜㊸觀聽，追幸㊹昔日之不焦溺也，怛然㊺內熱，惕然㊻震悸矣。水火豈復可近哉？」自此之後，范氏門徒路遇乞兒馬醫，弗敢辱也，必下車而揖之。

宰我㊼聞之，以告仲尼。仲尼曰：「汝弗知乎？夫至信之人，可以感物也。動天地，感鬼神，橫六合㊽而無逆者，豈但履危險、入水火而已哉！商丘開信偽物猶不逆，況彼我皆誠哉！小子識㊾之！」

【章旨】這則故事說明至誠可以感物的道理。但在描寫至誠效果時，有許多誇張之處，只可視為寓言。

【注釋】❶范氏　春秋時期晉國大貴族之一。❷三卿之右　在三卿之上。卿，官爵名，僅次於國君。這裡的三卿當指晉國的韓、趙、魏三卿。右，古人以右為貴。❸偏視　特別地多看幾眼。表示重視。❹爵之　給他爵位。❺偏肥　特別地瞧不起。肥，通「鄙」。輕視。❻侔於朝　與朝廷上的人數相等。侔，相等。❼用　因此。❽殆　幾乎。❾坰外　野外；農村。❿田更　老農民。更，「叟」之誤。⓫中夜　半夜。⓬牖　窗戶。⓭假糧荷畚　借來糧食，挑著裝行李的草筐。假，借。畚，用草繩做成的筐子。⓮之　到。⓯縞衣乘軒　穿著白色的綢衣，坐著華麗的車子。縞，白色的絹綢。軒，一種華麗的車子。⓰閑視　兩眼向上，望著遠方。表示志高氣揚的樣子。⓱不檢　不整齊。⓲眲　輕視。⓳詒　欺騙。⓴攩拯挨抌　推撞捶打。攩，捶打。拯，推擊。挨，撞擊。抌，擊打背部。㉑慍容　生氣的表情。㉒技單　戲弄的辦法用完了。單，通「殫」。竭盡。㉓乘　登上。㉔漫言　欺騙的話；謊言。漫，通「謾」。矇騙。㉕信然　真是如此。㉖揚　輕輕落下。㉗骪骨無⿰石為　肌肉骨骼沒有損傷。骪，通「肌」。肌肉。⿰石為，通「毀」。損傷。㉘詎　通「巨」。很；特別。㉙淫隈　水很深的地方。㉚昉　通「方」。方纔。㉛豫　同「與」。參與。㉜次　行列。㉝俄而　不久。㉞藏　倉庫。㉟埃不漫　塵埃沒有落在他身上。漫，污染。㊱謝　道歉。㊲誕　欺騙。㊳愚我　把我們當傻瓜看待吧！愚作動詞用。下兩句中的「聾我」、「盲我」與此同。㊴所以　代指原因。㊵誠之　認為他們講的是真實的。㊶措　放置。㊷迕　違背；阻礙。㊸矜　顧慮；慎重。㊹追幸　回想起來很慶幸。㊺怛然　害怕的樣子。㊻惕然　恐懼的樣子。㊼宰我　人名。孔子的學生。㊽六合　上、下、東、西、南、北之中。泛指整個天下。㊾識　通「志」。記住。

【語　譯】范家有個兒子叫子華，善於為自己贏得好名聲，全國人都很佩服他。他得到晉國君主的寵愛，雖然沒當官，但地位比當時的三卿還要高。只要他重視誰，晉國就賜給誰爵位；只要他嘴裡說了輕視誰的話，晉國就貶斥誰。來往於他家的人與朝廷上的人一樣多。子華讓他的俠客們憑智力相互攻擊，強者弱者相互欺淩，即使在他面前打得致傷致殘，他也不放在心上。通宵達旦以此遊戲取樂，這種做法幾乎成了全國的一時風氣。禾生和子伯是范家的上等門客，有一次外出，途經農村，借宿在一位名叫商丘開的老農家裡。半夜時，禾生與子伯二人一起談論子華的名聲和勢力，說他能使生者死，死者生；能使富者貧，貧者富。商丘開本來就困於飢寒，此刻正悄悄躲在窗戶北邊聽到了這些談話。於是他就借了點糧食，挑著裝行李的草筐子，來到子華的門下。子華的門客都出身於貴族，他們穿著白色的綢衣，乘坐華麗的車子，慢慢地踱著方步，兩眼望著遠方。他們看到商丘開年老體弱，面目漆黑，衣冠不整，都瞧不起他。後來他們又對商丘開戲弄欺辱，推打搥撞，無所不為。而商丘開總是沒有一點生氣的樣子，倒是眾門客的戲辱伎倆使完了，戲鬧耍弄也嫌累了。於是他們又帶商丘開一起登上高臺，眾人中有人欺騙商丘開說：「誰能自願跳下去，就賞給他一百金。」大家都假裝著爭先恐後地響應。商丘開信以為真，就搶先跳了下去，他的身體猶如飛鳥，輕輕地落在地上，肌肉骨骼毫無損傷。范家的眾門客以為他沒受傷是出於偶然，也沒感到特別奇怪。於是又指著河灣深水處對商丘開說：「那裡面有寶珠，潛入水底就能得到。」商丘開又一次聽信了他們的話，潛入水底，等他露出水面時，果然拿著一顆寶珠。眾門客這纔感到驚疑。子華也這纔讓他參與到吃肉穿綢的上等門客行列中去。沒過多久，范家的倉庫發生大火災，子華對商丘開說：「你如果能進入火中救出錦緞，任你救出多少，都全部賞給你。」商丘開衝向大火，面無難色，在火裡來回奔跑，身上沒落上一點塵埃，也沒有燒傷。范家的眾門客以為他有道術，便一齊向他道歉說：「我們不知道您有道術而欺騙了您，我們不知道您是位神人而侮辱了您。您就把我們當傻瓜看待吧，您就把我們當聾子看待吧，您就把我們當瞎子看待吧！我們想斗膽向您請教這種道術。」商丘開說：「我沒有什麼道術。即便是我自己的心裡，也不知道其中的原因。雖然如此，我這裡倒有一點，不妨試著與諸位談談。從前，你們的兩位門客借宿在我家的時候，我聽見他們誇耀范家的勢力，說范家能使生者死、死者生；能使富者貧、貧者富。

我對他們講的深信不疑，毫無二心，所以不怕路遠來到這裡。來了以後，我又認為你們這伙人的話句句是真，唯恐自己相信得不夠虔誠，執行得不夠及時，根本沒有考慮自己的身體該如何安置，利害得失在什麼地方。心志專一，外物就不會阻礙傷害我，如此而已。現在我纔知道你們這伙人欺騙了我，這樣我便心存疑慮，對從外邊看到的、聽到的，也持謹慎懷疑的態度，回想起來很慶幸過去自己沒有被燒死淹死，想起來就害怕得內心焦灼，恐懼得膽戰心驚。今後怎能再接近水火呢？」從此以後，范家的門客在路上遇見乞丐、馬醫之類的貧賤人，再也不敢欺負了，一定要下車向他們拱手致禮。宰我聽說了這件事，就把它告訴孔子。孔子說：「你難道不明白嗎？那些至誠至信的人，可以感化萬物。他們能動天地、感鬼神，縱橫天下而不會遇到阻礙者，豈只能冒危險、入水火而已！商丘開相信虛假的東西尚且能夠暢行無阻，何況我們彼此之間都是以誠相待！你們年輕人一定要記住這一點！」

周宣王❶之牧正❷，有役人梁鴦者，能養野禽獸，委食❸於園庭之內，雖虎狼鵰鶚之類，無不柔馴者。雌雄在前，孶尾❹成群，異類雜居，不相搏噬也。王慮❺其術終於其身，令毛丘園傳之。梁鴦曰：「鴦，賤役也，何術以告爾？懼王之謂隱❻於爾也，且一言我養虎之法。凡順之則喜，逆之則怒，此有血氣者之性也。然喜怒豈妄發哉？皆逆之所犯也。夫食虎者，不敢以生物❼與之，為其殺之之怒也；不敢以全物與之，為其碎之之怒也。時其飢飽❽，達❾其怒心，虎之與人異類，而媚養己者，順也；故其殺之，逆也。然則吾豈敢逆之使怒哉？亦不順之使喜也。夫喜之復❿也必怒，怒之復也常喜，皆不中⓫也。今吾心無逆順者也，則鳥獸之視吾，猶其儕⓬也。故遊吾園者，不思高林曠澤；寢吾庭者，不願⓭深山幽谷。理使然也。」

【章旨】本章著重強調「順」的重要性，要順應外物，順應客觀。

【注釋】❶周宣王　西周的一位國王。西元前八二八～前七八二年在位。❷牧正　官名，主管畜牧。❸委食　飼養。食，通「飼」。❹孳尾　交尾繁殖。❺慮　擔心。❻隱　隱瞞。❼生物　活的動物。❽時其飢飽　掌握它飢飽的時間。❾達　懂得。❿復　事物發展到極限後的回復。⓫中　適中。⓬儕　同類。⓭願　思戀。

【語譯】周宣王的牧正，手下有一個役夫叫梁鴦，他善於飼養野生禽獸，就在園庭裡餵養牠們，即便是虎、狼、鵰、鶚之類的兇猛動物，也無不柔順馴服。這些雌性雄性禽獸，交配繁殖成群。各種不同種類的禽獸生活在一起，也不互相爭鬥搏咬。周宣王擔心梁鴦死後他的這種技術就失傳了，於是便命令毛丘園來學習。梁鴦對毛丘園說：「我，不過是個低賤的役夫，有什麼技術可以告訴你呢？但又害怕國王說我對你隱瞞，那麼我就姑且談談我的養虎方法。一般來說，順著牠就喜歡，違逆牠就發怒，這是有血氣的動物的天性。然而牠們歡喜或惱怒難道會無緣無故地發作嗎？這都是因為冒犯了牠們纔觸發的。那些飼養老虎的人，不敢拿活的動物給牠吃，因為擔心老虎會因撲殺活的動物而發怒；也不敢拿整個的動物給牠吃，因為擔心老虎會因撕碎整體動物而發怒。要掌握老虎飢飽的時間，了解老虎發怒的起因，老虎與人雖然不是同類，卻喜歡飼養自己的人，那是因為養虎人順從了牠；所以說老虎傷害人，那是因為人們觸犯了牠。既然如此，我豈敢觸犯牠而使牠發怒呢？但我也不一味地順從牠使牠歡喜。因為歡喜到極點反過來一定會發怒，而惱怒到極點反過來又常常會是歡喜，這兩種做法都不合適。現在我的心裡既沒有觸犯牠們的想法，也沒有順從牠們的想法，而鳥獸看待我，如同牠們的同類一樣。所以那些生活在我的園庭裡的鳥獸，不再思念深林大湖；那些棲息在我的園庭的鳥獸，不再留戀深山幽谷。我按照道理辦事，纔使牠們變成這個樣子的。」

顏回❶問乎仲尼曰：「吾嘗濟❷乎觴深之淵❸矣，津人❹操舟若神。吾問焉，曰：『操舟可學邪？』曰：『可。能游者可教也，善游者數能❺，乃若❻夫沒人❼，則未嘗見舟而謖❽操之者也。』吾問焉，而不告。敢問何謂也？」仲尼曰：「譆❾！吾與若玩其文❿久矣，而未達其實⓫，而固且⓬道與？能游者可教也，輕水⓭也；善游者之數能也，忘水也；乃若夫沒人之未嘗見舟也而謖操之也，彼視淵若陵，視舟之覆猶其車卻⓮也。覆卻萬物方⓯陳乎前而不得入其舍⓰，惡往而不暇⓱？以瓦⓲摳⓳者巧，以鉤⓴摳者憚，以黃金摳者惛。巧一也，而有所矜㉑，則重外㉒也。凡重外者拙內。」

【章旨】這則故事說明只有看輕外物，放下精神負擔，纔能取得成功。

【注釋】❶顏回　孔子最得意的一位學生。❷濟　渡。❸觴深之淵　一個名叫觴深的深水處。❹津人　擺渡的船夫。津，渡口。❺數能　很快就能學會。數，通「速」。迅速。❻乃若　至於像。❼沒人　善於潛水的人。沒，潛水。❽謖　立刻。❾譆　感嘆詞。相當於「噫」或「嘻」。❿玩其文　研討外表的東西。指對學問研究還不深入。玩，研習。文，文彩，指外表的東西，與實質相對。⓫達其實　接觸到實質性的東西。⓬固且　尚且；更何況。⓭輕水　看輕水。實際是指看輕水給人帶來的危險。⓮車卻　車子向後退卻。⓯方　並列；全部。⓰舍　心胸。⓱暇　悠閑自如。⓲瓦　指不值錢的瓦片或瓦器。⓳摳　這裡指古代的一種賭博方法。⓴鉤　衣帶鉤，一般用銅或玉製成。㉑矜　顧忌。㉒外　外物。

【語譯】顏回問孔子：「我曾經在一個叫作觴深的深水處渡河，擺渡的船夫駕船的技巧出神入化。我問他：『駕船的技術可以學嗎？』他回答說：『可以。會游泳的人就可以教，善於游泳的人很快就能學會，至於像那些善於潛水的人，即使從來沒有見過船，但立刻就能駕馭它。』我再請教為什麼，他卻不肯告訴我。敢問先生，他說的是什麼意思呢？」孔子說：「唉！我與你研究淺層次的學問已經很久了，但還沒有接觸到學問中的實質性內容，更何況奢談什麼掌握道呢？會游泳的人可以教會駕船，是因為他把水的危險看得很輕；善於游泳的人很快就能學會駕船，是因為他忘掉了水的危險；至於像那些善於潛水的人，即使沒見過船也能馬上駕馭它，是因為他視深淵如土坡，把渡船的傾覆看得如同車子後退一般。如果天地萬物傾覆翻轉同時呈現在一個人的面前，而這個人絲毫不把它放在心上，像這樣的人，做什麼會不從容自如呢？用瓦片做賭注的人，他的賭技一定能發揮得很好；用帶鈎一類的東西做賭注，他心裡就有點擔心；用黃金做賭注的人，他的頭腦就會緊張得昏亂糊塗。賭博的技巧本來一樣，而有時卻顧慮重重，這就是因為他太看重外物了。凡是太看重外物的人，他內心就變得笨拙。」

孔子觀於呂梁❶，懸水❷三十仞，流沫❸三十里，黿鼉❹魚鼈之所不能游也。見一丈夫游之，以為有苦而欲死者也，使弟子並流而承之❺。數百步而出，被髮行歌，而游於棠行❻。孔子從而問之曰：「呂梁懸水三十仞，流沫三十里，黿鼉魚鼈所不能游，向❼吾見子道❽之，以為有苦而欲死者，使弟子並流將承子。子出而被髮行歌，吾以子為鬼也。察子則人也。請問蹈水⑨有道乎？」曰：「亡，吾無道。吾始乎故⑩，長乎性⑪，成乎命⑫，與齎⑬俱入，與汩⑭偕出，從水之道⑮而不為私焉，此吾所以道之⑯也。」孔子曰：「何謂始乎故、長乎性、成乎命也？」曰：「吾生於陵而安於陵，故也；長於水而安於水，性也；不知吾所以然⑰而然，命也。」

【章旨】這則寓言告訴我們，無論做什麼事情，都要順應自然，而不能隨意妄為。

【注釋】❶呂梁　地名。❷懸水　瀑布。❸流沫　飛流濺沫。❹黿鼉　兩種爬行動物。黿，鼈的一種，形體稍大。鼉，鱷魚的一種。❺並流而承之　沿著流水去拯救他。並，沿。承，通「拯」。拯救。❻棠行　堤岸的路上。棠，當作「塘」。堤。行，道路。❼向　剛纔。❽道　通「蹈」。這裡是跳的意思。❾蹈水　跳水；游泳。❿故　習慣。⓫性　習性。⓬命　這裡指自然界的某種必然規律。⓭齎　通「臍」。肚臍。這裡是說水流旋轉如肚臍狀。⓮汩　向上湧出的水流。⓯水之道　水流的規律。⓰道之　游水。道，通「蹈」。⓱然　如此；這樣。這裡代指會游泳。

【語譯】孔子在呂梁遊覽，只見瀑布直下二十多丈，飛濺的水沫衝出三十里，即便是黿鼉魚鼈也無法在那裡游。這時卻看見一位男子在那裡游水，孔子以為他大概是有什麼痛苦的事而想自殺的，便讓弟子們沿著河岸跑去拯救他。沒想到那男子游了幾百步又從水裡鑽了出來，披散著頭髮，邊走邊唱，在堤岸的路上遊逛。孔子走向前去，問他：「呂梁的瀑布有二十多丈高，飛流濺沫達三十里，連黿鼉魚鱉都無法在那裡游。剛纔我看見您跳進水裡，還以為您有什麼痛苦想自殺，趕忙讓弟子們沿著河跑去救您。沒想到您自己爬上岸來，披散著頭髮，邊走邊唱，我又以為您是個鬼魂。仔細看看，您還是個人啊。請問，游泳有什麼道術嗎？」那人回答說：「沒有，我沒有什麼道術。我開始學習游泳是出於習慣，游泳技巧不斷提高是由於愛好游泳成了我的習性，我現在游泳技術非常成熟，那是因為我掌握並順應了水流的規律，我順著漩渦一同捲進去，又隨著湧流一起衝出來，我遵循著水流的規律而不摻進一點主觀想法，這就是我能夠在這裡游泳的原因。」孔子問：「什麼叫『始乎故』、『長乎性』、『成乎命』呢？」那人回答說：「我生於河邊就習慣於河邊的生活，這就叫做『故』；我成長在水裡就養成了習慣於水的習性，這就叫做『性』；我不知道為什麼要那樣地游水卻自然而然地那樣游了，這就叫做『命』。」

仲尼適楚，出於❶林中，見痀僂者承蜩❷，猶掇❸之也。仲尼曰：「子巧乎！有道邪？」曰：「我有道也。五六月纍垸❹二而不墜，則失者錙銖❺；纍三而不墜，則失者十一❻；纍五而不墜，猶掇之也。吾處❼也，若厥株駒❽；吾執臂，若槁木之枝。雖天地之大，萬物之多，而唯蜩翼之知。吾不反不側，不以萬物易蜩之翼❾，何為而不得？」孔子顧謂弟子曰：「用志不分，乃疑於神❿。」其痀僂丈人曰：「汝逢衣徒⓫也，亦何知問是乎？修汝所以⓬，而後載言其上⓭。」

【章　旨】這個寓言說明只要精神專一，排除外界干擾，做事就能成功。

【注　釋】❶出於　來到。❷痀僂者承蜩　彎腰駝背的人在用竹竿頂端上的膠脂黏捉蟬。承蜩，在竹竿一端塗上膠狀物，然後用它去黏住蟬。蜩，蟬。❸掇　拾取。❹纍垸　疊放泥丸。垸，通「丸」。❺錙銖　比喻數量很少。錙、銖都是古代很小的重量單位，六銖等於一錙，四錙等於一兩。❻十一　十分之一。❼處　站立。❽若厥株駒　像一根枯樹樁。厥，通「橛」。樹墩。株駒，斷樹樁。❾易蜩之翼　改變我對蟬翼的注意力。❿疑於神　達到神奇的境界。疑，通「擬」。像似。⓫逢衣徒　讀書人。逢衣，一種寬大的衣服，古時讀書人常穿。⓬修汝所以　修養好你的學問。所以，這裡代指學問。⓭載言其上　再談論比儒家學問更高的道。載，通「再」。其，代指儒家學問，即上句話中的「所以」。老人認為，道家、道教的道比儒家學問要高明。

【語　譯】孔子到楚國去，經過一片樹林，看見一位駝背老人正在用竹竿黏蟬，他黏蟬竟如同在地上拾東西一樣容易。孔子說：「您太巧啦！您有道術嗎？」老人回答說：「我有道術。經過五、六個月的練習，我能在竹竿頂端疊放兩顆泥丸而不墜落，那麼黏蟬時能逃走的蟬就很少了；如果疊放三顆泥丸而不墜落，那麼黏十隻蟬只能逃脫一隻；如果疊放五顆泥丸而不墜落，那麼捉起蟬來就如同在地上拾東西一樣容易。我站在那裡，就像一根枯樹樁，我伸出的手臂，就像枯樹樁上的一根枯枝。雖然天地廣大，萬物繁多，但我只注意蟬的翅膀。我不動不搖，不因為繁多的萬物而改變我對蟬翼的注意力，哪裡還會捉不到蟬呢？」孔子回頭對弟子們說：「用心專一，就能達到神奇的境界。這句話大概可以用來說明駝背老人的情況吧！」駝背老人說：「你們這些穿著寬衣大袖的讀書人，又怎麼想起詢問這樣的事呢？先搞好你們的學問，然後再討論比你們的學問高著一個層次的道吧！」

海上❶之人有好漚鳥❷者，每旦之❸海上，從漚鳥游，漚鳥之至者百住❹而不止。其父曰：「吾聞漚鳥皆從汝游，汝取來吾玩之。」明日之海上，漚鳥舞而不下也。故曰：至言去言，至為無為❺；齊智❻之所知，則淺矣。

【章旨】本章主要提倡無言無為、與自然合一的生活。

【注釋】❶海上　海邊。❷漚鳥　海鷗。❸之　到。❹百住　百數，成百成百的。住，張湛注：「住，當作數。」❺至言去言至為無為　最精妙的語言就是不用語言，最高超的行為就是清靜無為。無為，是從道家到道教的一貫主張，即排除主觀念頭、順應自然地去做事。❻齊智　受到主觀念頭限制的智慧。這裡指好漚者父親的智慧。齊，限定。

【語譯】海邊有一位愛好鷗鳥的人，每天都到海邊去，同鷗鳥玩耍，飛到他身邊的鷗鳥以百數計還不止。他的父親說：「我聽說鷗鳥都同你玩耍，你把牠們捉來，讓我也玩一玩。」第二天他到了海邊，鷗鳥全在空中飛舞而不落下來。所以說：最精妙的語言是不用語言，最崇高的行為是清靜無為；用受到主觀念頭限制的智慧去獲得的知識，是淺薄的。

趙襄子❶率徒十萬，狩❷於中山❸，藉芿燔林❹，扇赫❺百里。有一人從石壁中出，隨煙燼上下，眾謂鬼物。火過，徐❻行而出，若無所經涉者。襄子怪而留之，徐而察之，形色七竅❼，人也；氣息音聲，人也。問：「奚道而處石？奚道而入火？」其人曰：「奚物而謂石？奚物而謂火？」襄子曰：「而向❽之所出者，石也；而向之所涉者，火也。」其人曰：「不知也。」魏文侯❾聞之，問子夏❿曰：「彼何人哉？」子夏曰：「以商所聞夫子⓫之言，和⓬者大同於物，物無得傷閡⓭者，游金石，踏水火，皆可也。」文侯曰：「吾子⓮奚不為之？」子夏曰：「刳心⓯去智，商未之能。雖然，試語之有暇矣。」文侯曰：「夫子奚不為之？」

子夏曰：「夫子能之而能不為⑯者也。」文侯大說⑰。

【章旨】本章進一步說明順應自然、物我合一的神奇作用。而那位處石涉火的人與道教所說的神仙基本上是一樣的。

【注釋】❶趙襄子　春秋末年晉國的正卿。❷狩　打獵。❸中山　地名。❹藉芿燔林　踐踏亂草，焚燒林木。藉，踐踏。芿，亂草。燔，焚燒。❺扇赫　火勢很大。❻徐　慢慢地。❼七竅　指兩眼、兩耳孔、兩鼻孔和口。❽向　剛才。❾魏文侯　戰國初年魏國君主。❿子夏　姓卜名商。孔子的學生。魏文侯待子夏以師禮。⓫夫子　指孔子。⓬和　中和柔順，順應自然。⓭傷閡　傷害阻礙。⓮吾子　對他人一種非常尊重的稱呼，相當於「您」。⓯刳心　排除個人私見。刳，剔除；排除。⓰能之而能不為　能做到這一點，但又能克制自己不去做這樣的事。處石涉火屬於隱居養性者的行為，而孔子以平天下為己任，所以孔子雖然能做那樣的事卻又不去做。⓱說　通「悅」。高興。

【語譯】趙襄子率領十萬之眾在中山打獵，他們踐踏亂草，燒毀林木，火勢延綿百里。有一個人從石壁中出來，隨著煙火灰燼而上下飄動，大家都認為是個鬼物。火勢過後，那人慢慢地走出來，輕飄飄地就好像腳不沾地一般。趙襄子很奇怪，就把他留了下來，慢慢地仔細觀察他，發現他的形體膚色口鼻七竅，完全是人；呼吸聲音，也完全是人。趙襄子問：「你用什麼道術而住在石壁裡面？你有什麼道術可以進入火中而不受傷害？」那人反問說：「什麼東西叫作石？什麼東西叫作火？」趙襄子回答說：「你剛纔走出來的地方，叫作石；你剛纔所經歷過的東西，叫作火。」那人說：「我不知道這些。」魏文侯聽到了這件事，問子夏：「那是個什麼樣的人呢？」子夏說：

「根據我從孔老先生那裡學到的知識判斷，那是一個中和柔順、與萬物合一、外物無法傷害阻礙他的人，他們行走在金屬石壁之中，游蕩在水火裡，都沒問題。」魏文侯問：「先生您為什麼不做這樣的事呢？」子夏說：「完全排除私見，去掉智慧，我還做不到。雖然如此，我試著談論談論這種事情的能力還是很充裕的。」魏文侯又問：「那麼孔老先生為什麼不做這樣的事呢？」子夏說：「他能做這樣的事情，但他能夠克制著自己不去做這樣的事情。」魏文侯聽了非常高興。

有神巫❶自齊來處於鄭，命曰季咸❷，知人死生存亡、禍福壽夭，期❸以歲月旬日，如神。鄭人見之，皆避而走❹。列子見之而心醉❺，而歸以告壺丘子❻，曰：「始吾以夫子之道為至❼矣，則又有至焉者矣。」壺子曰：「吾與女❽既其文❾，未既其實，而❿固得道歟？眾雌而無雄，而又奚卵焉⓫？而以道與世抗⓬，必信⓭矣，夫故使人得而相汝。嘗試與來，以予示之。」明日，列子與之見壺子。出而謂列子曰：「譆！子之先生死矣，弗活矣，不可以旬數矣。吾見怪⓮焉，見濕灰⓯焉。」列子入，涕泣沾衿，以告壺子。壺子曰：「向⓰吾示之以地文⓱，罪⓲乎不誫不正⑲，是殆⑳見吾杜德幾㉑也。嘗又與來！」明日，又與之見壺子，出而謂列子曰：「幸矣，子之先生遇我也，有瘳㉒矣。灰然有生矣，吾見杜權㉓矣。」列子入告壺子。壺子曰：「向吾示之以天壤㉔，名實不入㉕，而幾發於踵㉖，此為杜權。是殆見吾善者幾㉗也。嘗又與來！」明日，又與之見壺子，出而謂列子曰：「子之先生坐不齋㉘，吾無得㉙而相焉。試齋，將且復相之。」列子入告壺子。壺子曰：「向吾示之以太冲莫眹㉚，是殆見吾衡氣幾㉛也。鯢旋之潘㉜為淵，止水之潘㉝為淵，流水之潘為淵，濫水㉞之潘為淵，沃水㉟之潘為淵，氿水㊱之潘為淵，雍水㊲之潘為淵，汧水㊳之潘為淵，肥水㊴之潘為淵，是為九淵焉。嘗又與來！」明日，又與之見壺子，立未定，自失㊵而走。壺子曰：「追之！」列子追之而不及，反㊶以報壺子曰：「已滅㊷矣，已失矣，吾不及㊸也。」壺子曰：「向吾示之以未始出吾宗㊹，吾與之虛而猗移㊺，不知其誰何㊻，因以為茅靡㊼，因以為波流㊽，故逃也。」然後列子自以為未始學而歸，三年不出，為其妻爨㊾，食豨㊿如食人，於事無親，雕瑑復朴(51)，塊然(52)獨以其形立。紛然(53)而封戎(54)，壹以是終(55)。

【章　旨】本段通過神巫季咸為壺子相面失敗的故事，讚美了道教理想人物的另一種品質——高深莫測，客觀上揭露了相面騙術的秘密。

【注　釋】❶神巫　神靈的巫師。❷命曰季咸　名叫季咸。命，名。❸期　預期。❹鄭人見之皆避而走　鄭人一見季咸就避開，原因是擔心知道自己的死期，從而增添精神負擔。❺心醉　醉心於季咸的技巧。❻壺丘子　人名，列子的老師。❼至　最高級。❽女　通「汝」。你。❾既其文　全是道的表面知識。既，全部。其，代指道。文，本指紋飾，這裡指表面的東西。❿而　你。⓫眾雌二句　只有眾多的雌性而沒有雄性，又怎麼能生育呢？卵，產卵；生育。這兩句的意思是說，任何事情的成功，都需雙方的配合，如果人們自己不表露什麼，季咸是無法預測對方命運的。⓬抗　較量；對付。⓭信　通「伸」。表露。⓮怪　怪異現象，這裡指死亡徵候。⓯濕灰　指壺子的神情如同水濕過的灰一樣，毫無生機，必死無疑。⓰向　剛纔。⓱地文　大地之象。壺子用寂然不動的大地來比喻死氣沈沈的神情。⓲罪　當作「萌」。出於；處於。⓳不誫不正　寂然不動的不正常狀態。誫，通「震」。動。⓴是殆　他大概。是，代指季咸。殆，大概。㉑杜德幾　閉塞了生機；無生機。杜，閉。德，生。幾，通「機」。㉒有瘳　有痊癒的希望。瘳，病癒。㉓杜權　杜塞的生機有所好轉。權，變化；好轉。㉔天壤　天地。這裡指天地相合之象。古人認為，天地相合生出萬物。壺子用天地之象比喻一線生機。㉕名實不入　萬物不入於心中，即無思無慮的精神狀態。這裡的名實泛指一切事物。㉖機發於踵　生機從腳跟昇起。踵，腳跟。㉗善者幾　生機。善，美，這裡指生氣、生意。㉘坐不齋　因為神色不穩定。坐，因為。齋，通「齊」。穩定。壺子故意使自己的神情變化無常，讓季咸無法捉摸自己。㉙無得　不能。㉚太沖莫眹　虛寂而無任何跡象。太沖，虛無寂靜。莫眹，沒有跡象。眹，通「朕」。跡象。㉛衡氣幾　平靜深邃的狀態。衡，平。㉜鯢旋之潘　大魚游蕩的深水處。鯢，雌鯨，這裡泛指大魚。潘，深水處。㉝止水之潘　靜止的水形成的深水區。㉞濫水　氾濫的水。㉟沃水　從高處落下的水。㊱氿水　從側面湧出的水流。㊲雍水　被壅塞的水。雍，通「壅」。㊳汧水　從地下湧出的水。㊴肥水　不同源頭而後合流的水。以上用深淵比喻深不可測的精神狀態，用深淵的種類很多，比喻深不可測的精神狀態的種類也很多。㊵自失　驚慌失措而不能自恃。㊶反　通「返」。㊷滅　沒有蹤影。㊸及　追上。㊹未始出吾宗　沒有顯示出我的真實情況。宗，根本；本來面目。㊺虛而猗移　虛意應付，隨順而變。猗移，同「委蛇」。隨順的樣子。㊻不知其誰何　不知道我究竟怎麼樣。其，壺子自指。誰何，怎麼樣。季咸通過觀察等辨法來為人占卜吉凶，壺子控制自己的心神表情，使季咸無法觀察，因此他摸不準壺子究竟怎麼樣。㊼因以為茅靡　順應著他就像茅草隨風而倒一樣。因，順應。靡，倒。㊽波流　像水流一樣隨物而變。㊾爨　燒火煮飯。㊿食豨　餵豬。豨，大豬。這句意思是說列子懂得了萬物一齊的道理，泯滅了貴賤的差別。51雕琢復朴　復雕琢於璞。即除去人為的文彩，返璞歸真。52塊然　像土塊那樣無知無識。塊，土塊。53忿然　亂紛紛的樣子。指社會上雜亂的事情。忿，通「紛」。54封戎　界線分明。即指一般人有是非界線。封，界線。戎，為「哉」之誤。55壹以是終　完全以齊物思想為指導過完一生。壹，完全。是，代指「食豨如食人」的齊物思想。終，終生。

【語　譯】有一個神巫從齊國來到鄭國居住，名叫季咸，他能預測人的生死存亡、禍福壽夭，可以預期到某年某月某旬某日，無不應驗如神。鄭國人都紛紛逃避他。列子見了他，卻佩服得心醉神迷，回去後就把這件事告訴老師壺子，說：「從前我以為老師您的道術最高深，而如今有了比您更高深的道術。」壺子說：「我教給你的全是道的表面知識，還沒有教給你有關道的實質內容，你難道就算真的得道了？只有眾多的雌性而沒有雄性，又怎麼能生育呢？你用學到的一點道去與社會相抗衡，一定會流露出你的真實情況，所以別人能為你看相。你試著把他帶來，讓他給我看看相吧！」

第二天，列子與季咸一起來見壺子。季咸出門後對列子說：「唉！您的老師就要死了，活不成了，活不到十天了。我看到他那死亡的怪異徵兆，看到他的神色如同水濕過的灰燼一樣毫無生氣。」列子走進屋，眼淚流濕了衣襟，把季咸的話告訴壺子。壺子說：「剛才我讓他看到的是大地般的沈寂神情，我處於一種寂然不動的不正常狀態，他大概是看到我的生機被閉塞了吧！你試著再把他帶來！」

第二天，列子又同季咸一起來見壺子。季咸出門後對列子說：「真幸運呀，您的老師多虧遇上了我，有痊癒的希望了，在死灰般的神色裡露出了一線生機，我看到他那被閉塞的生機有了變化。」列子進屋後，把季咸的話告訴壺子。壺子說：「剛才我讓他看到的是像天地相合時產生的那點生氣，無思無慮，而一線生機從腳跟昇起，這就是說被閉塞的生機發生了變化。他大概是看到了我的這點生機了吧！再試著把他帶來。」

第二天，列子又與季咸一起來見壺子。季咸出門後對列子說：「因為您的老師神色不穩定，我無法給他看相。等他神色穩定後，我再來為他看相。」列子進屋後，又把這些話告訴壺子。壺子說：「剛才我讓他看到的是沒有任何跡象的極度虛靜，他大概看到了我那種平靜深邃的精神狀態。大魚游蕩的深水區叫深淵，靜水形成的深水區叫深淵，流水形成的深水區叫深淵，氾濫的水形成的深水區叫深淵，從高處落下的水形成的深水區叫深淵，從側面湧出的水形成的深水區叫深淵，被壅塞的水形成的深水區叫深淵，從地下湧出的水形成的深水區叫深淵，不同源而合流的水形成的深水區也叫深淵，這就叫作九淵。再試著把他帶來！」

第二天，列子又同季咸一起去見壺子，季咸還沒站穩，就驚慌失措地跑了。壺子說：「把他追回來！」列子追去但沒能趕上，回來報告壺子說：「已經看不見蹤影了，讓他跑掉了，我沒能追上。」壺子說：「剛才我讓他看到的根本不是我的真實神情，我同他虛與委蛇，他弄不清我究竟怎麼樣了，我順著他變動，順著他變化，所以他逃跑了。」

從此以後，列子深深感到自己確實不曾學到什麼，就返回家中，三年沒出門，為他妻子燒火煮飯，餵豬如同侍候人一樣，對任何事情都不偏私，他除去文飾，返璞歸真，像一塊土塊那樣無思無慮地生活著。雖然社會上亂紛紛的，到處都在爭辯是非得失，而列子完全以齊物思想為指導過完了一生。

子列子之❶齊，中道而反❷，遇伯昏瞀人。伯昏瞀人曰：「奚方❸而反？」曰：「吾驚焉。」「惡❹乎驚？」「吾食於十漿❺，而五漿先饋。」伯昏瞀人曰：「若是則汝何為驚己？」曰：「夫內誠不解❻，形諜成光❼，以外鎮人心❽，使人輕乎貴老❾，而韲❿其所患。夫漿人特⓫為食羹之貨，無多餘之贏⑫；其為利也薄，其為權也輕，而猶若是，而況萬乘之主⑬，身勞於國，而智盡於事。彼將任我以事，而効我以功⑭，吾是以驚。」伯昏瞀人曰：「善哉觀乎！汝處已⑮，人將保⑯汝矣。」無幾何⑰而往，則戶外之屨滿⑱矣。伯昏瞀人北面而立，敦⑲杖蹙之乎頤⑳，立有間㉑，不言而出。賓者以告列子。列子提履徒跣㉒而走，曁㉓乎門，問曰：「先生既來，曾不廢藥㉔乎？」曰：「已矣！吾固告汝曰：人將保汝。果保汝矣。非汝能使人保汝，而汝不能使人無汝保㉕也，而焉用之感㉖也？感豫出異㉗。且必有感也，搖而本身㉘，又無謂㉙也。與汝遊者，莫㉚汝告也。彼所小言㉛，盡人毒㉜也。莫覺莫悟㉝，何相孰㉞也？」

【章旨】本章闡述了道家與道教不求顯達、反對自我表現的重生命、重清靜的思想。

【注釋】❶之 到。❷反 通「返」。❸奚方 什麼事。方，事。❹惡 為什麼。❺十漿 十家賣酒漿的舖店。漿，這裡指酒。❻內誠不解 內心雖然真誠，但還沒有達到與道化為一體的程度。解，融化。❼形諜成光 就會在外表上顯露出才華。諜，通「渫」。泄露。光，光彩；才華。道家、道教認為，真正得道之人是不會表現自己才華的，而表現出才華的人恰恰是沒有得道的人。❽以外鎮人心　靠外表才華鎮服人心。❾使人輕乎貴老　使人輕視於尊重老人，而去尊重那些外表有才華的人。❿整　借為「賫」。導致。⓫特　僅僅。⓬嬴　通「贏」。盈利。⓭萬乘之主　擁有萬輛兵車的大國君主。乘，輛。⓮効我以功　讓我効力立功。⓯處已　安居在家。處，安居。已，通「矣」。⓰保　依附。⓱無幾何　沒過多久。⓲戶外之屨滿　門外擺滿了鞋子。古人入門前要脫鞋，列子門前擺滿了鞋子，說明前來依附他的人很多。⓳敦　豎起。⓴蹙之乎頤　抵住面頰。蹙，貼近。㉑有間　一會兒。㉒徒跣　赤腳步行。㉓暨　趕上。㉔廢藥　發藥治病。比喻提意見。廢，當作「發」。㉕汝保　即「保汝」。㉖焉用之感　哪裡用得上去感召別人呢？伯昏瞀人對列子能得大家擁護的做法持否定態度。㉗感豫出異　要想感化別人、取得別人的歡心，就必須表現得與眾不同。豫，愉悅。㉘搖而本身　損害你的身心。搖，損害。而，你。㉙無謂　沒有意義。㉚莫　沒有人。㉛小言　不合大道的瑣碎言論。㉜盡人毒　全是害人的東西。㉝莫覺莫悟　不覺悟。㉞相孰　觀察清楚。相，觀察。孰，通「熟」。詳審。

【語　譯】列子到齊國去，走到半路又返回來了，遇見伯昏瞀人。伯昏瞀人問：「為了什麼事又回來了？」列子說：「我受到驚嚇啦！」「為什麼受到驚嚇？」「我曾在十家賣酒漿的店舖裡喝酒，就有五家爭著不收錢白送我酒喝。」伯昏瞀人說：「像這樣的事你為什麼會受驚嚇呢？」列子說：「內心雖然真誠學道，但還沒有達到與道融為一體的時候，就會在外表上顯露出自己的才華，靠這種外表才華去鎮服人心，使人們不去尊重老人而來尊重自己，這樣就會招致禍患。那些賣酒的人只不過做一些食品買賣，沒有太多的利潤，他們賺得的利益如此菲薄，掌握的權力如此輕微，尚且如此的敬待我，更何況那些擁有萬輛兵車的大國君主呢！他們為國操勞，為政事竭盡智力。他們一定會把國事委託給我，讓我為他們效力建功。我為這件事受到驚嚇！」伯昏瞀人說：「你觀察得很好！你即使安居在家，人們也將會來依附你。」過了一段時間，伯昏瞀人去看望列子，只見列子門外擺滿了鞋子。伯昏瞀人朝北站著，豎起拐杖抵著下巴，站了一會兒，沒講一句話就走了出去。迎候賓客的人告訴列子。列子慌忙提著鞋、赤著腳追到大門口，問道：「先生既然來了，難道就不能留下幾句教導我的話嗎？」伯昏瞀人說：「算了吧！我本來就告訴你說：人們將會依附你。果然來依附你了。但關鍵不在於你能使別人來依附你，而在於你不能使別人不來依附你，你哪裡用得著去感召別人呢？感召別人、取悅別人，就必須表現得與眾不同。如果一定要去感召別人，就會損害你的身心，這是毫無意義的。與你交往的那些人，沒有人能告訴你什麼有益的東西，他們所講的那些不合大道的瑣碎言論，全是毒害人心的貨色。如果還不覺悟，怎麼能把事情觀察清楚呢？」

楊朱❶南之沛❷，老聃❸西遊於秦，邀於郊❹。至梁❺而遇老子。老子中道仰天而嘆曰：「始以汝為可教，今不可教也。」楊朱不答。至舍，進涫漱巾櫛❻，脫履戶外，膝行而前，曰：「向者夫子仰天而嘆曰：『始以汝為可教，今不可教。』弟子欲請夫子辭❼，行不間❽，是以不敢。今夫子間矣，請問其過。」老子曰：「而睢睢而盱盱❾，而誰與居❿？

大白若辱⓫，盛德若不足⓬。」楊朱蹵然⓭變容曰：「敬聞命矣。」其往也，舍者迎將家⓮，公⓯執席，妻執巾櫛，舍者避席⓰，煬者避竈⓱。其反也，舍者與之爭席矣⓲。

【章　旨】本章思想與上一章相似，反對與眾不同的做法，主張韜光養晦、和光同塵。

【注　釋】❶楊朱　人名。戰國初年的思想家，主張「貴生重己」。關於他的思想和事蹟，散見於先秦諸子書中。❷沛　地名，在今江蘇省沛縣一帶。❸老聃　即老子。❹邀於郊　在某地郊外見過面。邀，相邀見面。❺梁　地名，即今河南省開封市。❻進涫漱巾櫛　獻上洗手漱口的水和手巾梳篦。涫，通「盥」。盥洗，這裡指洗臉洗手的水。漱，漱口水。櫛，梳與篦的總稱。❼辭　言辭的意思。❽間　通「閒」。空閒。❾睢睢而盱盱　高視闊步的樣子。「睢睢」與「盱盱」都是形容驕矜自負的模樣。❿居　相處。⓫大白若辱　最潔白的東西看起來似乎有污垢。辱，污垢。⓬盛德若不足　品德高尚的人看起來似乎有缺點。不足，缺點。以上兩句話見於《老子》第四十一章。⓭蹵然　馬上。⓮舍者迎將家　投宿到旅舍。舍，投宿。「者」字是衍文。將，送。家，旅舍。⓯公　店主人。⓰避席　離開座席站立起來，表示敬意。⓱煬者避竈　烤火的人讓開竈頭給他取暖。⓲舍者句　旅客們敢同他爭搶座位了。這說明楊朱聽從了老子的勸告，除去驕氣，韜光養晦，看起來與常人一樣，所以別人敢同他爭搶座位。

【語　譯】楊朱去南方的沛地，老子去西方的秦國遊歷，兩人曾在某地郊外見過面。後來楊朱到了梁，又遇到老子。老子半路上仰天長嘆說：「從前我還以為你是可以教誨的，現在看來是不可教誨了。」楊朱沒有作聲。到了旅店，楊朱給老子送上盥洗漱口用的水和手巾梳篦，然後把鞋子脫下放在門外，雙膝跪地前行到老子跟前，說：「剛才先生仰天嘆道：『從前我還以為你是可以教誨的，現在看來是不可教誨了。』學生我很想請教先生講這句話的原因，但當時匆匆行路，沒有空閒，所以不敢動問。現在先生您有了空閒，請問我有什麼過失？」老子說：「你高視闊步，一副驕矜自負的樣子，誰還能同你相處呢？最潔白的東西看起來似乎有污垢，道德高尚的人看起來似乎有許多缺點。」楊朱聽了，馬上改變了面容，說：「恭敬地聽從您的教導！」當楊朱來見老子之前，投宿旅店，店主人為他安排坐席，店主人的妻子為他拿來手巾梳篦，旅店的客人見了他慌忙起立致敬，烤火的人讓開竈頭給他取暖。等他回去時，旅客們就敢同他爭搶席位了。

楊朱過宋❶，東之於逆旅❷。逆旅人有妾二人，其一人美，其一人惡❸，惡者貴而美者賤。楊子問其故，逆旅小子❹對曰：「其美者自美❺，吾不知其美也；其惡者自惡，吾不知其惡也。」楊子曰：「弟子記之！行賢而去自賢❻之行，安往❼而不愛哉？」

【章旨】這個故事說明自我炫耀就會被輕賤，謙卑才能受到愛戴的道理。

【注釋】❶宋　宋國。❷逆旅　旅店。❸惡　相貌醜陋。❹逆旅小子　旅店的年輕主人。即上文的「逆旅人」。

小子，年輕人。❺自美　自以為漂亮。❻自賢　自以為賢能。❼安往　到哪裡去。安，哪裡。

【語譯】楊朱路過宋國，向東走到一家旅店。店主人有兩個妾，一個容貌美麗，一個長相醜陋，然而醜女的地位尊貴，而美女的地位卻低賤。楊朱問這是什麼原因，年輕的店主人回答說：「那個容貌美麗的自以為很美，而我一點也不感到她美；那個長相醜陋的自以為很醜，而我一點也不感到她醜。」楊朱說：「學生們一定要記住這件事！做了賢良的事，但一定要去掉自以為賢良的言行，這樣到哪裡會不受愛戴呢？」

天下有常勝之道，有不常勝之道。常勝之道曰柔，常不勝之道曰強。二者亦❶知，而人未之知。故上古之言：強，先不己若者❷；柔，先出於己者❸。先不己若者，至於若己❹，則殆❺矣。先出於己者，無所殆矣。以此勝一身若徒❻，以此任❼天下若徒。謂不勝而自勝❽，不任而自任❾也。粥子❿曰：「欲剛，必以柔守之；欲強，必以弱保之。積於柔必剛，積於弱必強。觀其所積，以知禍福之鄉⓫。強，勝不若己，至於若己者剛⓬；柔，勝出於己者，其力不可量。」老聃曰：「兵強則滅，木強則折。柔弱者，生之徒⓭；堅強者，死之徒。」

【章旨】本章討論了柔弱勝剛強的道理。這是從道家到道教的一貫主張。

【注釋】❶亦　當作「易」。❷先不己若者　戰勝力量不如自己的人。先，超過；戰勝。不己若，即「不若己」。❸先出於己者　戰勝那些力量超過自己的人。出，超出。❹至於若己　遇上力量與自己一樣大的對手。❺殆　危險。❻若徒　如這個道理。徒，通「途」。道路。這裡引申為「道理」。❼任　擔任；勝任。❽不勝而自勝　不有意去戰勝別人卻自然而然地戰勝了別人。❾不任而自任　不有意去勝任國家的事卻自然而然地勝任了國家的事。❿粥子　即鬻熊。見〈天瑞〉注。⓫鄉　通「向」。方向；趨勢。⓬剛　當作「戕」。殘害。⓭徒　類。

【語譯】天下有常勝的方法，有不常勝的方法。常勝的方法是柔弱，不常勝的方法是剛強。這二者很容易理解，而人們卻不懂得。因此上古有句話說：剛強，可以戰勝那些力量不如自己的人；柔弱，則可以戰勝那些力量超過自己的人。剛強可以戰勝那些力量不如自己的人，但遇上力量同自己一樣的人，那就危險了。柔弱可以戰勝那些力量超過自己的人，因此就不會遇到任何危險。用來戰勝個人的是這個道理，用來處理國事的也是這個道理。這就是說不有意去戰勝別人卻自然而然地戰勝了別人，不有意去處理國事卻自然而然地處理好了國事。鬻子說：「要想剛健，必須用柔和來維持它；要想強大，必須用軟弱來保護它。柔和積蓄起來必然形成剛健，軟弱積蓄起來必然形成強大。觀察人們所積蓄的內容，便可知道禍福的趨向。剛強，可以戰勝力量不如自己的人，一旦遇到力量相當的對手就會遭殃；柔弱，可以戰勝力量超過自己的人，柔弱的威力不可估量。」老子說：「軍隊強大了就會走向滅亡，樹木強硬了就會被折斷。柔弱，是屬於有生機的一類；剛強，是屬於走向死亡的一類。」

狀不必童❶而智童，智不必童而狀童。聖人取童智而遺❷童狀，眾人近童狀而疏童智。狀與我童，近而愛之；狀與我異者，疏而畏之。有七尺之骸，手足之異❸，戴髮含齒，倚而趣者❹，謂之人，而未必無獸心。雖有獸心，以狀而見親❺矣。傅翼戴角❻，分牙布爪❼，仰飛伏走，謂之禽獸，而禽獸未必無人心。雖有人心，以狀而見疏矣。庖犧氏❽、女媧氏❾、神農氏❿、夏后氏⓫，蛇身人面，牛首虎鼻，此有非人之狀，而有大聖之德。夏桀⓬、殷紂⓭、魯桓⓮、楚穆⓯，狀貌七竅，皆同於人，而有禽獸之心。而眾人守⓰一狀以求至智，未可幾⓱也。黃帝與炎帝⓲戰於阪泉⓳之野，帥熊、羆⓴、狼、豹、貙㉑、虎為前驅，鵰、鶡㉒、鷹、鳶㉓為旗幟，此以力使禽獸者也。堯㉔使夔㉕典樂㉖，擊石拊石㉗，百獸率[28]舞；《簫韶》九成[29]，鳳凰來儀[30]，此以聲致禽獸者也。然則禽獸之心，奚為異人？形音與人異，而不知接之[31]之道焉。聖人無所不知，無所不通，故得引[32]而使之焉。禽獸之智有自然與人童者，其齊[33]欲攝生，亦不假智[34]於人也。牝牡相偶[35]，母子相親；避平依險[36]，違寒就溫；居則有群，行則有列；小者居內，壯者居外；飲則相攜，食則鳴群[37]。太古之時，則與人同處，與人並行。帝王之時，始驚駭散亂矣。逮於末世[38]，隱伏逃竄，以避患害。今東方介氏之國[39]，其國人數數[40]解六畜之語者，蓋偏知[41]之所得。太古神聖之人，備知萬物情態，悉解異類音聲，會而聚之，訓而受之，同於人民[42]。故先會鬼神魑魅[43]，次達八方人民，末聚禽獸蟲蛾[44]。言血氣之類，心智不殊遠[45]也。神聖知其如此，故其所教訓者無所遺逸焉。

【章旨】本章強調禽獸雖然與人異貌，但有著相似的智慧，具有物我同類、泛愛萬物的思想傾向。道家這一思想不僅為道教所接受，對儒家也產生了重大影響。

【注釋】❶童 通「同」。本段中的「童」均解釋為「同」。❷遺 輕視；忽略。❸手足之異 手與腳有不同的功能。❹倚而趣者 能直立行走的。倚，直立。趣，通「趨」。行走。❺見親 被親近。見，被。❻傅翼戴角 身上長翅膀，頭上長角。傅，通「附」。❼分牙布爪 張牙舞爪。❽庖犧氏 又稱作伏犧氏、伏戲、犧皇。傳說中的人物，據說他首先教人們蓄養牲畜。❾女蝸氏 即女媧氏。蝸，通「媧」。神話傳說中的人物。相傳她用黃土造人，煉石補天，治平洪水。❿神農氏 傳說中的人物。相傳他發明農業，曾嚐百草開創醫學。⓫夏后氏 遠古部落名，相傳大禹為其領袖。後由他和他的兒子啟建立我國歷史上第一個王朝，國號「夏」。後人也稱大禹為「夏后氏」。⓬夏桀 名履癸。夏朝末代君主，著名的暴君。⓭殷紂 又稱帝辛。商朝末代君主，著名的暴君。⓮魯桓 魯桓公，春秋時魯國君主，曾謀殺其兄魯隱公。⓯楚穆 楚穆王，春秋時楚國君主，曾逼死其父楚成王。⓰守 偏執；堅持。⓱幾 通「冀」。希望。⓲炎帝 傳說中的部落首領。⓳阪泉 地名。相傳在今河北省涿鹿縣東南，一說在今山西省運城境內。⓴羆 熊的一種，似熊而大。㉑貙 獸名，樣子像貍。㉒鶡 鳥名，黃黑色，好鬥。㉓鳶 老鷹。㉔堯 傳說中的部落首領，以賢能著稱。㉕夔 人名，堯時的樂官。㉖典樂 主管音樂。典，主管。㉗拊石 拍擊石磬。拊，拍擊。石，石製的樂器，即石磬。㉘率 隨著。㉙簫韶九成 古音樂名。簫韶，相傳為舜時樂曲。樂曲一終叫一成，九成猶九章、九段的意思。㉚儀 參加朝拜儀禮。㉛接之 同它們交往。接，交往。㉜引 招引。㉝齊 全；都。㉞假智 借用智慧。假，借。㉟相偶 交配。㊱避平依險 避開平地，依恃險要的地方。㊲鳴群 用叫聲呼喚伙伴。㊳逮於末世 到了衰亂的社會。逮，到。末世，亂世。㊴介氏之國 虛構的國家。㊵數數 數目很多的樣子。㊶偏知 類似現在講的「偏才」。知，通「智」。㊷人民 人類；人們。㊸魑魅 傳說中在山林裡害人的妖怪。㊹蛾 通「蟻」。㊺殊遠 很遠。

【語譯】狀貌不一定相同，但智慧可以相同；智慧不一定相同，但狀貌可以相同。聖人重視相同的智慧而忽略相同的狀貌，但世人卻親近相同的狀貌而疏遠相同的智慧。狀貌與自己相同的，就親近他喜歡他；狀貌與自己不同的，就疏遠他畏懼他。有七尺高的身軀，手與腳有了分別，頭上長髮，口中有齒，能直立行走的，被稱作人，而人未必沒有獸心。即使長有獸心的人，也因為他有一副人的相貌而被人們親近。身上長翅，頭上長角，張牙舞爪，高高飛翔或俯身奔跑的，被稱作禽獸，但禽獸未必沒有人心。即使有人心的禽獸，也因為牠們的禽獸形狀而被人們疏遠。庖犧氏、女媧氏、神農氏、夏后氏，他們的相貌有的是蛇身人面，有的是牛頭虎鼻，他們長著與人不同的相貌，卻具有最高尚的品質。夏桀、商紂、魯桓公、楚穆王，他們的相貌七竅，都與人相同，但他們卻懷有禽獸之心。而世人常常固執地根據人的相貌來尋找最高的智慧，這是行不通的。

黃帝與炎帝在阪泉的原野上作戰，黃帝率領熊、羆、狼、豹、貙、虎作為先鋒，鵰、鶡、鷹、鳶作為旗幟，黃帝是靠力量使用禽獸的人。堯讓夔主管音樂，夔拍擊著石磬，百獸隨著節奏起舞；演奏了九段《簫韶》，連鳳凰都飛來朝拜。這是用音樂召集禽獸的人。既然這樣，禽獸的思想，與人又有什麼不同呢？只是禽獸的形狀和聲音與人不同，因而人們不知道與牠們交往的辦法而已。聖人無所不知，無所不通，所以能夠招引牠們和使用牠們。

禽獸的智慧自然有與人相同的地方，牠們都想生存下去，在這方面也不需假借智慧於人類。牠們雌雄相配，母子相親；避開平地，依恃險要；躲避寒冷，尋找溫暖；居則成群，行則有序；弱小的住在裡面，強壯的住在外邊；飲水時互相照顧，進食時呼喚伙伴。遠古時代，禽獸是與人同居、與人同行的。在帝王統治的時代，禽獸見了人才開始驚恐畏懼、四處逃散。到了天下衰亂的末世，禽獸更是躲藏逃竄，以避災禍。

如今東方的介氏之國，那裡的人很多能聽懂馬、牛、羊、豬、狗、雞這六種家畜的語言，這大概是因為他們具有這方面的偏才而做到這一點的。遠古時代的聖人，能完全了解萬物的性情和狀態，能完全聽懂異類的聲音和語言。聖人想讓禽獸會合，牠們便聚集起來；聖人想訓練禽獸，牠們便接受訓練，完全同人一樣。因此，聖人常常是先召集鬼神魑魅，然後召集八方人民，最後召集禽獸蟲蟻。這就說明含有血氣的物類，在思想智慧方面不會相差太遠。聖人知道這種情況，所以他們在教化萬物時，什麼都不遺漏。

宋有狙公❶者，愛狙，養之成群，能解狙之意，狙亦得❷公之心。損其家口❸，充❹狙之欲。俄而匱❺焉，將限其食，恐眾狙之不馴於己也，先誑之曰：「與若芧❻，朝三而暮四，足乎？」眾狙皆起而怒。俄而曰：「與若芧，朝四而暮三，足乎？」眾狙皆伏而喜。物之以能鄙❼相籠❽，皆猶此也。聖人以智籠群愚，亦猶狙公之以智籠眾狙也。名實不虧，使❾其喜怒哉！

【章　旨】本章通過狙公的故事，說明聖人與群愚之間在智慧上的差別，有一定的啟發意義。

【注釋】❶狙公 養猴的老人。狙，獮猴。❷得 知道。❸家口 家人的口糧。❹充 滿足。❺俄而匱 不久家財匱乏。俄而，不久。匱，缺乏。❻與若芧 給你們橡子。若，你們。芧，橡子。❼能鄙 聰明和愚蠢。❽籠 籠絡；駕馭。❾使 控制；左右。

【語譯】宋國有一位飼養猴子的老人，他很喜歡猴子，養了一大群。老人能了解猴子的意思，猴子也懂得老人的心理。老人節省家裡的口糧，來滿足猴子們的需要。不久，家資匱乏，老人打算限制猴子們的食量，又擔心猴子們不聽自己的話，於是就先騙牠們說：「給你們橡子，早上三顆，晚上四顆，夠了嗎？」眾猴一聽，亂蹦亂跳地發怒了。不一會兒，老人又說：「那麼給你們橡子，早上四顆，晚上三顆，夠了嗎？」眾猴一聽，便安靜地趴在地上十分歡喜。萬物之間以智巧駕馭愚蠢的情況都與此相似。聖人用他們的智慧去駕馭愚笨的群眾，就如同老人用智慧去駕馭眾猴一樣。名義和實質都毫無改變，卻能左右他們的喜怒哀樂。

紀渻子❶為周宣王❷養鬭雞。十日而問：「雞可鬭已乎？」曰：「未也，方虛驕而恃氣❸。」十日又問，曰：「未也，猶應影響❹。」十日又問，曰：「未也，猶疾視❺而盛氣。」十日又問，曰：「幾矣！雞雖有鳴者，已無變矣。望之似木雞矣，其德全❻矣。異雞無敢應者，反走耳。」

【章　旨】本章說明了無好勝之心則無所不勝的道理，進一步闡述了道家、道教的以柔弱勝剛強的思想。

【注　釋】❶紀渻子　人名。❷周宣王　西周末年的一位國王。❸恃氣　憑著意氣行事。❹猶應影響　看到別的雞的影子或聽到別的雞的叫聲，還有反應。這說明這隻雞還存有好鬥的心理。❺疾視　怒目而視。❻德全　品德達到了完美狀態。

【語　譯】紀渻子為周宣王飼養鬥雞。過了十天，周宣王問：「雞可以參加打鬥了嗎？」紀渻子回答說：「不行，牠正虛張聲勢，而且喜歡憑意氣行事。」又過了十天，周宣王再次問起這件事，紀渻子說：「還不行，牠一看到別的雞的身影，一聽到別的雞的聲音，就有所反應。」又過了十天，周宣王再來詢問，紀渻子說：「仍然不行，牠眼中還有怒氣，盛氣十足。」十天之後，周宣王又來打聽，紀渻子說：「差不多了！即使別的雞鳴叫，牠也毫無反應。看上去就好像一隻木雞，牠的品質達到了完美的狀態。別的雞沒有敢同牠應戰的，一見牠返身就逃走了。」

惠盎❶見宋康王❷，康王蹀足謦欬疾言❸曰：「寡人之所說❹者，勇有力也，不說為仁義者也。客將何以教寡人？」惠盎對曰：「臣有道於此，使人雖有勇，刺之不入；雖有力，擊之弗中。大王獨❺無意邪？」宋王曰：「善！此寡人之所欲聞也。」惠盎曰：「夫刺之不入，擊之不中，此猶辱也。臣有道於此，使人雖有勇，弗敢刺；雖有力，弗敢擊。夫弗敢，非無其志❻也。臣有道於此，使人本無其志也。夫無其志者，未有愛利之心也。臣有道於此，使天下丈夫女子莫不驩然❼皆欲愛利之。此其賢於❽勇有力也，四累❾之上也。大王獨無意邪？」宋王曰：「此寡人之所欲得也。」惠盎對曰：「孔墨是已❿。孔丘、墨翟，無地而為君，無官而為長；天下丈夫女子莫不延頸舉踵⓫而願安利之。今大王萬乘之主也，誠有其志，則四境之內，皆得其利矣。其賢於孔墨也遠矣。」宋王無以應。惠盎趨⓬而出。宋王謂左右曰：「辯⓭矣！客之以說⓮服寡人也。」

【章旨】本章論述了仁義是為政之本的道理，體現了道家、道教思想的另一個方面。

【注釋】❶惠盎　戰國時人，又作惠孟。與戰國著名的名家人物惠施同族。❷宋康王　戰國時宋國的君主。

❸蹀足謦欬疾言　頓足、咳嗽、急促地說。謦欬，咳嗽。疾，快速。❹說　通「悅」。喜歡。❺獨　難道。❻志　意向；想法。❼驩然　高興的樣子。驩，通「歡」。❽賢於　勝過；超過。❾四累　四倍。具體指上文的「勇有力」、「刺之不入、擊之不中」、「弗敢刺、弗敢擊」、「使人本無其志」四個層次。❿已　通「矣」。⓫延頸舉踵　伸長脖子，踮起腳跟。形容盼望的樣子。⓬趨　小步快走。⓭辯　能說會道。⓮說　遊說；語言。

【語　譯】惠盎進見宋康王，宋康王一邊跺著腳，一邊咳嗽，急促地說：「寡人所喜歡的，是勇武有力，不喜歡什麼仁義之類的東西。你將用什麼來指教寡人呢？」惠盎回答說：「我這裡有一種方法，使人雖然很勇武，但刺不進我；雖然很有力量，但打不中我。大王難道對此不感興趣嗎？」宋康王說：「太好了！這正是寡人所想領教的。」惠盎說：「雖然刺不進我，打不中我，但這對自己仍然是一種侮辱。我這裡還有一種方法，使人即使很勇武，卻不敢來刺我；即使很有力量，卻不敢來打擊我。他們不敢刺我打我，但並非他們本來就沒有這種意圖。我這裡還有方法，能使人根本就不產生刺我打我的念頭。沒有這種念頭的人，還不曾有愛護我施利於我的想法。我這裡還有一種方法，能使整個天下的男男女女都歡歡喜喜地愛護我並做對我有利的事。這種方法比勇武有力高明四倍都不止。大王難道對此不感興趣嗎？」宋康王說：「這種方法正是寡人所希望得到的。」惠盎說：「孔子和墨子就能做到這一點。孔子和墨子沒有領土，卻被人視為君王；沒有官爵，卻被人視為尊長。天下的男男女女無不翹首踮足地希望他們安康幸福。現在大王您是擁有萬輛兵車的大國君主，如果真有這種志向，那麼全國的人都會得到好處。這又遠遠勝過孔子和墨子了。」宋康王無法回答。惠盎快步走了出去。宋康王對身邊的人說：「他講得很好！這位客人的一席話把我說服了。」

周穆王第三

【題解】本篇著重討論了真實與幻化、醒時與夢中的種種表現，提出了不少具有啟發意義的觀點。但作者偏重於強調真與幻、醒與夢的同一，抹煞它們之間的區別，進而否定社會上的是非、美醜、哀樂等標準，認為人們對這些事情的評價是迷亂的、顛倒的。作者的這一思想雖然只是莊子齊物思想的發揮，且不免偏頗，但對於現實社會的批判，卻有著獨到之處。特別是作者反對以他人是非為是非，反對盲從別人，這一主張極為深刻、正確，至今仍有借鑒意義。

周穆王❶時，西極❷之國有化人❸來，入水火，貫金石，反山川，移城邑，乘虛不墜，觸實不硋❹。千變萬化，不可窮極。既已變物之形，又且易人之慮❺。穆王敬之若神，事之若君。推路寢❻以居之，引三牲❼以進之，選女樂以娛之。化人以為王之宮室卑陋而不可處，王之廚饌❽

腥螻⑨而不可饗⑩，王之嬪御⑪膻惡而不可親。穆王乃為之改築，土木之功，赭堊⑫之色，無遺巧焉。五府⑬為虛，而臺始成。其高千仞⑭，臨終南⑮之上，號曰中天之臺。簡⑯鄭、衛⑰之處子娥媌靡曼⑱者，施芳澤⑲，正娥眉，設笄珥⑳，衣阿錫㉑，曳齊紈㉒。粉白黛黑㉓，珮玉環，雜芷若㉔以滿之；奏《承雲》、《六瑩》、《九韶》、《晨露》㉕以樂之。月月獻玉㉖衣，旦旦薦玉食。化人猶不舍然㉗，不得已而臨㉘之。居亡幾何㉙，謁王同遊。王執化人之袪㉚，騰而上者，中天迺止。暨及化人之宮。化人之宮構以金銀，絡㉛以珠玉，出雲雨之上，而不知下之據㉜，望之若屯雲㉝焉。耳目所觀聽，鼻口所納嘗，皆非人間之有。王實以為清都、紫微、鈞天、廣樂㉞，帝㉟之所居。王俯而視之，其宮榭若累塊㊱積蘇㊲焉。王自以居數十年不思其國也。化人復謁王同游，所及之處，仰不見日月，俯不見河海。光影所照，王目眩不能得視；音響所來，王耳亂不能得聽。百骸六藏㊳，悸而不凝㊴，意迷精喪㊵，請化人求還。化人移㊶之，王若磒虛(42)焉。既寤(43)，所坐猶嚮(44)者之處，侍御猶嚮者之人。視其前，則酒未清，肴未昲(45)。王問所從來，左右曰：「王默存(46)耳。」由此穆王自失(47)者三月而復。更問化人，化人曰：「吾與王神游也，形奚動哉？且曩之所居，奚異王之宮？曩之所游，奚異王之圃(48)？王閒恆(49)，疑蹔亡(50)。變化之極，疾徐之間，可盡模(51)哉？」王大悅。不恤(52)國事，不樂臣妾，肆意遠游。命駕八駿之乘，右服驊騮(53)而左綠耳(54)，右驂赤驥(55)而左白𣾰(56)，主車(57)則造父為御(58)，𧀓𦨶為右(59)；次車之乘，右服渠黃(60)而左踰輪(61)，左驂盜驪(62)而右山子(63)，柏夭(64)主車，參百(65)為御，奔戎(66)為右。馳驅千里，至于巨蒐氏之國(67)。巨蒐氏乃獻白鵠(68)之血以飲王，具牛馬之湩(69)以洗王之足，及二乘之人。已飲而行，遂宿于崑崙之阿(70)，赤水(71)之陽(72)。別日升崑崙之丘，以觀黃帝之宮，而封(73)之以貽後世。遂賓于西王母(74)，觴于瑤池(75)之上。西王母為王謠(76)，王和之，其辭哀焉。迺觀日之所入，一日行萬里。王乃歎曰：「於乎(77)！予一人(78)不盈于德而諧於樂，後世其⑲追數⑳吾過乎？」穆王幾㉑神人哉！能窮㉒常身之樂，猶百年乃徂㉓，世以為登假㉔焉。

【章旨】本章通過周穆王神遊、遠遊的故事，使世外生活同世俗生活形成鮮明的對比，充分體現了道家道教重世外、輕世內，重神仙、輕世俗的思想傾向。文中提到的崑崙山、西王母，是道教中重要的仙境和仙人。

【注釋】❶周穆王　姓姬名滿，西周國王。傳說他曾西遊崑崙山，與神仙西王母交往。❷西極　西域。古代對玉門關（今甘肅省敦煌縣西北）以西地區的總稱。❸化人　有幻術的人。又稱「幻人」。❹硋　阻礙。❺易人之慮　改變別人的想法。❻路寢　古代君主的正室。❼三牲　古代用於祭祀的牛、羊、豬。❽廚饌　食物。❾螻　螻蛄。這裡指螻蛄身上的土腥氣。❿饗　吃。⓫嬪御　嬪妃。⓬赭堊　紅色土和白色土。這裡泛指各種色彩。⓭五府　國家的五個倉庫。這裡泛指國庫。⓮仞　古時以七尺或八尺為一仞。⓯終南　終南山，在今西安市西南。⓰簡　選擇。⓱鄭衛　均為古國名。鄭在今河南省新鄭縣一帶，衛在今河南省沁陽縣一帶。⓲娥媌靡曼　美麗溫柔。娥媌，儀態美好的樣子。靡曼，溫柔。⓳芳澤　香脂一類的化妝品。⓴笄珥　用來束髮的簪子叫笄，用珠子或玉石做的耳環叫珥。㉑阿錫　東阿出產的一種輕細的絲織品。阿，東阿，在今山東省東阿縣。錫，細絲綢。㉒齊紈　齊國出產的細絹。㉓粉白黛黑　膚白如雪，髮黑如漆。粉，白粉。黛，一種青黑色的顏料。㉔芷若　白芷和杜若。兩種香草名。㉕承雲六瑩九韶晨露　皆為古代樂曲名。㉖玉　這裡是美好的意思。㉗舍然　高興的樣子。㉘臨　接近；往進。㉙居亡幾何　過了不久。㉚袪　衣袖。㉛絡　裝飾。㉜下之據　下面所憑靠的基礎。㉝屯雲　積聚的雲層。屯，聚積。㉞清都紫微鈞天廣樂　皆為天帝居住的地方。㉟帝　天帝。

36累塊　疊放的土塊。37積蘇　堆積的柴草。蘇，柴草。38藏　通「臟」。這裡泛指內心。39悸而不凝　顫抖而不能專注。悸，因害怕而心跳。凝，專注。40精喪　精神頹喪。41移　推動。42磒虛　從空中墜落。磒，通「隕」。墜落。43既寤　醒來以後。寤，醒。44嚮　剛才。45怫　水氣未乾。46默存　靜坐。47自失　精神恍惚，若有所失。48圃　花園。49間恆　習慣於世間無變化的事物。間，通「閒」。習慣。恆，不變。50蹔亡　轉眼就消失的事物。蹔，通「暫」。51模　捉摸；想像。52恤　關心。53服薾騮　中間駕車的馬叫薾騮。服，古代一車駕四馬，中間的兩匹叫服。薾騮，即「驊騮」。駿馬名，八駿之一。54綠耳　馬名，八駿之一。55驂赤驥　旁邊駕的馬叫赤驥。驂，旁邊駕車的馬叫驂。赤驥，馬名，八駿之一。56白𩦎　馬名，八駿之一。57主車　坐車子的主位。根據下文「栢夭主車」句，此「主車」上缺一「王」字。58造父為御　造父當駕車的人。造父，古代著名的善於駕車的人。59𢿍𥩭為右　𢿍𥩭坐在右邊。古代坐在車右的人有協助駕車和保護主人的責任。60渠黃　馬名，八駿之一。61踰輪　馬名，八駿之一。62盜驪　馬名，八駿之一。63山子　馬名，八駿之一。64栢夭　人名。周穆王的大臣。65參百　人名。善於駕車。66奔戎　人名。67巨蒐氏之國　西域的一個國家。68白鵠　白天鵝。69湩　乳汁。70崑崙之阿　崑崙山下。崑崙山是道教中的重要仙山。71赤水　河名。72陽　河的北岸叫陽。73封　堆土成臺。古人封土成臺，一般是要在上面舉行某種儀式的。74西王母　道教中地位最高的一位女神。75觴于瑤池　在瑤池邊飲酒。觴，一種酒器，這裡指飲酒。瑤池，道教神話中的池名，西王母的居住地。76謠　唱歌。77於乎　感嘆詞，相當於嗚呼。78予一人　古代帝王的自我稱呼。79其　表推測之詞。80數　責備。81幾　差不多。82窮　享盡。83徂　通「殂」。死亡。84登假　昇天成仙。假，通「遐」。遙遠，這裡指遙遠的天空。

【語　譯】周穆王在位的時候，從遙遠的西域國家來了一位會幻術的人，他能進入水火，穿過金石，顛倒山河，移動城池，身處空中不會墜落，遇到實物不受阻礙。他能千變萬化，沒有窮盡。他既能改變物體的形狀，又能改變別人的想法。穆王敬重他如同敬重神靈一樣，服侍他如同服侍君王一般。讓出自己的正宮給他居住，拿出豬、羊、牛供他享用，挑選能歌善舞的美女供他娛樂。但這位幻術師卻認為周穆王的宮室低矮簡陋不可居住，周穆王的食物有種土腥氣無法食用，周穆王的嬪妃膻氣很重醜陋無比不可親近。於是周穆王便為他另築宮室，土木建築的精美，色彩裝飾的華麗，都達到了不能再好的程度。國庫為此耗盡，樓臺方才建成。這座樓臺高達數百丈，高出終南山之上，命名為「中天臺」。挑選鄭國、衛國的美麗溫柔的處女，讓她們搽上香脂，修飾蛾眉，佩戴簪子和耳環，穿上東阿和齊國出產的輕柔絲綢做的衣服。她們膚白如雪，髮黑如漆，佩帶著玉環，身上到處插戴著白芷、杜若一類的香草，這樣的美女住滿了中天臺。她們還演奏《承雲》、《六瑩》、《九韶》、《晨露》等優美的樂曲讓他高興。月月向他獻上美衣，天天向他獻上美食。然而幻術師仍然不開心，勉強住進了中天臺。

沒過多久，幻術師邀請周穆王同去遊玩。周穆王拉著幻術師的衣袖，飛騰而上，一直到半空中才停下來。接著到了幻術師的宮殿。幻術師的宮殿是用金銀建成，用珠玉裝飾，高聳於雲雨之上，卻不知道它下面的基礎是什麼，遠遠望去，猶如堆積的雲層一樣。耳朵所聽到的，眼睛所看見的，鼻子聞到的，嘴巴吃到的，都是人間沒有的東西。周穆王確信這就是天堂的清都、紫微、鈞天、廣樂，是天帝居住的地方。周穆王再低頭看看自己的宮殿，感到自己的宮殿臺榭就像一堆堆土塊和一堆堆柴草那樣醜陋不堪。周穆王感到自己似乎在這裡生活了幾十年，一點也不思念自己的國家。幻術師又來請周穆王同遊，他們所到之處，抬頭不見日月，低頭不見河海。光線照耀，使周穆王眼花撩亂無法看清；音響傳來，使周穆王聽力混亂無法聽清。身體和內心，都顫抖不已而無法專注，心意迷亂，精神頹喪，於是請求幻術師讓他回去。幻術師推了他一把，周穆王就好像從空中落下來一樣。清醒之後，周穆王看到自己仍坐在剛才坐的地方，伺候自己的仍是剛才的那幾個人。看看面前，剛才斟的酒還沒有澄清，剛才端上的菜肴水氣還沒乾。周穆王詢問自己是從哪裡回來的，侍候的人回答說：「大王您不過是在這裡靜坐了一會兒而已。」從此以後，周穆王精神恍惚，一直過了三個月才恢復正常。周穆王又去問幻術師這是怎麼回事，幻術師說：「我與大王不過是神遊，身體哪裡曾挪動過呢？再說您過去神遊時居住過的宮殿，與您自己的宮殿又有什麼不一樣呢？您過去神遊時到過的地方，與您自己的苑林又有什麼不一樣呢？大王習慣於不變的事物，一旦遇到轉眼就消失的事物就感到疑惑不解。世上萬物變化無窮，或快或慢，哪裡能夠完全去捉摸掌握呢？」

周穆王聽了十分高興。他不再關心國事，不再留戀臣妾，隨心所欲地去遠方遊覽。他命令駕上八匹駿馬拉的兩輛車。第一輛車右邊居中的駿馬叫驊騮，左邊居中的叫綠耳，右邊的邊馬叫赤驥，左邊的邊馬叫白犧，周穆王坐在車正中的主位上，由造父駕車，离冏坐在右邊協助他。第二輛車右邊居中的駿馬叫渠黃，左邊居中的叫踰輪，左邊的邊馬叫盜驪，右邊的邊馬叫山子，柏夭坐在車正中的主位上，由參百駕車，奔戎坐在右邊協助他。他們馳驅千里，來到巨蒐氏之國。巨蒐氏人獻上白天鵝的血液讓周穆王飲用，備好了牛馬的乳汁給周穆王洗腳，同時還同樣招待了兩輛車上的隨從人員。吃喝完畢，他們繼續前行，夜宿於崑崙山的山腳下，赤水河的北邊。第二天他們登上崑崙山頂，觀看了黃帝住過的宮殿，並在那裡堆土築臺，作為紀念留給後人。接著他們在西王母那裡作客，在瑤池邊飲酒。西王母為周穆王吟唱歌謠，周穆王應和唱答，歌辭哀婉動人。

接著又去觀賞了太陽落下的地方，一天就行走了一萬里。周穆王於是嘆息說：「唉！我沒有高尚的品德，卻在這裡盡情享樂，後人大概會責備我的過錯啦！」周穆王同神仙差不多啊！他一生享盡了歡樂，而且還活到百歲才去世，世人都認為他登天成仙了。

老成子❶學幻於尹文❷先生，三年不告。老成子請其過而求退。尹文先生揖而進之於室，屏❸左右而與之言曰：「昔老聃之徂❹西也，顧而告予曰：有生之氣，有形之狀，盡幻也。造化之所始，陰陽之所變者，謂之生，謂之死。窮數達變❺，因形移易❻者，謂之化，謂之幻。造物者其巧妙，其功深，固難窮難終。因形者其巧顯，其功淺，故隨起隨滅。知幻化之不異生死也，始可與學幻矣。吾與汝亦幻也，奚須學哉？」老成子歸，用尹文先生之言深思三月，遂能存亡自在，憣校❼四時，冬起雷，夏造冰；飛者走，走者飛。終身不著❽其術，故世莫傳焉。子列子曰：「善為化者，其道密庸❾，其功同人。五帝❿之德，三王⓫之功，未必盡智勇之力，或由化而成。孰測之哉？」

【章　旨】本章說明人生如夢如幻，並強調了「化」的重要性。

【注　釋】❶老成子　人名，戰國時宋國人。❷尹文　戰國時思想家。現存有《尹文子》上、下篇，一般認為是後人偽作。❸屏　避開。❹徂　往。❺窮數達變　弄清自然規律，通達變化之本。窮，完全懂得。數，定數，這裡指不可違抗的客觀規律。❻因形移易　根據事物形狀的不同而隨之變化。因，根據。易，改變。❼幡校　顛倒錯亂。幡，通「翻」。顛倒。校，通「交」。交錯。❽著　顯露。❾密庸　秘密地使用。庸，通「用」。❿五帝　古代傳說中的五位帝王。一般指黃帝、顓頊、帝嚳、唐堯、虞舜。⓫三王　指夏禹、商湯王、周文王。

【語　譯】老成子向尹文先生學習幻術，但過了三年，尹文先生卻未傳授。老成子請問自己有什麼過失，並請求退學。尹文先生向他拱手致禮，請他走進自己的內室，避開旁人對他說：「從前老子去西方遊歷時，曾回頭對我說：有生機的氣，有形狀的物體，都是虛幻的。天地造化所創造的，陰陽二氣所變化出來的，可以稱之為生，稱之為死。弄懂客觀規律，通達事物變化，能根據形體不同而隨之變化的，可以稱之為化，稱之為幻。造物主巧妙無比，功力深厚，確實能夠永存而不滅。而那些根據形體不同而隨之變化的具體事物，它們的機巧外露，功力淺薄，所以就隨生隨滅了。懂得幻化就是生死的道理，才可以開始學習幻術。我與你的存在不過也是一種幻象而已，何須再去學習幻術呢？」老成子回家以後，對尹文先生的話深入思考了三個月，於是就能自由地掌握個人的存亡，顛倒四季的次序，冬天能招來雷聲，夏天能造出冰雪，能讓天上飛的在地上跑，能讓地上跑的在天上飛。他終身不顯露自己的道術，所以社會上也沒能流傳下來。列子說：「那些善於幻化術的人，都是秘密地使用自己的道術，而其功效表面上又與正常人的一樣。五帝的美德，三王的功業，未必全是靠智慧和勇武建立的，或許也是憑藉幻化的作用而成就的。誰能猜出其中的原因呢？」

覺有八徵❶，夢有六候❷。奚謂八徵？一曰故❸，二曰為❹，三曰得❺，四曰喪，五曰哀，六曰樂，七曰生，八曰死。此者八徵，形所接❻也。奚謂六候？一曰正夢❼，二曰蘁夢❽，三曰思夢❾，四曰寤夢❿，五曰喜夢，六曰懼夢。此六者，神所交⓫也。不識感變⓬之所起者，事至則惑其所由然⓭；識感變之所起者，事至則知其所由然。知其所由然，則無所怛⓮。一體之盈虛消息⓯，皆通於天地，應於物類。故陰氣壯，則夢涉大水而恐懼；陽氣壯，則夢涉大火而燔焫⓰；陰陽俱壯，則夢生殺。甚飽則夢與⓱，甚飢則夢取。是以以浮虛為疾⓲者，則夢揚⓳；以沉實為疾⓴者，則夢溺。藉帶㉑而寢，則夢蛇；飛鳥御髮，則夢飛。將陰夢火，將疾夢食。飲酒者憂，歌儛者哭。子列子曰：「神遇為夢，形接為事。故晝想夜夢，神形所遇。故神凝㉒者想夢自消。信覺㉓不語，信夢不達㉔，物化之往來㉕者也。古之真人㉖，其覺自忘，其寢不夢，幾㉗虛語哉？」

【章旨】本章主要解釋了夢的種類和由來，歌頌了「其覺自忘，其寢不夢」的真人。

【注釋】❶覺有八徵　人清醒時有八種表現。覺，指沒有睡著的狀態。徵，跡象；表現。❷候　徵候；表現。❸故　故有狀態。❹為　有所作為。❺得　獲得。❻接　與外物接觸。❼正夢　與正常生活相類似的夢。❽蘁夢　惡夢。蘁，通「噩」。凶惡。❾思夢　思念親人的夢。❿寤夢　令人有所醒悟的夢。⓫神所交　精神與外物有所交感。⓬感變　因交感而引起的變化。⓭所由然　所產生的原因。⓮怛　害怕。⓯盈虛消息　強壯虛弱衰亡成長。盈，充實；強壯。息，生長。⓰燔焫　燒烤。⓱與　贈送東西給別人。⓲以浮虛為疾　因脈象浮虛而生病。⓳揚　飛揚。⓴以沉實為疾　因氣血沉實而生病。㉑藉帶　枕著衣帶。㉒神凝　指精神專一，無思無慮。㉓信覺　真正的醒悟。信，真正。這裡的「信覺」是指道家道教的醒悟人生，而非一般的從睡覺中醒來。㉔信夢不達　真正生活在夢中的人是不懂這些道理的。信夢，指糊糊塗塗生活的人。達，明白。㉕物化之往來　事物相互變化相互交錯。㉖真人　道家、道教心目中最理想的得道之人。㉗幾　難道。

【語譯】人在清醒時有八種表現，人做的夢有六種情況。什麼叫作八種表現呢？一是維持現狀，二是有所作為，三是有所獲得，四是有所喪失，五是悲哀，六是歡樂，七是生存，八是死亡。這八種表現，是形體與外物接觸的結果。什麼叫六種情況呢？一是與正常生活相似的夢，二是噩夢，三是思念之夢，四是能令人醒悟某種道理的夢，五是令人高興的夢，六是令人恐懼的夢。這六種情況，是精神與外物交感的結果。不懂得這種交感變化原因的人，一旦發生什麼事情，就會對這種事情的起因感到迷惑不解。懂得交感變化原因的人，一旦遇到什麼事情，就會知道它的起因所在。知道了它的起因，就不再害怕了。人體的強壯與虛弱，衰亡與成長，都與天地自然相通，與外物相感應。所以陰氣太盛的人，就會夢見徒步走過大水而恐懼萬分；陽氣太盛的人，就會夢見走進了烈火而被燒烤。陰氣陽氣都太盛的人，就會夢見殘酷格鬥或生或死。吃得太飽就會夢見贈送東西給別人，肚子太餓就會夢見向別人索取東西。所以那些因脈象虛浮而生病的人，就會夢到自己向上飄揚；那些因氣血沉實而生病的人，就會夢到自己沉溺水中。枕著衣帶睡覺，就會夢見蛇；飛鳥碰著自己的頭髮，就會夢見飛翔。陰氣將要轉盛的人就會夢見火焰，將要生病的人就會夢見食物。飲過酒的人會夢到憂愁，歌舞過的人會做夢哭泣。列子說：「精神與外物交感就是做夢，形體與外物接觸就是做事。因此白天有什麼想法，晚上就會做什麼樣的夢，這是精神與形體相互交感引起的。所以那些精神專一虛靜的人，各種想法和夢境都自然而然不會產生。真正覺悟人生的人是不會多說什麼的，真正生活在夢中的糊塗人什麼也不懂得。這些都是事物之間相互變化相互交感而引起的。古代那些得道之人，醒來時連自己都忘掉了，他睡覺時自然不會做夢。這難道會是假話嗎？」

西極之南隅❶有國焉，不知境界之所接，名古莽之國❷。陰陽之氣所不交，故寒暑亡辨❸；日月之光所不照，故晝夜亡辨。其民不食不衣而多眠，五旬一覺❹，以夢中所為者實，覺之所見者妄❺。四海❻之齊❼謂中央之國，跨河❽南北，越岱❾東西，萬有餘里。其陰陽之審度❿，故一寒一暑；昏明之分察⓫，故一晝一夜。其民有智有愚。萬物滋殖，才藝多方⓬。有君臣相臨⓭，禮法相持⓮。其所云為⓯不可稱計。一覺一寐⓰，以為覺之所為者實，夢之所見者妄。東極之北隅有國，曰阜落之國⓱。其土氣常燠⓲，日月餘光⓳之照，其土不生嘉苗。其民食草根木實，不知火食，性剛悍，強弱相藉⓴，貴勝而不尚義，多馳步㉑，少休息，常覺而不眠。

【章　旨】本章列舉了三個國家的不同情況，旨在說明夢與現實孰真孰假的問題，只是人們主觀評判的結果。

【注　釋】❶西極之南隅　遙遠的西方南部地區。極，邊遠。隅，角落。這裡指邊遠地區。❷古莽之國　作者虛構的國家。❸亡辨　沒有區別。亡，通「無」。辨，區別。❹覺　睡醒。❺妄　虛假。❻四海　這裡指整個天下。❼齊　通「臍」。正中。❽河　黃河。❾岱　泰山。❿審度　應為「度審」。節度分明。審，清楚；明白。⓫分察　分界明顯。察，明顯。⓬多方　多種多樣。⓭臨　治理。⓮持　約束。⓯云為　言論和行為。云，說；言論。⓰寐　睡覺。⓱阜落之國　作者虛構的國家。⓲燠　燥熱。⓳餘光　盛熱之光。餘，充足；盛多。⓴相藉　互相欺凌。藉，欺壓。㉑步　行走。

【語　譯】遙遠的西方南部地區有一個國家，不知道它的邊界同何處連接，名叫古莽之國。那裡的陰陽二氣不交會，所以沒有寒冷與暑熱的差別；日月也照不到，所以沒有白天和黑夜的區分。這個國家的人不吃不穿卻總是睡覺，五十天纔醒一次，他們把夢中的所作所為當作真實，把醒時所見到的事情當作虛假。天下的正中叫作中央之國，它的地域跨越黃河南北，橫越泰山東西，有一萬多里。那裡的陰陽節度分明，所以每年有一寒一暑；那裡的白天黑夜界線清楚，所以每天有一晝一夜。這個國家的人有的聰明，有的愚笨。萬物滋生繁殖，人們的才能技藝多種多樣。這裡有君臣共同治理，有禮節法律相互約束。人們的言論和行為多得難以列舉和計數。他們每天有醒來的時候，有睡眠的時候，他們認為醒時的所作所為是真實的，夢中所見到的事物是虛假的。遙遠的東方北部地區有一個國家，名叫阜落之國。那裡的風土氣候經常燥熱，日月的強烈光線照射，使那裡的土地長不出好莊稼。那裡的人們吃草根樹果，不知道用火燒熟食物。他們的性情剛烈驃悍，強弱相互欺凌，只重視戰勝別人而不崇尚仁義道德。他們不停地奔走而很少休息，經常地醒著而不睡眠。

周❶之尹氏大治產❷，其下趣役❸者，侵晨昏❹而弗息。有老役夫，筋力竭矣，而使之彌勤❺。晝則呻呼而即事❻，夜則昏憊而熟寐。精神荒散❼，昔昔❽夢為國君，居人民之上，總一國之事。游燕❾宮觀，恣意所欲，其樂無比。覺則復役。人有慰喻❿其勤者，役夫曰：「人生百年，晝夜各分⓫。吾晝為僕虜，苦則苦矣；夜為人君，其樂無比。何所怨哉？」尹氏心營世事，慮鍾⓬家業，心形俱疲，夜亦昏憊而寐。昔昔夢為人僕，趨走作役，無不為也。數⓭罵杖撻，無不至也。眠中啽囈⓮呻呼，徹旦息⓯焉。尹氏病⓰之，以訪其友。友曰：「若⓱位足榮身，資財有餘，勝人遠矣。夜夢為僕，苦逸⓲之復，數⓳之常也。若欲覺夢兼之⓴，豈可得邪？」尹氏聞其友言，寬其役夫之程㉑，減己思慮之事，疾並少間㉒。

【章旨】本章進一步申述夢與現實真假難辨，認為只有減少思慮，降低欲望，纔能減少生活中的痛苦。

【注釋】❶周　國名。❷治產　經營家業。❸趣役　奔走服役。趣，通「趨」。奔走。❹侵晨昏　起早摸黑。

侵，佔有。❺彌勤　更苦。彌，更加。勤，苦。❻即事　做事；幹活。❼荒散　恍惚散亂。❽昔昔　夜夜。昔，通「夕」。夜晚。❾燕　通「宴」。宴飲。❿慰喻　安慰。⓫分　平分；一半。⓬鍾　聚集。⓭數　責備。⓮哼囈　說夢話。⓯徹旦息　直到天明纔停止。⓰病　擔憂；發愁。⓱若　你。⓲逸　快樂。⓳數　規律。⓴覺夢兼之　醒時和夢中都享有快樂。之，代指快樂。㉑程　勞動任務。㉒疾並少間　老役夫和尹氏的痛苦都稍微減輕了一些。疾，痛苦。並，指老役夫和尹氏兩人。少，通「稍」。稍微。間，病癒。這裡指痛苦減少。

【語　譯】周國有一戶尹姓人家大治家產，他手下那些奔走幹活的人，起早摸黑而得不到休息。有一位老僕人已經累得精疲力盡，反而被派去幹更加艱苦的活兒。老僕人白天呻吟哀叫著幹活，晚上就昏沈疲憊地熟睡。他精神恍惚散亂，夜夜夢見自己當了國王，位居百姓之上，總攬一國之政。在宮殿樓臺之中遊覽宴飲，任意尋歡作樂，快活無比。早上醒後便又去做苦工。有人同情他的辛苦來安慰他，老僕人回答說：「人活百年，晝夜各佔一半。我白天當老僕，苦確實夠苦的；但一到夜晚我就當上了國王，生活快樂無比。我還抱怨什麼呢？」尹氏整天謀算著社會上的種種事情，一心想積累家產，弄得身心都疲憊不堪，到了夜晚也就昏沈疲憊地睡去。結果夜夜夢見給別人當奴僕，奔走勞作，什麼樣的苦活都得幹。數落責罵，杖打鞭撻，什麼樣的侮辱都得受。尹氏在睡眠中亂說夢話，呻吟哀叫，一直到天亮纔停止。尹氏為此痛苦不堪，便去請教他的朋友。他的朋友說：「你的地位足夠使你榮耀，你的財富也綽綽有餘，你遠遠勝過別人。可你夜夜夢見當了奴僕。痛苦和歡樂交錯反覆，這是一種常見的規律。你想在醒時和夢中都享有快樂，這怎麼可能呢？」尹氏聽了朋友的這番話以後，便放寬了僕人們的勞作限度，減少了自己思慮的事情，結果老僕人和尹氏的痛苦都稍稍減輕了。

鄭人有薪❶於野者，遇駭鹿❷，御❸而擊之，斃之。恐人見之也，遽❹而藏諸隍❺中，覆之以蕉❻，不勝其喜。俄而遺其所藏之處，遂以為夢焉。順途而詠❼其事。傍人有聞者，用其言而取之。既歸，告其室人❽曰：「向❾薪者夢得鹿而不知其處，吾今得之，彼直❿真夢者矣。」室人曰：「若將⓫是夢見薪者之得鹿邪？詎⓬有薪者邪？今真得鹿，是若之夢真⓭邪？」夫曰：「吾據得⓮鹿，何用知彼夢我夢邪？」薪者之歸，不厭⓯失鹿。其夜真夢藏之之處，又夢得之之主。爽旦⓰，案⓱所夢而尋得之。遂訟⓲而爭之，歸之士師⓳。士師曰：「若初真得鹿，妄謂之夢；真夢得鹿，妄謂之實。彼真取若鹿，而與若爭鹿，室人又謂夢仞⓴人鹿，無人得鹿。今據有此鹿，請二分之。」以聞鄭君。鄭君曰：「嘻！士師將復夢分人鹿乎？」訪㉑之國相，國相曰：「夢與不夢，臣所不能辨也。欲辯覺夢，唯黃帝、孔丘。今亡黃帝、孔丘，孰辨之哉？且恂㉒士師之言可也。」

【章 旨】本章用薪人失鹿的故事，誇張地說明一般人很難弄清夢幻與現實的區別，進一步印證了道家、道教的萬物一齊、人生如夢的思想。

【注 釋】❶薪 柴草。這裡用作動詞，砍柴草。❷駭鹿 受驚的鹿。❸御 迎。❹遽 急忙。❺隍 原指無水的護城河，這裡指乾涸的水溝。❻蕉 通「樵」。柴草。一解為蕉葉，也通。❼詠 原指曼聲長吟，這裡引申為喋喋不休地說。❽室人 妻子。❾向 剛纔。❿直 就是；確實。⓫將 大概。⓬詎 難道。⓭夢真 類似真實的夢。⓮據得 擁有。⓯不厭 不滿意；不甘心。⓰爽旦 天明。爽，明。⓱案 通「按」。根據。⓲訟 爭論。⓳士師 官名，掌獄訟、刑罰，相當於今天的法官。⓴仞 通「認」。認取。㉑訪 詢問；請教。㉒恂 通「循」。依照。

【語 譯】鄭國有個樵夫在山野裡砍柴，遇到一頭受驚的鹿，他迎頭追打，把這頭鹿打死了。他擔心被人瞧見，就慌慌張張地把鹿藏在一條乾水溝裡，上面蓋上柴草，心裡異常歡喜。可是沒過多久，他忘了藏鹿的地方，於是便以為自己剛纔不過是做了一個夢。回家時，樵夫一路不停地訴說這件事情。旁邊有個人聽見了，就根據樵夫的話找到了這頭鹿。這個人回家後，告訴他妻子說：「剛纔有個樵夫說他夢中得到一頭鹿而找不到藏鹿的地方，我現在找到了這頭鹿，那個人確確實實是在夢中啊！」妻子說：「你大概是在夢中見到樵夫得到一頭鹿吧？難道真的有那樣一個樵夫嗎？現在你是真的得到了一頭鹿、還是你做了一個類似真實的夢呢？」丈夫說：「反正我得到了這頭鹿，何必管什麼他做夢我做夢呢。」樵夫回家以後，對丟失鹿的事總感到不甘心。當天夜裡真的夢見藏鹿的地方，又夢見拿走鹿的那個人。第二天一大早，樵夫就按照自己的夢找到那個人。於是兩個人為爭奪鹿而吵了起來，最後官司打到法官那裡。法官對樵夫說：「你當初確實得到一頭鹿，卻糊裡糊塗認為是在做夢；現在你確實是在夢中找到了鹿，卻又糊裡糊塗把它當作真實。那個人確實拿走了你的鹿，而且現在正在同你爭奪這頭鹿，可他的妻子偏說他是在夢中認取了別人的鹿，這樣看來還沒有人真正得到這頭鹿。可現在又確實有這麼一頭鹿，那就請你們各分一半吧！」後來這件案子上報給鄭國的國君。國君說：「哈哈！法官大概也是在夢中為別人分鹿吧！」於是又去請教國相，國相說：「夢與非夢，我也不能分辨清楚。要想弄清醒時與夢幻的區別，只有黃帝、孔子纔能做到。如今沒有黃帝、孔子這樣的人了，誰還能分辨得清呢？姑且按照法官的判決去辦就可以了。」

宋陽里華子❶中年病忘❷，朝取而夕忘，夕與而朝忘；在塗則忘行，在室則忘坐；今不識先，後不識今。闔室❸毒之❹。謁史❺而卜之，弗占❻；謁巫而禱❼之，弗禁；謁醫而攻之，弗已。魯有儒生自媒❽能治之，華子之妻子以居產❾之半請其方。儒生曰：「此固非卦兆之所占，非祈請之所禱，非藥石之所攻。吾試化其心，變其慮，庶幾❿有瘳⓫乎！」於是試露之⓬，而求衣；饑之，而求食；幽⓭之，而求明。儒生欣然告其子曰：「疾可已也。然吾之方密傳世⓮，不以告人。試屏⓯左右，獨與居室七日。」從之。莫知其所施為也，而積年之疾一朝都除。華子既悟，迺大怒，黜⑯妻罰子，操戈⑰逐儒生。宋人執而問其以⑱，華子曰：「曩⑲吾忘也，蕩蕩然⑳不知天地之有無。今頓識既往，數十年來存亡、得失、哀樂、好惡，擾擾㉑萬緒起矣。吾恐將來之存亡、得失、哀樂、好惡之亂吾心如此也，須臾㉒之忘，可復得乎？」子貢聞而怪之，以告孔子。孔子曰：「此非汝所及乎！」顧謂顏回記之。

【章　旨】莊子主張「坐忘」，認為只要忘掉包括自身在內的一切事情，就會成為無憂無慮的真人。本章的故事就在說明這一道理。

【注　釋】❶陽里華子　人名。一說陽里為地名，華子為人名，也通。❷病忘　患了健忘症。❸闔室　全家。❹毒之　為此非常苦惱。毒，苦。❺謁史　拜請史官。古代史官兼有記史和祭祀神靈的雙重任務。❻占　應驗。❼禱　祈神求福。❽自媒　自我推薦。❾居產　家產。❿庶幾　也許。⓫瘳　病癒。⓬露之　讓他裸露。⓭幽　黑暗。⓮密傳世　秘密傳給後世子孫。⓯屏　排除；避開。⓰黜　休去。⓱操戈　手拿武器。戈，兵器名。⓲以　即「所以」。原因。⓳曩　過去。⓴蕩蕩然　形容心中空空蕩蕩、無思無慮的樣子。㉑擾擾　亂紛紛的樣子。㉒須臾　片刻。

【語　譯】宋國有一個叫陽里華子的人，到中年時患了健忘症，早上拿的東西晚上就忘記，晚上給的東西早上就忘記；站在路上忘記行走，回到家中忘記坐下；現在記不起過去，以後記不起現在。全家人都為此很苦惱，於是請史官為他占卜，毫不靈驗；又請巫師為他祈禱，也無作用；再請醫師為他治療，仍不痊癒。魯國有位儒生，自我推薦能夠治好他的病，華子的妻子兒女願意拿出一半家產來換取他的藥方，儒生說：「這種病本來就不是能靠占卜就可以見效的，也不是靠祈禱就可以解除的，更不是靠藥物就可以治好的。我試著變換他的思想，改變他的思慮，大概能使他痊癒吧！」於是儒生試著讓華子赤身露體，華子知道要衣服；讓華子挨餓，華子知道要食物；讓華子處於黑暗之中，華子知道要光亮。儒生高興地告訴華子的兒子說：「他的病可以治好啦。不過我的藥方是世代秘傳，不能告訴別人。請屏退所有侍候的人，讓我單獨同他在室內住上七天。」華子的家人聽從了儒生的安排，沒有人能知道儒生在裡面幹了些什麼，卻把華子長年患的健忘症一時間全部根治了。華子清醒明白以後，便大發雷霆，休掉妻子，懲罰兒子，手握武器驅逐儒生。人們上前拉住他，問他為什麼這樣做，華子說：「過去我健忘的時候，心中空空蕩蕩、無思無慮，連天地的有無都不知道。現在一下子想起了往事，數十年以來的存亡、得失、哀樂、好惡，紛紛擾擾，千頭萬緒地湧上心頭。我擔心將來的存亡、得失、哀樂、好惡也會像這樣擾亂我的心緒，再想片刻忘記這些，還可能嗎？」子貢聽後感到很奇怪，就把這件事告訴了孔子。孔子說：「這件事不是你能夠理解得了的啊！」孔子回頭吩咐顏回記下這件事。

秦人逢氏有子，少而惠❶，及壯而有迷罔之疾❷。聞歌以為哭，視白以為黑，饗❸香以為朽❹，嘗甘以為苦，行非以為是❺。意之所之，天地、四方、水火、寒暑，無不倒錯者焉。楊氏告其父曰：「魯之君子多術藝，將能已❻乎？汝奚不訪焉？」其父之魯，過陳，遇老聃，因❼告其子之證❽。老聃曰：「汝庸❾知汝子之迷乎？今天下之人皆惑於是非，昏於利害。同疾者多，固莫有覺者。且一身之迷不足傾❿一家，一家之迷不足傾一鄉，一鄉之迷不足傾一國，一國之迷不足傾天下。天下盡迷，孰傾之哉？向使⓫天下之人其心盡如汝子，汝則反迷矣。哀樂、聲色、臭味、是非，孰能正之！且吾之言未必非迷，況魯之君子迷之郵⓬者，焉能⓭解人之迷哉？榮⓮汝之糧，不若遄⓯歸也。」

【章　旨】本章旨在說明人世上的是非好壞不過是一種主觀評價，沒有統一的標準。

【注　釋】❶惠　通「慧」。聰明。❷迷罔之疾　精神錯亂的病。❸饗　通「享」。享受。引申為聞到。❹朽　臭味。❺是　正確。❻已　治癒。❼因　順便。❽證　通「症」。病症。❾庸　怎麼。❿傾　傾覆。⓫向使　當初假如。⓬郵　通「尤」。最；甚。魯國的儒生大力提倡仁義禮制，這是老莊及部分道教人士所反對的，所以說魯國的君子是「迷之郵者」。⑬焉能　怎能。⑭榮　多。⑮遄　趕快。

【語譯】秦國人逢氏有個兒子，小時候非常聰明，到了成年卻患了精神錯亂的疾病。他聽見唱歌以為是在哭泣，看見白色以為是黑色，聞到香味以為是臭味，吃著甜的以為是苦的，做了錯事以為是正確的。凡是他所意識到的事物，像天地、四方、水火、寒暑等等，無不顛倒錯亂。一位姓楊的人告訴患者的父親說：「魯國的君子有許多才能技藝，也許能夠治好這種病吧，你何不去請教一下呢？」患者的父親便前往魯國，路過陳國時，遇到老子，順便把兒子的病症告訴老子。老子說：「你怎麼知道你的兒子精神錯亂了呢？現在整個社會的人都分不清是非界線，弄不懂利害關係。患同樣病的人多了，於是就沒有人覺察到這是一種病。再說一人精神錯亂不會搞亂一家，一家精神錯亂不會搞亂一鄉，一鄉精神錯亂不會搞亂一國，一國精神錯亂不會搞亂整個天下。如果整個天下的人全都精神錯亂了，那麼誰又去搞亂誰呢？假如當初整個天下人的思想都同你的兒子一樣，你反而成了精神錯亂的人啦！哀樂、聲色、氣味、是非，誰能給它們定下一個正確的標準呢！再說我的話未必就不是顛倒錯亂的話，更何況魯國的君子們都是一些思想最為顛倒錯亂的人，他們怎能幫助解決別人的迷亂思想呢？你還是多帶點乾糧，趕快回家去吧！」

燕❶人生於燕，長於楚❷，及老而還本國。過晉❸國，同行者誑之，指城曰：「此燕國之城。」其人愀然❹變容。指社❺曰：「此若里❻之社。」

乃喟然❼而歎。指舍曰：「此若先人之廬。」乃涓然❽而泣。指壠❾曰：「此若先人之冢。」其人哭不自禁。同行者啞然❿大笑曰：「予昔紿⓫若，此晉國耳。」其人大慙。及至燕，真見燕國之城社，真見先人之廬冢，悲心更⓬微。

【章　旨】這個故事諷刺了以別人的是非為是非、盲目相信別人的人。

【注　釋】❶燕　國名。在今河北省北部和遼寧省西部地區。❷楚　國名。大約在今河南省南部、湖北省、湖南省一帶。❸晉　國名。包括今天的山西省大部、河北省、河南省和陝西省的部分地區。❹愀然　傷心的樣子。❺社　古代祭祀土神的地方。❻里　民居。這裡泛指村莊。❼喟然　嘆氣的樣子。❽涓然　慢慢流淚的樣子。❾壠　墳墓。❿啞然　形容笑聲。⓫紿　哄騙。⓬更　改變；反而。

【語　譯】有個燕國人在燕國出生，在楚國長大，到了老年便返回故鄉。路過晉國時，同行的人哄騙他，指著城牆說：「這就是燕國的城牆。」燕國人傷心得改變了面容。同行的人指著社廟說：「這就是你們村里的社廟。」燕國人聽了感慨萬分地嘆起氣來。同行人指著一處房屋說：「這就是你家祖先住過的房子。」燕國人聽了慢慢流下眼淚。同行人又指著一片墳墓說：「這就是你家祖先的墳墓。」燕國人聽了不禁大哭起來。同行人哈哈大笑，說：「我剛纔是哄騙你的，這裡不過是晉國而已。」燕國人非常羞愧。到了燕國以後，真正見到了燕國的城牆和社廟，真正見到了祖先的房屋和墳墓，而那個燕國人的悲傷反而減輕了。

仲尼第四

【題解】本篇著重論述如何去認識道、把握道，以及得道以後的表現和效果。全篇始終貫穿著無為精神。所謂無為，即順應客觀而為，不要摻入個人成見。在認識道的過程中，作者特別強調排除私念和內觀反省，要如鏡、如響那樣忠實地去反映客觀。除此，作者還歌頌了無為政治，討論了個人修養、物極必反、是非標準等問題。值得注意的是，本篇帶有神秘色彩的認識論和諸多神話傳說，是道教信仰的重要內容。我們可以經由這些，對道教有一個大體認識。

仲尼閑居，子貢入侍，而有憂色。子貢不敢問，出告顏回。顏回援琴❶而歌。孔子聞之，果召回入，問曰：「若奚獨樂？」回曰：「夫子奚獨憂？」孔子曰：「先言爾志❷。」曰：「吾昔聞之夫子曰：『樂天知命❸故不憂。』回所以樂也。」孔子愀然有間❹，曰：「有是言哉！

汝之意❺失矣。此吾昔日之言爾，請以今言為正也。汝徒❻知樂天知命之無憂，未知樂天知命有憂之大也。今告若其實：脩一身，任窮達❼，知去來❽之非我，亡變亂於心慮，爾之所謂樂天知命之無憂也。曩吾脩《詩》❾、《書》❿，正禮樂⓫，將以治天下，遺來世⓬，非但脩一身、治魯國而已。而魯之君臣日失其序⓭，仁義益衰，情性益薄。此道不行一國與當年，其如天下與來世⓮矣？吾始知《詩》、《書》、禮樂無救於治亂，而未知所以革之之方。此樂天知命者之所憂。雖然，吾得之矣。夫樂而知⓯者，非古人之所謂樂知也。無樂無知，是真樂真知；故無所不樂，無所不知，無所不憂，無所不為。《詩》、《書》、禮樂，何棄之有？革之何為？」顏回北面拜手⓰曰：「回亦得之矣。」出告子貢。子貢茫然自失，歸家淫思⓱七日，不寢不食，以至骨立⓲。顏回重往喻之，乃反丘門，弦歌誦書，終日不輟⓳。

【章　旨】本章通過孔子師徒的討論，說明了只有不刻意地去樂天知命，纔能真正做到無所不樂、無所不知的道理。

【注　釋】❶援琴　彈琴。援，拿。這裡引申為彈奏。❷志　想法。❸樂天知命　知道一切都是天命所定，人力無可奈何，因而保持一種樂觀態度，不為成敗得失而發愁。❹有間　一會兒。❺意　理解的意思。❻徒　僅。❼任窮達　任憑生活是窮困還是顯達。❽去來　這裡指人生的禍福、生死的變化。❾詩　即《詩經》，中國最早的一部詩歌總集，是儒家經典之一。❿書　即《尚書》，儒家經典之一。⓫樂　音樂。儒家非常重視音樂，認為音樂有移風易俗、感化人心的作用。⓬遺來世　為後世留下準則。⓭失其序　上下級的等級秩序混亂不堪。⓮其如天下與來世　即「其如天下與來世何」。又怎能用它治理天下、留傳後世呢？⓯樂而知　「樂天而知命」的省略。⓰北面拜手　面向北跪下叩頭。北面，古代尊者坐北朝南，所以顏回面向北。拜手，又叫「拜首」。跪拜禮的一種。跪後兩手相拱至地，俯頭至手。⓱淫思　不停地深思。⓲骨立　形容人瘦到極點。⓳輟　停止。

【語　譯】孔子閒居在家，子貢進去伺候他，孔子面帶憂愁的神色。子貢不敢發問，出來告訴顏回。顏回彈起琴、唱起歌來。孔子聽到歌聲，果然把顏回叫了進去，問道：「你自個兒為什麼這樣快樂呢？」顏回反問道：「老師您自個兒為什麼這樣憂愁呢？」孔子說：「還是先談談你的想法吧！」顏回說：「我過去聽老師您說：『樂天知命就沒有憂愁。』這就是我快樂的原因。」孔子聽了，傷心了好一會兒，說：「我是講過這句話，但你領會得不對。這句話是我從前講的，請讓我用今天的話作為糾正吧！你只知道樂天知命就沒有憂愁，並不知道樂天知命也會有很大的憂愁。現在我告訴你其中的道理：修養個人的身心，任憑生活是窮困還是顯達，懂得人生的禍福、生死等變化不是個人所能決定的，因而不讓外界的各種變動和混亂干擾自己的心緒，這就是你所理解的樂天知命就無憂愁。過去我整理《詩》、《書》，修訂禮制、音樂，準備用它治理整個天下、並為後世留下準則，不僅僅是為了修養個人、治理一個區區魯國而已。而現在魯國尊卑上下的等級秩序混亂不堪，仁義道德日益衰微，人情人性愈發澆薄。這些政治主張無法在一個魯國推行，無法在現在推行，又如何能用它去治理整個天下並留傳後世呢？我這纔知道《詩》、《書》、禮制、音樂對於社會的治亂是沒有什麼作用的，卻又找不到改變社會的方法。這就是樂天知命的人所憂愁的事情。雖然如此，我還是明白了一些道理。所謂的樂天知命，並不是古人講的樂天知命。不要主觀上刻意去求樂求知，這纔是真樂真知，因此就能做到無所不樂，無所不知，無所不憂，無所不為。《詩》、《書》、禮制、音樂，又何須捨棄呢？社會又何須改變呢？」顏回聽了，面向北跪下叩頭，說：「我也明白了。」顏回出來告訴子貢。子貢聽了茫茫然若有所失，回家不停地深思了七天，既不睡覺又不吃飯，以至於骨瘦如柴。顏回又去對他解釋一番，子貢於是又回到孔子門下，從此彈琴唱歌，誦讀書籍，整天都不休息。

陳大夫❶聘❷魯，私見叔孫氏❸。叔孫氏曰：「吾國有聖人。」曰：「非孔丘邪？」曰：「是也。」「何以知其聖乎？」叔孫氏曰：「吾嘗聞之顏回曰：『孔丘能廢心而用形❹。』」陳大夫曰：「吾國亦有聖人，子弗知乎？」曰：「聖人孰謂？」曰：「老聃之弟子有亢倉子❺者，得聃之道，能以耳視而目聽。」魯侯聞之大驚，使上卿❻厚禮而致之❼。亢倉子應聘而至。魯侯卑辭❽請問之。亢倉子曰：「傳之者妄。我能視聽不用耳目，不能易❾耳目之用。」魯侯曰：「此增❿異矣。其道奈何？寡人終願⓫聞之。」亢倉子曰：「我體合於心⓬，心合於氣⓭，氣合於神⓮，神合於無⓯。其有介然⓰之有，唯然⓱之音，雖遠在八荒之外⓲，近在眉睫之內，來干⓳我者，我必知之。乃不知是我七孔⓴四支㉑之所覺，心腹六藏㉒之所知，其自知而已矣。」魯侯大悅。他日以告仲尼，仲尼笑而不答。

【章　旨】這則故事主要說明了得道以後的神奇效果。

【注　釋】❶陳大夫　陳國的一位大夫。陳，國名。大夫，官名。❷聘　出使；訪問。❸叔孫氏　魯國的貴族。❹廢心而用形　處世待物只用形體行動而不用主觀思慮。這是道家、道教的主張，認為人應該排除一切主觀成見和情感，完全順應客觀，如同無人駕駛的小舟，順水漂流。❺亢倉子　人名。又叫庚桑楚、亢桑子。相傳是老子的弟子。❻上卿　諸侯國中級別最高的官員。❼致之　邀請他。❽卑辭　謙遜的言辭。❾易　交換。❿增　更加。⓫終願　非常希望。⓬體合於心　身體行為符合內心思想。⓭心合於氣　內心思想符合客觀元氣。古人認為，包括人在內的萬物都是由氣形成的，而氣本身是沒有主觀成見和情感的。因而「心合於氣」即內心虛靜而無個人成見。⑭氣合於神　元氣符合精神。道家、道教認為，精神左右著元氣和形體，精神為主，物質為輔。《莊子・知北遊》：「精神生於道，形本生於精。」道家、道教的精神帶有一定的神秘性，並非今天所講的「精神」。⑮神合於無　精神符合道。無，即「道」。道看不見、摸不著、無形無象，所以又叫作「無」。⑯介然　極其微小。介，通「芥」。微小。⑰唯然　輕微。唯，這裡用來形容微小的聲音。⑱八荒之外　天地之外。八荒，八方荒遠的地方。⑲于　關涉；涉及。⑳七孔　指眼、耳、口、鼻七竅。㉑四支　四肢。支，通「肢」。㉒六藏　六臟。藏，通「臟」。

【語譯】陳國有位大夫出使魯國，私下去拜會了叔孫氏。叔孫氏說：「我們國家有一位聖人。」陳國大夫說：「莫非是孔丘嗎？」叔孫氏回答說：「正是。」陳國大夫問：「你怎麼知道他是位聖人呢？」叔孫氏說：「我曾經聽顏回說：『孔丘處世接物時只用形體行為而不用主觀思慮。』」陳國大夫說：「我們國家也有一位聖人，您不知道嗎？」叔孫氏問：「聖人是哪一位？」陳國大夫說：「是老子的弟子亢倉子，他學到了老子的道術，能夠用耳朵看東西，用眼睛聽聲音。」魯國國君聽說這件事，大為驚奇，派上卿帶著厚禮去邀請亢倉子。亢倉子接受邀請，來到魯國。魯國國君用非常謙遜的言辭向他請教道術。亢倉子說：「那些傳話的人傳錯了。我能夠不用耳朵、眼睛去聽去看，但不能交換耳朵和眼睛的功能。」魯國國君說：「這更讓人驚奇了！這種道術究竟是怎麼回事，我非常希望聽聽。」亢倉子說：「我的形體行為符合我的內心思想，我的內心思想符合客觀元氣，元氣符合精神，精神符合大道。這樣即使有極微小的東西，極輕微的聲音，儘管它們遠在天地之外，或者近在眼前，只要涉及到我，我必定知道。然而我不明白是我的七竅四肢覺察到的，還是心腹六臟感知到的，只曉得是自然而然地就知道了。」魯國國君聽了非常高興。後來有一天，他把這件事告訴孔子，孔子聽後笑了笑，什麼也沒說。

商太宰❶見孔子曰：「丘聖者歟？」孔子曰：「聖則丘何敢，然則丘博學多識者也。」商太宰曰：「三王❷聖者歟？」孔子曰：「三王善任智勇者，聖則丘弗知。」曰：「五帝❸聖者歟？」孔子曰：「五帝善任仁義者，聖則丘弗知。」曰：「三皇❹聖者歟？」孔子曰：「三皇善任因時❺者，聖則丘弗知。」商太宰大駭曰：「然則孰者為聖？」孔子動容❻有間，曰：「西方之人有聖者焉，不治而不亂，不言而自信，不化而自行，蕩蕩乎❼民無能名❽焉。丘疑其為聖。弗知真為聖歟？真不聖歟？」商太宰默然心計❾曰：「孔丘欺我哉！」

【章　旨】本章借孔子之口，讚美了無為而治的聖人。

【注　釋】❶商太宰　宋國的一位太宰。商，即宋國。宋人為商朝後代，又建都商丘，故又稱宋國為商。太宰，官名，輔助國君處理政事。❷三王　指夏禹、商湯、周文王。❸五帝　說法不一。一般指黃帝、顓頊、帝嚳、堯、舜。❹三皇　說法很多，但均為傳說中的古帝王。有作天皇、地皇、泰皇的，有作伏羲、女媧、神農的，等等。❺因時　順應時勢。因，順應。❻動容　改變了面部表情。指變得嚴肅起來。❼蕩蕩乎　偉大的樣子。❽名　稱呼；稱頌。❾默然心計　默不作聲而心裡想。

【語　譯】宋國的太宰見到孔子，問：「孔丘你是一位聖人嗎？」孔子說：「聖人我怎麼敢當？我不過是個博學多識的人而已。」宋國太宰問：「三王是聖人嗎？」孔子說：「三王是善於運用智慧和勇力的人，是不是聖人我就不知道了。」太宰問：「五帝是聖人嗎？」孔子說：「五帝是善於推行仁義的人，是不是聖人我不知道。」太宰問：「三皇是聖人嗎？」孔子說：「三皇是善於順應時勢的人，是不是聖人我不知道。」太宰聽了大驚，問：「那麼誰纔算是聖人呢？」孔子的面容變得嚴肅起來，過了一會兒說：「西方有位聖人，他不用治理國家而國家不會混亂，不用說話而自然得到百姓的信任，不用教化而政令自然得以推行，真是偉大啊！老百姓簡直不知道該如何稱頌他。我揣測他就是位聖人，但不知道他是位真正的聖人呢，還是算不上真正的聖人呢？」太宰聽了，默默地想：「孔丘在欺騙我吧！」

子夏❶問孔子曰：「顏回之為人奚若？」子曰：「回之仁賢於❷丘也。」曰：「子貢之為人奚若？」子曰：「賜❸之辯賢於丘也。」曰：「子路❹之為人奚若？」子曰：「由之勇賢於丘也。」曰：「子張❺之為人奚若？」子曰：「師之莊賢於丘也。」子夏避席❻而問曰：「然則四子者何為事❼夫子？」曰：「居，吾語汝。夫回能仁而不能反❽，賜能辯而不能訥❾，由能勇而不能怯❿，師能莊而不能同⓫。兼四子之有以易吾，吾弗許也。此其所以事吾而不貳⓬也。」

【章　旨】本章說明一個人的品質修養應全面兼顧，不能偏顧一面，而忘了另一面。

【注　釋】❶子夏　姓卜名商，字子夏。春秋衛國人，孔子的學牛。❷賢於　超過；勝過。❸賜　人名。姓端木，名賜，字子貢。春秋衛國人，孔子的學生。以善於辯論和經商聞名。❹子路　春秋魯國人，姓仲名由，字子路。孔子的學生，以勇武聞名。❺子張　春秋陳國人。姓顓孫名師。孔子的學生。❻避席　古人席地而坐，避席即離開坐席，以表敬意。❼事　侍奉。這裡引申為學習。❽反　反抗。❾訥　說話遲鈍。這裡指保持適當的沈默。❿怯　畏懼。這裡指在必要時的退讓。⓫同　謙遜隨和。⓬不貳　沒有二心；不變心。

【語　譯】子夏問孔子說：「顏回這個人怎麼樣？」孔子說：「顏同的仁愛超過了我。」子夏問：「子貢這個人怎麼樣？」孔子說：「子貢的口才超過了我。」子夏問：「子路這個人怎麼樣？」孔子說：「子路的勇敢超過了我。」子夏問：「子張這個人怎麼樣？」孔子說：「子張的莊重超過了我。」子夏離開坐席，站起來恭敬地問：「既然如此，那四位為什麼還拜您為師呢？」孔子說：「你坐下，我告訴你。顏回能做到仁愛卻缺之一定的反抗精神，子貢擅長言辭卻不懂得保持沈默，子路非常勇敢卻做不到適時退讓，子張莊重嚴肅卻不能溫恭隨和。即使把他們四人的長處合在一起來交換我的長處，我也不會同意。這就是他們拜我為師而從無二心的原因。」

子列子既師壺丘子林，友伯昏瞀人，乃居南郭❶。從之處者❷，日數而不及❸。雖然，子列子亦微❹焉，朝朝相與辯，無不聞。而與南郭子❺連牆二十年，不相謁請，相遇於道，目若不相見者。門之徒役以為子列子與南郭子有敵❻不疑。有自楚來者，問子列子曰：「先生與南郭子奚敵？」子列子曰：「南郭子貌充心虛❼，耳無聞，目無見，口無言，心無知，形無惕❽。往將奚為？雖然，試與汝偕往閱❾。」弟子四十人同行，見南郭子，果若欺魄❿焉，而不可與接。顧視子列子，形神不相偶⓫，而不可與群。南郭子俄而指子列子之弟子末行者⓬與言，衎衎⓭若專直⓮而在雄⓯者。子列子徒駭之。反舍⓰，咸⓱有疑色。子列子曰：「得意者⓲無言，進知⓳者亦無言。用無言為言亦言，無知為知亦知。無言與不言，無知與不知，亦言亦知。亦無所不言，亦無所不知，亦無所言，亦無所知，如斯而已。汝奚妄駭哉？」

【章　旨】本章闡述了道家、道教的「得意忘言」思想，並作了進一步的發展，認為「無言」也是一種「言」。

【注　釋】❶南郭　南邊的外城。❷從之處者　跟隨他學習的人。處，相處。這裡引申為學習。❸日數而不及　每天清點人數都來不及。極言人數之多。❹微　輕微；看輕。這裡指列子對自己的學生眾多這件事並沒有太放在心上。❺南郭子　人名。生平不詳。❻有敵　有仇。❼貌充心虛　形體豐滿健全，內心虛靜無欲。❽愓　通「易」。變動。❾闚　看一看。❿欺魄　泥塑的人。⓫形神不相偶　形體與精神不相配合。意思是說，南郭子的一舉一動都是出於無心，心無所思而行有所動，所以說「形神不相偶」。⓬末行者　站在行列最後的人。⓭衎衎　通「侃侃」。形容慷慨陳詞的樣子。⓮專直　獨自掌握了正確的道理。專，獨自。直，正確。⓯在雄　取勝。在，目的所在。雄，勝利。⓰反舍　回到住處。反，通「返」。⓱咸　全都。⓲得意者　掌握了精神實質的人。⓳進知　完全知道。進，通「盡」。完全。

【語　譯】列子拜壺丘子林為師、與伯昏瞀人為友以後，便居住在南邊的外城旁邊。來跟隨列子學習的人很多，每天計點人數都來不及。雖然如此，列子也沒有把這事太放在心上，天天與大家辯論學問，遠近聞名。但列子與南郭子隔牆而居達二十年之久，卻從不交往，在路上碰見，互相都好像沒看見對方。弟子們都認為列子與南郭子肯定有仇。有一位從楚國來的人問列子說：「先生與南郭子有什麼仇恨呢？」列子說：「南郭子容貌豐滿，內心虛靜，耳無所聽，目無所見，口無所言，心無所思，形無所動。我到他那裡去幹什麼呢？雖說如此，我還是試著同你們一起去看看吧。」列子帶了四十個弟子同行，見到了南郭子，南郭子果然如同泥塑的一樣，別人無法同他交往。南郭子回頭看看列子，他的一舉一動似乎是形神分離的，根本無法相處。過了一會兒，南郭子指著列子弟子中站在最後面的一位，同他侃侃而談，一副真理獨握、勢必取勝的樣子。列子的弟子們都為此吃了一驚。回到住所，大家的臉上都還帶著疑惑不解的表情。列子對他們說：「掌握了事物的精神實質的人是無需言語的，徹底通曉事理的人也是無需言語的。把無言語當作言語，也是一種言語；把無知識當作知識，也是一種知識。無論是沒有言語還是不願言語，無論是沒有知識還是不願求知，也都是一種言語，也都是一種知識。於是也就沒有什麼不能說的，沒有什麼不能知道的；也沒有什麼要說的，沒有什麼要知道的。道理如此而已，你們何必隨便就大驚小怪呢？」

子列子學也，三年之後，心不敢念是非，口不敢言利害，始得老商❶一眄❷而已。五年之後，心更念是非，口更言利害，老商始一解顏❸而笑。七年之後，從心之所念，更無是非；從口之所言，更無利害，夫子始一引吾❹並席而坐。九年之後，橫心❺之所念，橫口之所言，亦不知我之是非利害歟，亦不知彼之是非利害歟，外內進❻矣。而後眼如耳，耳如鼻，鼻如口，口❼無不同。心凝形釋❽，骨肉都融❾，不覺形之所倚，足之所履，心之所念，言之所藏❿。如斯而已，則理無所隱矣。

【章旨】本章已見於〈黃帝〉，但論述角度不同。本章主要說明，只有消除各種是非利害欲念，泯滅肉體感官的差別，纔能認識真理。

【注釋】❶老商　人名。列子的老師。❷眄　斜視一下。❸解顏　面部表情愉快的樣子。❹吾　此段不是出自列子之口，所以「吾」字應為衍文。❺橫心　隨心。❻外內進　內心的念頭和外界的事物都不復存在。進，通「盡」。沒有。詳細解釋見〈黃帝〉。❼口　此「口」字當為衍文。❽心凝形釋　心志專一，形體被忘卻。釋，消散，這裡指忘掉形體。❾骨肉都融　形體與道融為一體。❿藏　包含的意思。

【語譯】列子學習道術，三年以後，心裡不敢存是非觀念，口裡不敢講利害得失，老師老商這纔斜看了他一眼。五年以後，心裡纔敢又有了是非觀念，口裡纔又敢談論利害得失，老商這纔開顏地對他笑了笑。七年以後，隨心想去，再也不會出現是非觀念；隨口道來，再也不會涉及利害得失，老商先生這纔開始讓他與自己並排坐在一張席子上。九年以後，隨心所想，隨口所講，既不知道自己的是非利害是什麼，也不知道別人的是非利害是什麼，內心的念頭和外界的事物對他來說都不復存在了。這以後，他感到眼睛和耳朵一樣，耳朵和鼻子一樣，鼻子和嘴巴一樣，全身各部位之間沒有不一樣的。他心志專一，忘掉了形體，整個骨肉之軀與大道融為一體，再也感覺不到自己的身體還需要依賴什麼，自己的雙腳還需要踏著什麼，自己的心裡還想些什麼，自己的語言裡還包含著什麼。如此，則所有的真理都會明明白白地顯露在自己的眼前。

初，子列子好游。壺丘子曰：「禦寇好游，游何所好？」列子曰：「游之樂，所玩❶無故❷。人之游也，觀其所見；我之游也，觀其所變。游乎游乎！未有能辨其游者❸。」壺丘子曰：「禦寇之游，固與人同歟，而曰固與人異歟。凡所見❹，亦恆見其變。玩彼物之無故，不知我亦無故。務外游，不知務內觀❺。外游者，求備於物；內觀者，取足於身❻。取足於身，游之至❼也；求備於物，游之不至也。」於是列子終身不出，自以為不知游。壺丘子曰：「游其至乎！至游者，不知所適❽；至觀者，不知所眂❾，物物❿皆游矣，物物皆觀矣。是我之所謂游，是我之所謂觀也。故曰：游其至矣乎！游其至矣乎！」

【章　旨】本章反對外游，提倡內觀。通過自身的內心反省和修養，達到一種自得自足的精神境界。道教更把它發展為養生修仙的方法。

【注　釋】❶玩　玩賞；觀賞。❷無故　沒有舊樣。指外界事物在不斷更新。❸辨其游者　區分這兩種不同的遊覽。指一般人只注意觀賞景物的美好，而列子卻注意觀察景物的變化。❹見　通「現」。呈現。下「見」字同。❺內觀　對自身的觀察。❻取足於身　通過對自身的觀察和修養，達到一種自得自足的精神境界。道家提倡內觀，主要是為了靜心思考和道德修養，後來道教把內觀發展為「內視」，即通過存思體內諸神的方法，達到長生不死的目的。可詳見《黃庭經》。❼游之至　遊覽的最高境界。這裡的「游」已不是一般意義上的「游」，而是帶有「內省」、「反思」等哲學色彩。❽適　到。❾眂　古「視」字。❿物物　猶言「萬物」。

【語　譯】當初，列子非常喜歡外出遊覽。壺丘子問：「你喜歡遊覽，遊覽有什麼值得你喜歡的呢？」列子回答說：「遊覽的快樂，就在於所觀賞到的事物都是新鮮的。一般人遊覽時，只注意觀賞所看到的美好景色；我遊覽時，則注意觀察景物的變化。遊覽啊遊覽！還沒有人能夠區分這兩種不同的遊覽。」壺丘子說：「禦寇啊，你的遊覽本來與別人的遊覽是一樣的，你卻偏偏說與別人不一樣。凡是所有能夠呈現出來的事物，也都呈現出了它們的變化。你只知道那些事物在不斷變化更新，卻不知道我們自身也在不斷變化更新。所以你只顧遊覽外物，而不知道觀察自身。遊覽外物的人，總是要求外部事物的完備；觀察自身的人，就能通過自身修養達到一種自得自足的精神境界。通過自身修養達到自足的境界，總是一種最完美的『遊覽』；要求外物完備，就不可能成為一種完美的遊覽。」列子聽後，於是終身不再外出遊覽，認為自己還不懂得遊覽的道理。壺丘子說：「到最高的境界中遊覽吧！懂得遊覽的最高境界的人，不知道自己該到什麼地方去；

懂得觀察的最高境界的人，不知道自己該看些什麼，而事實上他們卻遊覽了萬物，也觀察了萬物。這就是我所說的遊覽，這就是我所說的觀察。所以說：還是到最高境界中去遊覽吧！還是到最高境界中去遊覽吧！」

龍叔❶謂文摯❷曰：「子之術微❸矣。吾有疾，子能已❹乎？」文摯曰：「唯命所聽。然先言子所病之證❺。」龍叔曰：「吾鄉譽❻不以為榮，國毀❼不以為辱；得而不喜，失而弗憂；視生如死，視富如貧，視人如豕❽，視吾如人。處吾之家，如逆旅之舍❾；觀吾之鄉，如戎蠻之國❿。凡此眾疾，爵賞不能勸⓫，刑罰不能威⓬，盛衰利害不能易⓭，哀樂不能移。固不可事國君，交親友，御⓮妻子，制僕隸。此奚疾哉？奚方能已之乎？」文摯乃命龍叔背明而立，文摯自後向明而望之。既而曰：「嘻！吾見子之心矣。方寸之地虛⓯矣，幾⓰聖人也！子心六孔流通，一孔不達⓱。今以聖智為疾者，或⓲由此乎！非吾淺術所能已也。」

【章　旨】本章讚美了聖人的「鄉譽不以為榮」等一系列品質，批評了把聖人智慧視為疾病的世俗觀點。

【注　釋】❶龍叔　疑為春秋時宋國人，生平不詳。❷文摯　相傳為春秋時宋國的良醫。❸微　精妙。❹已　治癒。❺證　通「症」。病徵。❻鄉譽　全鄉人都讚譽。❼國毀　全國人都責罵。❽豕　豬。❾逆旅之舍　客店；旅店。❿戎蠻之國　僻遠蠻荒之國。古人稱西方少數民族為戎，稱南方少數民族為蠻。戎蠻連稱，泛指邊遠落後地區。⓫勸　勉勵。這裡指通過勉勵的方法治癒疾病。⓬威　威脅。這裡指通過威脅的方法治癒疾病。⓭易　改變。⓮御　駕御；約束。⓯方寸之地虛　內心虛靜而無情欲。方寸之地，指人心。⓰幾　差不多；接近於。⓱六孔流通一孔不達　古人認為人心有七孔，聖人的七孔都是通暢的。龍叔七孔通暢了六孔，說明他已接近於聖人，但還沒達到盡善盡美的地步。達，通暢。⓲或　也許。

【語　譯】龍叔對文摯說：「您的醫術非常高明。我有疾病，您能治好嗎？」文摯說：「我一定聽從您的吩咐。不過您還要先談談您的症狀。」龍叔說：「我受到全家鄉人的讚頌而不感到榮耀，受到全國人的責罵也不感到羞恥；有所獲得不覺得高興，有所損失也不感到憂愁；視生存猶如死亡，視富足猶如貧窮，視人如豬，視自己如他人。住在我自己的家裡，就好像住在旅店裡一樣；看待我自己的家鄉，就好像看待偏遠蠻荒的國家一樣。所有這些病症，無法通過封爵獲賞的勉勵辦法治癒，也無法通過酷刑嚴罰的威嚇辦法根除，盛衰利害不能改變這些病症，喜怒哀樂也不能除去這些病症。我確實無法服事國君，交結親友，管教妻兒，使喚奴僕。這究竟是一種什麼樣的疾病呢？用什麼樣的藥方纔能治癒它呢？」文摯就讓龍叔背向光亮站著，自己從後面對著光線仔細觀察。文摯觀察了一會兒，說：「唉呀！我看見您的心了。您的心空虛清靜，接近於聖人啦！

您的心有六孔通暢，還有一孔不通暢。現在您把聖人的智慧看作疾病，大概就是由於這一孔還未暢通的緣故吧！這絕非我的淺陋醫術所能治癒的。」

無所由❶而常生者，道也。由生而生❷，故雖終而不亡❸，常也。由生而亡，不幸也。有所由而常死者，亦道也❹。由死而死，故雖未終而自亡者❺，亦常也。由死而生，幸❻也。故無用❼而生謂之道，用道得終謂之常；有所用而死者亦謂之道❽，用道而得死者亦謂之常。季梁❾之死，楊朱望其門而歌；隨梧❿之死，楊朱撫其尸而哭。隸人⓫之生，隸人之死，眾人且歌，眾人且哭。

【章旨】本章主要討論了生死問題，認為有的人「雖終而不亡」，有的人「未終而自亡」，而這一切全是道在支配著。

【注釋】❶無所由　沒有任何憑藉。由，根據；憑藉。這是描寫道的，道不需要依賴任何事物就能永遠存在。❷由生而生　遵循生存規律而生活。遵循生存規律也即遵循道。❸雖終而不亡　雖然肉體有終結而精神卻是不死的。《莊子・大宗師》等篇曾論述過這一問題，認為一般人身死神亡，而得道者則身死神存，其至可以成仙。

道教的一些支派繼承了這一觀點。❹有所由二句　有所憑藉卻永遠處於死亡狀態的，也是由於道。❺故雖未終而自亡者　所以有些人肉體雖然沒有終結而實際已經死亡。《莊子．齊物論》認為，一般人活得糊糊塗塗，只不過是活死人而已，雖生猶死。❻幸　僥倖。❼用　含義同「由」。憑藉。❽有所用句　全句意思與注❹基本一樣。把死亡也稱作道，是因為死亡也是一種自然規律，而道是自然規律、社會規律的總稱。❾季梁　人名。春秋末魏國人，楊朱的朋友。季梁屬於「雖終而不亡」的得道者，所以他死時，楊朱「望其門而歌」。❿隨梧　人名。生平不詳。根據上下文，他當屬於「由生而亡」或「未終而自亡」的人，所以他死時，楊朱「撫其尸而哭」。⓫隸人　奴隸。這裡是對世俗眾人的貶稱。以下四句為交叉句式，正常句序應為「隸人之生，眾人且歌；隸人之死，眾人且哭」。且，就。世俗人視肉體出生為喜事，所以唱歌；視肉體死亡為苦事，所以哭泣。

【語　譯】不需要任何憑藉而永遠生存的是道。遵循著生存規律而生活的人，即使肉體終結了，他們的精神也是不死的，這是常理。遵循著生存規律應該生存下去的卻死了，這是由於某種偶然的不幸原因。有所憑藉卻永遠處於死亡狀態的，也是道的作用。順從著死亡規律而處於死亡狀態的人，即使肉體沒有終結，他們實際上已經死了，這也是常理。順從著死亡規律應該死亡的卻活了下來，這完全是一種僥倖。所以說沒有任何憑藉而能生存的叫作道，遵循道的規律而得以終結的可以稱作常理；有所憑藉而處於死亡狀態的，也是道的作用，順從道的規律而死亡的也可以稱作常理。季梁死了，楊朱望著他的家門歌唱；隨梧死了，楊朱撫摸著他的屍體痛哭。而一般人出生時，眾人都為他唱歌；一般人死亡時，眾人都為他哭泣。

目將眇❶者先睹秋毫❷，耳將聾者先聞蚋飛❸，口將爽❹者先辨淄澠❺，鼻將窒❻者先覺焦朽❼，體將僵者先亟奔佚❽，心將迷者先識是非。故物不至者則不反。

【章　旨】本章論述了物極必反的道理。

【注　釋】❶眇　瞎一隻眼。這裡泛指眼瞎。❷秋毫　鳥獸在秋天剛長出的細毛。這裡比喻極纖小的東西。❸蚋飛　蚊蟲的飛聲。蚋，蚊子一類的小昆蟲。❹爽　傷敗。這裡指味覺喪失。❺淄澠　兩條河流的名字，即淄水和澠水，均在今山東省境內。❻窒　閉塞。❼焦朽　燒焦的味道和腐朽的味道。❽亟奔佚　急速地奔跑。亟，急速。佚，通「逸」。奔跑。

【語　譯】眼睛快要瞎的人，先能看清細小的毫毛；耳朵快要聾的人，先能聽見蚊蟲飛的聲音；嘴巴快要失去味覺的人，先能嚐出淄水和澠水的差異；鼻子快要閉塞的人，先能嗅到燒焦和腐朽的味道；身體快要僵直無法活動的人，先能快速奔跑；心神快要迷亂的人，先能明辨是非。所以事物發展不到極端，就不會走向反面。

鄭之圃澤❶多賢❷，東里❸多才❹。圃澤之役❺有伯豐子❻者，行過東里，遇鄧析❼。鄧析顧其徒而笑曰：「為若舞彼來者❽，奚若？」其徒曰：「所願知也。」鄧析謂伯豐子曰：「汝知養養❾之義乎？受人養而不能自養者，犬豕之類也；養物而物為我用者，人之力也。使汝之徒食而飽，衣而息，執政⑩之功也。長幼群聚而為牢籍庖廚之物⑪，奚異犬豕之類乎？」伯豐子不應。伯豐子之從者越次⑫而進曰：「大夫不聞齊魯之多機⑬乎？有善治土木者，有善治金革⑭者，有善治聲樂者，有善治書數⑮者，有善治軍旅者，有善治宗廟⑯者，群才備也。而無相位⑰者，無能相使⑱者。而位之者⑲無知⑳，使之者無能，而知之與能為之使㉑焉。執政者乃吾之所使，子奚矜㉒焉？」鄧析無以應，目㉓其徒而退。

【章　旨】本章主要表現了道家、道教重道德輕才藝的思想。

【注　釋】❶圃澤　地名。在今河南省中牟縣。❷賢　道德高尚的人。與下句的「才」相對。❸東里　地名。在今河南省新鄭縣。❹才　有才能的人。與上句的「賢」相對。❺役　門徒；弟子。❻伯豐子　列子的學生。❼鄧析　人名。鄭國人，曾當過鄭國大夫，屬法家、名家人物，後被殺。❽為若舞彼來者　為你們戲弄戲弄那個走過來的人。舞，通「侮」。羞辱。❾養養　供養別人與受別人供養。前一「養」為供養，後一「養」為被供養。❿執政　掌權的人。這裡是鄧析自稱。⓫牢籍庖廚之物　關在圈中、臥在草上、供廚房之用的東西。即被人豢養、供人食用的牲畜。牢，關牲畜的欄圈。籍，通「藉」。草墊。這裡引申為臥在草上。⓬越次　越過原來的隊伍次序。這位從者原來走在後面，現在越過別人走到前面來，所以說是「越次」。⓭機　機巧；靈巧。⓮金

革 武器裝備。金，金屬，這裡指兵器。革，皮革，這裡指鎧甲。⑮書數 書法與算術。⑯治宗廟 主管宗廟祭祀的禮節。宗廟，古代帝王、諸侯等祭祀祖先的地方。⑰位 通「涖」。涖臨。這裡指地位高於別人。⑱相使 使喚操縱別人。⑲位之者 位居他們之上的人。之，代指以上所舉的有才能的人。實際即指鄧析一類的人。⑳無知 這裡指沒有某一方面具體知識的賢人。實際即指伯豐子一類的人。下句的「無能」與此相同。㉑而知之與能為之使 而那些有某一方面具體知識和才能的人卻受他們的指揮。之，第一個「之」字無實際含義，第二個「之」代指「無知」、「無能」的賢人。為之使，被他們所使喚。㉒矜 傲慢。㉓目 看看。

【語 譯】鄭國的圃澤居住著許多道德高尚的賢人，東里居住著許多足智多謀的才子。圃澤的弟子中有一位名叫伯豐子的，有一次路過東里，遇到鄧析。鄧析回頭看看自己的弟子，笑著說：「我為你們去戲弄戲弄那個走過來的人，怎麼樣？」弟子說：「這正是我們所希望的。」鄧析便對伯豐子說：「你懂得供養別人和受別人供養的含義嗎？受別人的供養而不能自我供養的，屬豬狗一類的東西；豢養別的東西並讓這些東西為自己服務的，纔算是人的本事。讓你們這伙人吃得飽飽的，穿得暖暖的，睡得好好的，這全是我們這些掌權人的功勞。你們這伙人老老少少群居在一起，如同關在圈中、臥在草上、供廚房之用的牲畜一樣，這與豬狗有什麼不同呢？」伯豐子沒有理睬他。一位隨從伯豐子的人從後面走上前來，對鄧析說：「大夫你難道沒有聽說過，齊魯兩國有許多巧能之人嗎？他們有的擅長從事土木建築，有的擅長製造武器裝備，有的擅長音樂舞蹈，有的擅長書法算術，有的擅長指揮軍隊，有的擅長主持宗廟祭祀，真是群才畢備。然而他們之間誰也管理不了誰，誰也使喚不了誰。相反，凌駕於他們之上的是那些沒有某一門具體知識的人，指揮他們的是那些沒有某一門具體才能的人，而這些有某種具體知識和才能的人反而要受那些人的指揮。你們這些所謂的執政者，就是要聽從我們的使喚。您還有什麼值得驕傲的呢？」鄧析沒辦法回答，羞愧地看看自己的弟子，退了回去。

公儀伯❶以力聞諸侯，堂谿公❷言之於周宣王，王備禮以聘之。公儀伯至。觀形，懦夫也。宣王心惑而疑曰：「女❸之力何如？」公儀伯曰：「臣之力能折春螽❹之股❺，堪❻秋蟬之翼。」王作色❼曰：「吾之力者❽能裂犀兕之革❾，曳九牛之尾，猶憾以弱。女折春螽之股，堪秋蟬之翼，而力聞天下，何也？」公儀伯長息❿退席曰：「善哉！王之問也。臣敢以實對。臣之師有商丘子⓫者，力無敵於天下，而六親⓬不知，以未嘗用其力故也。臣以死事之⓭。乃告臣曰：『人欲見其所不見，視人所不窺；欲得其所不得，修人所不為。故學視者先見輿薪，學聽者先聞撞鐘。夫有易於內者⓮，無難於外⓯。於外無難，故名不出於一家。』今臣之名聞於諸侯，是臣違師之教，顯臣之能者也。然則臣之名不以負其力者也，以能用其力者也，不猶愈於⑯負其力者乎？」

【章　旨】本章用善於使用力氣來說明：關鍵不在於一個人的才能大小，而在於要恰當地使用這種才能。

【注　釋】❶公儀伯　人名。西周時的賢士。❷堂谿公　人名。西周時的賢士。❸女　通「汝」。你。❹春螽　類似蝗蟲的一種昆蟲。❺股　大腿。❻堪　勝任。這裡是拿得動的意思。❼作色　變了臉色。❽力者　有力氣的人。❾裂犀兕之革　用手撕裂犀牛的皮。犀牛的皮以粗厚堅韌著稱。兕，雌性的犀牛。❿長息　長長地嘆口氣。⓫商丘子　人名。有人認為即老商氏。⓬六親　說法不一，一說指父子、兄弟、夫婦。這裡泛指親人。⓭以死事之　死心塌地地向他學習。⓮有易於內者　自身有了辦事容易的本領。內，指自身。⓯無難於外　在外面就不會遇到困難。⓰愈於　勝過。

【語　譯】公儀伯因力氣大而聞名於諸侯國，堂谿公把這事告訴了周宣王。周宣王就準備了厚禮去邀請他。公儀伯來了以後，看他的外表，倒像個懦弱無力的人。周宣王滿心疑惑，問道：「你的力氣怎麼樣？」公儀伯回答說：「我的力氣能折斷春螽的大腿，能舉起秋蟬的翅膀。」周宣王聽後變了臉色，說：「我手下的大力士能撕裂犀牛的皮，能拖住九頭牛的尾巴，我尚且認為他們的力氣太小而感到遺憾。而你只能折斷春螽的大腿，舉起秋蟬的翅膀，卻以力氣大而聞名天下，這是為什麼呢？」公儀伯長長地嘆口氣，退出席位，回答說：「大王問得好啊！讓我如實回答吧！我有一位老師名叫商丘子，他的力氣無敵於天下，而他的所有親人都不知道這事，這是因為他從來都不曾使用過自己力氣的緣故。我死心塌地地向他學習，他纔告訴我說：『一個人要想看到人們所看不到的東西，就必須去觀察人們所不看的東西；要想得到人們所得不到的東西，就必須去從事別人所不願幹的事情。所以練習眼力的人要先去看滿車子的柴草，練習聽力的人要先去聽敲鐘的聲音。自身練就了辦事容易的本領，在外面就不會遇上困難。在外面不會遇上困難，因此名聲就不會傳揚出家庭。』現在我的名聲傳遍諸侯國，這是因為我違背了老師的教導，顯露了我的才能。然而我的名聲不是靠力氣大獲得的，而是由於我能夠恰當地使用自己的力氣，這不是比那些僅僅以力大自負的人更好一些嗎？」

中山公子牟❶者，魏國之賢公子也。好與賢人游，不恤❷國事，而悅❸趙人公孫龍❹。樂正子輿❺之徒笑之。公子牟曰：「子何笑牟之悅公孫龍也？」子輿曰：「公孫龍之為人也，行無師，學無友，佞給❻而不中❼，漫衍❽而無家❾，好怪而妄言。欲惑人之心，屈人之口，與韓檀❿等肄⓫之。」公子牟變容曰：「何子狀⓬公孫龍之過歟？請聞其實。」子輿曰：「吾笑龍之詒⓭孔穿⓮，言：『善射者能令後鏃⓯中前括⓰，發發相及，矢矢相屬⓱，前矢造準⓲而無絕落，後矢之括猶銜弦⓳，視之若一[20]焉。』孔穿駭之。龍曰：『此未其妙者。逢蒙[21]之弟子曰鴻超[22]，怒其妻而怖[23]之。引烏號之弓[24]，綦衛之箭[25]，射其目。矢來注[26]眸子，而眶不睫[27]，矢墜地而塵不揚。』是豈智者之言歟？」公子牟曰：「智者之言固非愚者之所曉。後鏃中前括，鈞後於前[28]。矢注眸子而眶不睫，盡矢之勢[29]也。子何疑焉？」樂正子輿曰：「子，龍之徒，焉得不飾其闕[30]？吾又言其尤[31]者。龍誑魏王[32]曰：『有意不心[33]。有指不至[34]。有物不盡[35]。有影不移[36]。髮引千鈞[37]。白馬非馬[38]。孤犢[39]未嘗有母。』其負類反倫[40]，不可勝言也。」公子牟曰：「子不諭[41]至言而以為尤也，尤其在子矣。夫無意則心同[42]。無指則皆至[43]。盡物者常有[44]。影不移者，說在改[45]也。髮引千鈞，勢至等[46]也。白馬非馬，形名離[47]也。孤犢未嘗有母，非孤犢[48]也。」樂正子輿曰：「子以公孫龍之鳴皆條[49]也。設令[50]發於餘竅[51]，子亦將承之。」公子牟默然良久，告退曰：「請待餘日[52]，更謁[53]子論。」

【章 旨】本章記載了古人對名家的兩種態度，一種認為名家是巧言詭辯，一種認為名家所言有理。名家以辯論名實關係為主題，對邏輯思維的發展有一定貢獻，但名家的不少命題確實含有詭辯成分。因此這兩種態度都只看到了名家的一個方面，而忽略了另一個方面。

【注 釋】❶中山公子牟 人名，即魏牟。魏國公子，因封於中山，所以稱中山公子牟。❷恤 關心。❸悅心悅誠服。❹公孫龍 人名。戰國時期的著名哲學家，名家的代表人物。他的主要論題有「離堅白」、「白馬非馬」等。❺樂正子輿 人名。生平不詳。❻佞給 巧言善辯。❼不中 不合情理。❽漫衍 思想散漫放任。❾無家 不能自成一家。❿韓檀 人名。戰國時趙國人。以善辯著稱。⓫肄 學習；研討。⓬狀 描述。⓭詒 欺騙。⓮孔穿 人名。孔子的後代，後成為公孫龍的弟子。⓯鏃 箭頭。⓰括 箭的末端。⓱屬 連接。⓲造準 射在靶子上。造，達到。準，箭靶。⓳猶銜弦 還搭在弓弦上。⓴若一 好像是一枝箭。以上幾句是說，最前的一枝箭射在靶上，最後的一枝箭還搭在弓弦上，中間射出的箭枝枝相連接，看上去就好像一枝長箭。㉑逢蒙 人名。夏朝善於射箭的人。㉒鴻超 逢蒙的弟子。㉓怖 恐嚇；嚇唬。㉔烏號之弓 弓名。相傳是黃帝的弓，後用作良弓的統稱。㉕綦衛之箭 良箭名。綦，地名，又叫淇園，屬衛國。此地出產良箭。㉖注 射向。這裡有快要射到的意思。㉗眶不睫 眼眶還沒來得及眨一下。睫，眨眼。㉘鈞後於前 後面的箭和前面的箭在用力和瞄準點上都是一樣的。鈞，通「均」。相同。㉙盡矢之勢 箭的衝力用完了。勢，力量。這是說鴻超掌握好射箭的力度，使箭剛飛到妻子的眼前就落了下來。㉚闕 缺點；錯誤。㉛尤 甚，這裡指更加錯誤的事。㉜魏王 當指魏襄王。㉝有意不心 有了意念，就看不到本心。古人認為，人們天生的本心是相同的，由於後天的影響，人們便產生了不同意念，這些意念遮蓋了人的本心。所以下文公子牟解釋說「無意則心同」。㉞有指不至 有了名稱概念，就無法通過這些名稱概念去把握事物的實質。指，通「旨」。名稱概念。事物的名稱與事物本身之間存在著一致性，但也存在著差異性，公孫龍用差異性去否定一致性，顯然是偏頗的。㉟有物不盡 任何物體都是永遠分割不盡的。這一觀點是正確的。㊱有影不移　影子是不會移動的。《莊子・天下》作：「飛鳥之景，未嘗動也。」說飛鳥的影子不動，是因為公孫龍把前後本來是連續的影子割裂開來，變成一個個孤立的、如同電影膠卷畫面的影子，這些影子一現即滅，但在這一剎那間，每個孤立的影子可以看作是不運動的。所以下文公子牟解釋說：「影不移者，說在改也。」㊲髮引千鈞　頭髮能牽引千鈞重物。鈞，三十斤為一鈞。每根頭髮的牽引力是弱小的，但眾多頭髮均衡用力，牽引千鈞重物也並非難事。㊳白馬非馬　是公孫龍的主要論題之一。他認為，白，是用來形容顏色的；馬，是用來形容形體的。形與色互不相干，因此「白馬」不等於「馬」。㊴孤犢　沒有父母的小牛。㊵負類反倫　違背類比原則，不合人之常情。倫，這裡指人們公認的常理。㊶論　理解。㊷無意則心同　沒有後天的意念，人們的本心就是相同的。㊸無指則皆至　取消事物的名稱，就能把握事物的實質。㊹盡物者常有　把物體分割到最後，仍有物體存在。㊺說在改　解釋是：影子在不斷改換。說，解釋。㊻勢至等　每根頭髮絲的受力是絕對均衡的。㊼形名離　把形體同名稱區分開來。㊽非孤犢　本句上脫漏「有母」二字。㊾鳴皆條　把胡言亂語都看作有條有理的言論。把公孫龍講話叫作「鳴」，含有貶義。㊿設令　假如。(51)餘竅　肛門。(52)餘日　他日；日後。(53)謁　請。

【語　譯】中山公子牟是魏國的一位賢能公子。他喜歡同賢良的人交往，而不關心國家大事。他特別佩服趙國的公孫龍。樂正子輿等人卻嘲笑他。公子牟問道：「您為什麼要嘲笑我佩服公孫龍呢？」子輿回答說：「公孫龍這個人，做事不請教老師，學習不結交益友，巧言善辯卻不合情理，思想散漫放任而不能自成一家，喜歡奇談怪論而又都是些胡言亂語。他總想迷惑別人的思想，擊敗別人的言論，經常與韓檀等人在一起研討這一套。」

公子牟聽後沈下臉色說：「您為什麼把公孫龍形容得這樣過分呢？我想聽聽具體理由。」子輿說：「我嘲笑公孫龍對孔穿的欺騙，他對孔穿說：『善於射箭的人，能使後面的箭頭射中前面的箭尾，一發連著一發，一箭連著一箭，最前面的箭已經射中靶子，中間的箭沒有間斷和墜落的，最後的一枝箭還正搭在弓弦上，這些相連的箭看上去好像是一枝長箭。』孔穿聽了非常驚奇。公孫龍又說：『這還算不上精彩。逢蒙有一位弟子名叫鴻超，生他妻子的氣，想嚇唬嚇唬他的妻子，於是拉開烏號之弓，搭上綦衛之箭，直射妻子的眼睛。箭飛到眼珠前，妻子的眼皮都沒來得及眨一下，箭就輕輕落在地上，連塵土都沒揚起一點。』這些話難道是聰明人講的話嗎？」公子牟說：「聰明人講的話本來就不是傻瓜所能明白的。後面的箭頭射中前面的箭尾這段話，說的是前面的箭和後面的箭在用力和瞄準點上都是一樣的。箭飛到眼珠前而眼皮都來不及眨一下這段話，說的是箭到眼前時，衝力剛好用完了。您又有什麼懷疑呢？」

樂正子輿說：「您是公孫龍的弟子，怎能不為他掩飾錯誤呢？我再講講他更不像話的事情。公孫龍曾欺騙魏王說：『有了意念，就看不到本心；有了事物的名稱，就無法通過這些名稱去把握事物的實質；物體永遠分割不盡；影子從不移動；頭髮能牽引千鈞重物；白馬不是馬；孤牛犢不曾有過母親。』像這些違背類比原則、不合世人常理的言論，真是舉不勝舉啊！」公子牟說：「您不懂得這些至理名言，反而認為是錯誤的，其實錯誤的大概正是您自己吧！沒有後天的意念，人們的本心就是相同的；取消事物的名稱，就能把握事物的實質；把物體分割到最後，仍有物體存在；說影子不動，是因為這些影子在不斷改換；說頭髮能牽引千鈞重物，是因為每根頭髮的受力是絕對均衡的；說白馬不是馬，是因為他把形體同名稱區分開來了；說孤牛犢不曾有母親，那是因為如果有母親，就不是孤牛犢了。」

樂正子輿說：「您把公孫龍的胡言亂語都看作有條有理的至理名言。如果他放個屁，您也會去把它接受下來的。」公子牟聽了，好久沒有作聲，最後告辭說：「請過一些日子，再來請您辯論。」

堯治天下五十年，不知天下治❶歟，不治歟？不知億兆❷之願戴己❸歟，不願戴己歟？顧問左右，左右不知。問外朝❹，外朝不知。問在野❺，在野不知。堯乃微服❻游於康衢❼，聞童兒謠曰：「立我蒸民❽，莫匪爾極❾。不識不知❿，順帝⓫之則。」堯喜問曰：「誰教爾為此言？」童兒曰：「我聞之大夫。」問大夫，大夫曰：「古詩也。」堯還宮，召舜，因禪⓬以天下。舜不辭而受之。

【章　旨】本章側面歌頌了順應自然、無為而治的理想政治。

【注　釋】❶治　安定。❷億兆　指百姓。❸戴己　擁戴自己。❹外朝　除近臣之外的其他官員。❺在野　沒有當官。這裡指沒有當官的賢人。❻微服　為了不暴露身分而穿上百姓服裝。❼康衢　四通八達的道路。❽立我蒸民　讓我們百姓吃飽。立，通「粒」。糧食。這裡指有糧食吃。蒸，眾。❾莫匪爾極　靠的全是您的高尚品德。匪，通「非」。爾，你。極，中。這裡指中正的品德。❿不識不知　沒有知識，沒有智慧。知，通「智」。這裡的知識和智慧是指除大道以外的世俗智慧，而這些知識和智慧正是道家、道教所反對的。⓫帝　上帝。這裡實際是指大自然。⓬禪　禪讓，把帝位讓給別人。

【語譯】堯治理天下達五十年之久，卻不知道社會是安定呢，還是不安定？也不知道百姓是擁戴自己呢，還是不擁戴自己？他詢問身邊的近臣，近臣們都不知道。又去詢問其他官員，其他官員也不知道。最後去詢問在野的賢人，在野的賢人同樣不知道。於是，堯只好打扮成老百姓的樣子，到交通便利的地方去查訪。他聽見一群兒童在唱歌，歌詞是：「讓我們百姓吃飽穿暖，靠的全是您崇高中正的美德。我們沒有其他什麼知識和智慧，只知道順應天帝自然的法則。」堯聽了非常高興，就問道：「是誰教你們唱這支歌謠的？」兒童們回答說：「我們是從一位大夫那裡聽來的。」堯又去問那位大夫，那位大夫說：「這是一首古詩。」堯回到宮中，把舜召來，將帝位禪讓給他。舜沒有推辭就接受了帝位。

關尹喜曰：「在己無居❶，形物其著❷。其動若水，其靜若鏡，其應若響❸。故其道若❹物者也。物自違道，道不違物。善若道者，亦不用耳，亦不用目，亦不用力，亦不用心。欲若道而用視聽形智以求之，弗當❺矣。瞻之在前，忽焉在後，用之彌滿六虛❻，廢❼之莫知其所。亦非有心者所能得遠，亦非無心者所能得近。唯默而得之而性成之者得之❽。知而忘情，能而不為，真知真能也。發無知❾，何能情？發不能❿，何能為？聚塊⓫也，積塵也，雖無為而非理⓬也。」

【章　旨】本章主要介紹了無為的表現和得道的途徑。

【注　釋】❶在己無居　自身不要有成見。居，固定而偏頗的見解。❷形物其著　事物的道理就會自然顯明。形物，事物，指事物的道理。其，當作「自」。《莊子・天下》：「在己無居，形物自著。」❸響　回音。❹若　順應。❺弗當　不恰當。對道的認識不用視聽形智，這說明作者對道的認識是直覺性的感悟，具有一定的神秘色彩和宗教色彩。❻六虛　即「六合」，上下四方。泛指天地之間。❼廢　不使用。❽唯默而句　只有那些靜靜學道而且天性聰穎的人能掌握道。成，成功。這裡是成功地得道。❾發無知　即使去啟發那些無知的事物。無知的事物指下文的「聚塊」和「積塵」等。❿不能　無能的事物。仍指「聚塊」和「積塵」一類的事物。⓫聚塊　堆積起來的土塊。⓬雖無為而非理　這些無生命的東西雖然都是沒有作為的，但這並不符合無為的道理。作者認為，無為是針對人講的，有感情的人能去掉自己的感情，有作為的人能去掉自己的作為，這纔叫無為。

【語　譯】關尹喜說：「自身如果能排除成見，事物的道理自然就會顯明。行動時應該像流水那樣善於順應客觀形勢，安靜時應該像鏡子那樣清虛明澈，反應外物時應該像回音那樣忠實無誤。所以說，道的內容就是順應萬物。只有事物自己去違反道，而道是不會去違反事物的。那些善於順應道的人，也不用耳朵，也不用眼睛，也不用力氣，也不用心智。想順應大道的人，而用視覺、聽覺、形體、心智去追求道，這是不正確的。道這種東西，看起來似乎在前面，忽然又出現在後面，使用它的時候，它似乎充滿了天地之間而無處不有，不使用它的時候，它又不知道藏到那裡去了。也並非有心疏遠道的人就能夠同它疏遠，也並非無心與道疏遠的人就能夠同它接近。只有那些靜靜學道而且天性聰穎的人纔能掌握道。明白一切事理而能捨棄個人情慾，很有才能而不去隨意有所作為，這纔算是真知真能。即使去啟發那些無知之物，它們又怎能產生情感呢？即使去發動那些無能之物，它們又怎能有所作為呢？像那一堆堆土塊，一堆堆塵埃，雖然它們也不會隨意有所作為，但這並不符合無為的道理。」

湯問第五

【題解】本篇主要記述了古人對天文地理及萬物生成過程的一些樸素認識，目的在於告誡人們要開拓眼界，要認識到自然界奧秘無窮，不可囿於個人智慧去臆斷事物的形態和有無。這一觀點為道教論證神仙的實有提供了一定的理論基礎。另外，本篇還提出了「均」這一重要哲學範疇，討論了順應自然、至誠動天、學習過程、音樂作用等問題。本篇的內容較為豐富，在許多看似荒誕不經的語言裡，包含著相當深刻的哲理。

殷湯❶問於夏革❷曰：「古初有物乎？」夏革曰：「古初無物，今惡❸得物？後之人將謂今之無物，可乎？」殷湯曰：「然則物無先後乎？」夏革曰：「物之終始，初無極已。始或為終，終或為始，惡知其紀❹？然自物之外，自事之先，朕❺所不知也。」殷湯曰：「然則上下八方有極盡乎？」革曰：「不知也。」湯固問。革曰：「無則無極❻，有則有盡❼。朕何以知之？然無極之外，復無無極❽；無盡之中，復無無盡❾。無極復無無極，無盡復無無盡。朕以是知其無極無盡也，而不知其有極有盡也。」湯又問曰：「四海❿之外奚有？」革曰：「猶齊州⓫也。」湯曰：「汝奚以實⓬之？」革曰：「朕東行至營⓭，人民猶是⓮也。問營之東，復猶營也。西行至豳⓯，人民猶是也。問豳之西，復猶豳也。朕以是知四海、四荒⓰、四極⓱之不異是也。故大小相含，無窮極也。含萬物者，亦如含天地，含萬物也故不窮，含天地也故無極。朕亦焉知天地之表⓲不有大天地者乎？亦吾所不知也。然則天地亦物也。物有不足，故昔者女媧氏⓳練五色石以補其闕⓴，斷鼇㉑之足以立四極㉒。其後共工氏㉓與顓頊㉔爭為帝，怒而觸不周之山㉕，折天柱㉖，絕地維㉗，故天傾西北，日月星辰就㉘焉；地不滿東南㉙，故百川水潦㉚歸焉。」湯又問：「物有巨細乎？有修㉛短乎？有同異乎？」革曰：「渤海之東不知幾億萬里，有大壑[32]焉，實惟無底之谷，其下無底，名曰歸墟[33]。八紘[34]九野[35]之水，天漢[36]之流，莫不注之，而無增無減焉。其中有五山焉：一曰岱輿[37]，二曰員嶠[38]，三曰方壺[39]，四曰瀛洲[40]，五曰蓬萊[41]。其山高下周旋[42]三萬里，其頂平處九千里。山之中間相去[43]七萬里，以為鄰居焉。其上臺觀皆金玉，其上禽獸皆純縞[44]。珠玕[45]之樹皆叢生，華實[46]皆有滋味，食之皆不老不死。所居之人皆仙聖之種[47]，一日一夕飛相往來者，不可數焉。而五山之根無所連著[48]，常隨潮波上下往還，不得暫峙[49]焉。仙聖毒之，訴之於帝。帝恐流於西極，失群聖之居，乃命禺彊[50]使巨鼇十五舉首而戴之。迭為三番[51]，六萬歲一交焉。五山始峙而不動。而龍伯之國[52]有大人，舉足不盈[53]數步而暨[54]五山之所，一釣而連六鼇，合負[55]而趣[56]歸其國，灼其骨以數[57]焉。於是岱輿、員嶠二山流於北極，沉於大海，仙聖之播遷[58]者巨億計。帝憑[60]怒，侵減龍伯之國使阨[60]，侵小龍伯之民使短。至伏羲、神農時，其國人猶數十丈[61]。從中州以東四十萬里，得僬僥國[62]，人長一尺五寸。東北極有人名曰諍人[63]，長九寸。荊[64]之南有冥靈[65]者，以五百歲為春，五百歲為秋。上古有大椿[66]者，以八千歲為春，八千歲為秋。朽壤[67]之上有菌芝[68]者，生於朝，死於晦[69]。春夏之月有蠓蚋[70]者，因雨而生，見陽[71]而死。終髮北[72]之北有溟海[73]者，天池也，有魚焉，其廣[74]數千里，其長稱[75]焉，其名為鯤。有鳥焉，其名為鵬，翼若垂天之雲[76]，其體稱焉。世豈知有此物哉！大禹行而見之，伯益[77]知而名之，夷堅[78]聞而志[79]之。江浦[80]之間生麼蟲[81]，其名曰焦螟[82]，群飛而集於蚊睫[83]，弗相觸也。棲宿去來[84]，蚊弗覺也。離朱[85]、子羽[86]方晝拭眥[87]揚眉而望之，弗見其形；䚢俞[88]、師曠[89]方夜擿耳[90]俛首[91]而聽之，弗聞其聲。唯黃帝與容成子[92]居空同[93]之上，同齋三月，心死形廢[94]，徐以神視，塊然[95]見之，若嵩山[96]之阿[97]；徐以氣聽，砰然聞之，若雷霆之聲。吳楚[98]之國有大木焉，其名為櫾[99]，碧樹而冬生[100]，實丹而味酸。食其皮汁，已憤厥之疾[101]。齊州[102]珍之，渡淮[103]而北而化為枳[104]焉。

鸜鵒(105)不踰濟(106)，貉(107)踰汶(108)則死矣，地氣然(109)也。雖然，形氣異也，性鈞(110)已(111)，無相易已。生皆全(112)已，分皆足(113)已。吾何以識其巨細？何以識其修短？何以識其同異哉？」

【章旨】本章主要記載了古人對萬物生成、天文地理的一些認識，其中有不少神話傳說，這些神話傳說，如蓬萊仙山、不老不死的仙聖等等，均為道教所繼承，成為道教的主要內容和信仰。

【注釋】❶殷湯　人名。即商湯。姓子，名履，商朝的創建者。❷夏革　人名。商湯王的大臣。❸惡　怎麼。❹紀　頭緒。❺朕　我。先秦時代，無論貴賤，都可以稱朕。從秦始皇開始，規定只有皇帝纔能稱朕。❻無則無極　空間是沒有極限的。第一個「無」作「空間」講，第二個「無」作「沒有」講。❼有則有盡　根據下文，「有盡」應是「無盡」之誤。意思是：事物是沒有窮盡的。有，這裡指存在的「物」。❽無極之外復無無極　沒有極限的空間之外不會再有一個無限的空間。❾無盡之中復無無盡　沒有窮盡的萬物之中不會再出現沒有窮盡的萬物。❿四海　指全中國。古人認為中國四周全是海，所以把中國叫海內，把外國叫海外。⓫齊州　中州，中央之州，泛指中國。齊，通「臍」。中央。⓬實　證實。⓭營　營州。在今遼寧省一帶。⓮是　代指齊州。⓯豳　地名。在今陝西省境內。⓰四荒　四方邊遠之處。⓱四極　四方極遠之處。⓲表　外。⓳女媧氏　神話傳說中的人物。一說為伏羲之妹，一說為伏羲之婦。⓴闕　通「缺」。裂口。相傳遠古時曾天崩地裂，女媧煉五色石以補天地的裂縫。㉑鼇　神話傳說中的海裡大鼈或大龜。㉒四極　這裡指天的四邊。㉓共工氏　神話傳說中的人物。相傳為人面、蛇身、赤髮，乘二龍。㉔顓頊　傳說中的古帝王，號高陽氏。在爭奪帝位的鬥爭中，擊敗共工氏。㉕不周之山　傳說中的山名。㉖天柱　頂天柱。古人認為，天之所以不會落下，是由天柱在支撐著。㉗絕地維　弄斷了維繫大地的繩子。絕，斷。維，繩子。古人認為，大地之所以不會塌陷，是因為大地的四邊有大繩子在維繫著。㉘就　湊近；倒向。㉙地不滿東南　東南部的地勢不高。這是對中國西北高、東南低的地貌描寫，並用神話解釋了這一地貌形成的原因。㉚潦　積水。㉛修　長。㉜大壑　大海。㉝歸墟　大海為眾水所歸之處，故稱之為「歸墟」。㉞八紘　猶言八極，指整個大地。㉟九野　指天的中央和八方。這裡泛指整個天空。㊱天漢　天河。古人傳說天河與大海相通。㊲岱輿　傳說中的仙山。㊳員嶠　傳說中的仙山。㊴方壺　傳說中的仙山，即方丈山。後成為道教所重視的仙山之一。㊵瀛洲　傳說中的仙山。為道教所重視的仙山之一。㊶蓬萊　傳說中的仙山。為道教所重視的仙山之一。㊷周旋　周圍。㊸相去　相離；相距。㊹純縞　純白色。縞，一種白色的絲織品。這裡指白色。㊺玕　一種與玉相似的美石。㊻華實　花朵與果實。華，通「花」。㊼種類。㊽連著　連接。㊾蹔峙　短時間的峙立不動。蹔，通「暫」。暫時。㊿禺彊　神話傳說中的神名。(51)迭為三番　分為三班。(52)龍伯之國　傳說中的國家。這個國家的人異常高大。(53)不盈　不滿；不到。(54)暨　達到。(55)合負　放在一起背著。負，背。(56)趣　通「趨」。快走。(57)數　占卜。古人用火燒灼龜甲，根據龜甲上的裂紋來推測吉凶。(58)播遷　遷居。(59)憑　通「馮」。大怒。(60)阨　通「隘」。狹小。(61)數千丈　一作「數十丈」。(62)僬僥國　傳說中的矮人國。(63)諍人　傳說中的小人。(64)荊　山名。即今湖北省境內的荊山。也可解為楚國。(65)冥靈　海龜。冥，通「溟」。大海。靈，古人認為龜能預卜吉凶，故稱之為「靈」。一說「冥靈」為樹名。(66)椿　樹名。(67)朽壤　朽木與糞壤。(68)菌芝　靈芝類的野菌。(69)晦　晚上。(70)蠓蚋　一種小飛蟲。(71)陽　太陽。(72)終髮北　傳說中的國家。(73)溟海　大海。(74)廣　寬。(75)稱　相稱。(76)垂天之雲　垂掛在天上的雲彩。(77)伯益　人名。相傳為舜時人，善於畜牧。(78)夷堅　傳說中博聞多見的人。(79)志　記載。(80)江浦　長江的江邊。(81)麼蟲　小蟲。麼，細小。(82)焦螟　作者虛構的一種極小極小的蟲子。(83)蚊睫　蚊子的眼睫毛。(84)去來　離開。來，語末助詞，無義。(85)離朱　人名。傳說是黃帝時人，眼力特別好。(86)子羽　人名。傳說中眼力極好的人。(87)拭眥　擦亮眼睛。眥，眼眶。這裡指眼睛。(88)鯱俞　人名。聽力特別好的人。(89)師曠　人名。聽力特別好的人。與春秋時的著名樂師師曠應非一人。(90)擿耳　把耳孔挖乾淨。(91)俛首　低頭。俛，同「俯」。(92)容成子　傳說中的人物，道教把他視為神仙。(93)空同　山名。也寫作「崆峒」。在今甘肅省境內。(94)心死形廢　排除任何意念，忘掉自身形體。(95)塊然　體形巨大的樣子。(96)嵩山　山名。在今河南省境內。(97)阿　山嶺。(98)吳楚　兩個國名。吳國在今江蘇、浙江一帶。楚國在今湖北、湖南一帶。(99)櫾　同「柚」。果樹名。(100)冬生　當為「冬青」。(101)已憤厥之疾　能治癒因心情忿懣鬱積而造成的昏厥病。已，治癒。憤，忿懣鬱積。(102)齊州　中州；中原。(103)淮　河名。即淮河。(104)枳　樹名。樣子像橘樹，果小味酸，不能食用。(105)鸜鵒　鳥名。俗稱八哥。(106)濟　河名。(107)貉　獸名。形狀如狐，俗稱狗獾。(108)汶　河名。(109)然　如此；這樣。(110)性鈞　各自具備各自的本性，這一點是相同的。鈞，通「均」。相同。(111)已　通「矣」。以下二個「已」均通「矣」。(112)生皆全　各自生存所需的生理條件是完備的。(113)分皆足　各自所獲得的天分是充足的。道家有一派認為，從外表來看，萬物之間在大小、長短方面有很大差異，但萬物各自都有自己的生理本領和生存條件，它們順應自然，各得其所。從這個意義上講，物與物之間又沒有什麼優劣高下之分。詳見郭象的《莊子注》。

【語　譯】商湯王問夏革說：「最初的時候有事物存在嗎？」夏革說：「要是最初的時候沒有事物，那麼現在怎麼會有事物呢？以後的人如果說現在沒有事物，這行嗎？」

商湯王問：「這麼說，事物的出現沒有先後之分了嗎？」夏革回答說：「事物的終結和開始是互為循環的，根本就沒有停止循環的時候。這個事物的開始或許就是那個事物的終結，這個事物的終結或許就是那個事物的開始，怎麼能弄清楚它們的次序呢？然而事物之外的情況和事物出現之前的情況，我確實不知道。」

商湯王問：「那麼上下八方有沒有盡頭呢？」夏革回答說：「我不知道。」商湯一個勁地問下去。夏革說：「空間大概不會有極限，事物大概不會有窮盡。我憑什麼知道這一點呢？沒有極限的空間之外不會再有一個沒有極限的空間，沒有窮盡的萬物之中不會再有什麼沒有窮盡的萬物。既然無限的空間之外不會再有一個無限的空間，無盡的萬物之中不會再有什麼無盡的萬物，於是我就根據這一點知道我們所處的空間是沒有極限的，我們這個空間中的事物是沒有窮盡的，而不認為它們是有極限、有窮盡的。」

商湯王又問：「四海之外還有些什麼？」夏革回答說：「同四海之內的中國一樣。」商湯王問：「你用什麼來證實這一點？」夏革說：「我向東一直走到營州，見那裡的人們同中國的人一樣。問營州以東的情況，他們說同營州一樣。我向西一直走到豳州，見那裡的人們也同中國的人一樣。問豳州以西的情況，他們說也同豳州一樣。我根據這一情況推知四海之內、四方邊荒地區和四方極遠地區的情況都沒有什麼差異。所以說大的空間包含著小的空間，是無窮無盡的。包含萬物的空間，與包含天地的空間是一樣的，包含萬物的空間確實是沒有窮盡的，那麼包含天地的空間當然也是沒有窮盡的。我又怎能知道在天地之外沒有比天地更大的東西存在呢？這些我確實不知道。然而天地也屬於物體，是物體就有不足之處，所以從前的女媧氏曾燒煉五色石頭來修補天地的殘缺，斬斷大海龜的腿腳來支撐著天的四邊。後來的共工氏與顓頊爭奪帝位，一怒之下，撞著了不周山，折斷了支撐天空的大柱子，弄斷了維繫大地的大繩子，結果天向西北傾斜，日月星辰都倒向那裡；大地的東南部太低，所以大小河流都流向那裡。」

商湯王又問：「事物有大和小的差別嗎？有長和短的不同嗎？有同和異的區分嗎？」夏革回

答說：「在渤海以東不知幾億萬里的地方，有一片大海，實際上是一個沒有底的深谷，它下面沒有底，所以就叫歸墟。整個大地和整個天空的水，包括天河裡的激流，無不流到這裡，然而歸墟的水既不會增加，也不會減少。這片浩瀚的大海裡有五座大山：第一座叫岱輿，第二座叫員嶠，第三座叫方壺，第四座叫瀛洲，第五座叫蓬萊。那些山的高度和周長都有三萬來里，山頂的平坦處方圓有九千里。山與山之間相距七萬里，這些山並排聳立在那裡。山上的樓臺亭觀都是用金玉建成的，山上的飛禽走獸全是純白色的。珍珠樹和寶石樹遍地叢生，那裡的花朵果實味道鮮美，吃了就能長生不老。在山上居住的人都是神仙一類的人，他們從早到晚在天上飛來飛去，人數極多，無法計算。然而這五座山的底部卻沒有與海底連接在一起，經常隨著潮水波濤上下左右來回搖動，一刻也不能峙立不動。神仙們為此很苦惱，便向天帝訴說這件事。天帝擔心這五座山會漂到西方極遠的地方，使眾多的神仙失去住所，於是便命令禺彊，讓他派十五隻巨大的海龜抬起頭來，頂著五座大山。牠們分作三班，六萬年輪換一次。五座山這纔峙立在那裡不再漂動。但是龍伯之國有個巨人，抬起腳板不用幾步就走到五座山那裡，他垂下魚鉤一下子就釣上來六隻巨龜，他把這六隻龜放在一起背回自己的國家，用火燒灼牠們的背甲來占卜吉凶。於是岱輿和員嶠這兩座山就漂流到北方極遠的地方，最後沉入大海，流離遷居的神仙數以億計。天帝大怒，削減龍伯之國的領土，使它變得狹小；縮短龍伯國民的身材，使他們變得矮小。到了伏羲、神農的時代，龍伯之國的人還有數千丈高。在中國東邊四十萬里的地方，有一個僬僥國，那裡的人只有一尺五寸高。在東北極遠的地方有一種人叫諍人，身高只有九寸。在荊山的南邊，有一種大海龜，牠每過五百年，纔算過了一個春天，再過五百年，纔算過了一個秋天。上古時候有一種大椿樹，它每過八千年，纔算過了一個春天，再過八千年，纔算過了一個秋天。朽木糞壤上長的野菌，早上出生，晚上就死了。在春夏二季裡，有一種小蟲叫蠓蚋，每逢下雨出生，一見太陽就死。在終髮北國的北面，有一片大海，那是一個天然的大池子，其中有一種魚，牠身寬數千里，身長與此相稱，這種魚名叫鯤。那裡還有一種鳥，名叫鵬，鵬的翅膀大得像垂掛在天上的雲彩，牠的身體大小與此相稱。世人難道知道有這些東西嗎？大禹巡遊時看見過牠們，伯益知道後給牠們起了名字，夷堅聽說後把牠們記載了下來。長江的江邊生長著一種微小的昆蟲，牠們的名字叫焦螟，牠們成群成群地飛聚在蚊子的眼睫毛上，彼此不會碰觸。牠們在蚊子的眼睫毛上住了一夜纔離去，而蚊子毫無感覺。眼力極好的離朱和子羽在大白天擦亮眼睛揚起眉毛仔細望去，也看不見牠們的形體；聽力極好的觽俞和師曠在寂靜的深夜掏淨耳孔低著腦袋仔細聽去，也聽不到牠們的聲音。只有黃帝和容成子，他們住在空同山上，一塊齋戒了三個月，排除一切意念，忘掉自身形體，然後慢慢地用精神來觀察，這纔看見牠們的形體巨大得如同嵩山的山嶺；慢慢地用元氣來諦聽，這纔聽見牠們的聲音轟隆隆如同雷霆的巨響。吳國和楚國有一種大樹，名字叫柚，碧綠的樹葉冬夏常青，紅色的果實味道酸甜。吃它的果皮和果汁，可以治癒因心情忿懣鬱結而造成的昏厥病。中原人很珍視它，但把它移植到淮河以北，就變成了果實酸澀無法食用的枳樹。八哥鳥不能飛過濟水，貉渡過汶水就會死亡，是地理氣候使牠們這樣的。雖然萬物的形體氣質各不相同，但它們各自都具備了各自的本性，這一點又是一樣的，只不過它們的本性不能互相更換而已。它們各自生存所需的生理條件是完備的，各自所獲得的天分是充足的。我憑什麼來識別它們之間大和小的差別呢？憑什麼來識別它們之間長和短的不同呢？憑什麼來識別它們之間同和異的區分呢？」

太形❶、王屋❷二山，方七百里，高萬仞❸，本在冀州❹之南、河陽❺之北。北山愚公❻者，年且九十，面山而居。懲❼山北之塞，出入之迂❽也，聚室而謀曰：「吾與汝畢力平險，指通豫南❾，達于漢陰❿，可乎？」雜然⓫相許。其妻獻疑曰：「以君之力，曾不能損魁父⓬之丘，如太形、王屋何？且焉⓭置土石？」雜曰：「投諸渤海之尾⓮，隱土⓯之北。」遂率子孫荷擔者三夫⓰，叩⓱石墾壤，箕畚⓲運於渤海之尾。鄰人京城氏⓳之孀妻有遺男⓴，始齔㉑，跳往助之。寒暑易節，始一反㉒焉。河曲㉓智叟㉔笑而止之，曰：「甚矣汝之不慧！以殘年餘力，曾不能毀山之一毛㉕，其如土石何？」北山愚公長息曰：「汝心之固㉖，固不可徹㉗，曾不若孀妻弱子。雖我之死，有子存焉，子又生孫，孫又生子，子又生子，子又生孫，子子孫孫，無窮匱㉘也。而山不加增，何若而不平？」河曲智叟亡以應。操蛇之神㉙聞之，懼其不已也，告之於帝。帝感其誠，命夸娥氏㉚二子負二山，一厝㉛朔東㉜，一厝雍南㉝。自此冀之南、漢之陰無隴斷㉞焉。

【章旨】本章用愚公移山的故事說明至誠可以動天的道理。

【注釋】❶太形　山名。即太行山。在今山西省、河北省一帶。❷王屋　山名。在今山西省境內。❸仞　古代以七尺或八尺為一仞。❹冀州　古代九州之一。在今河北省、山西省一帶。❺河陽　縣名。在今河南省境內。❻愚公　人名。作者虛構的人物。❼懲　苦於。❽迂　曲折。這裡指繞路。❾指通豫南　直通豫州南部。豫南，豫州南部，在今河南省南部。❿漢陰　漢江的南邊。陰，河流的南岸稱陰。⓫雜然　七嘴八舌的樣子。⓬魁父　山名。此山很小，在今河南省境內。⓭焉　哪裡。⓮渤海之尾　渤海的海邊。⓯隱土　地名。⓰三夫　三個男子。⓱叩　敲打。⓲箕畚　土筐。⓳京城氏　姓氏。⓴遺男　父親死後留下的男孩。㉑齔　小孩換牙。㉒一反　往返一次。反，通「返」。㉓河曲　地名。當在黃河附近。㉔智叟　人名。作者虛構的人物。㉕毛　這裡指山上的草木。㉖固　固執。㉗徹　通達；開竅。㉘窮匱　窮盡。㉙操蛇之神　山神名。傳說山神手握長蛇。㉚夸蛾氏　神名。傳說中的大力神。㉛厝　通「措」。放置。㉜朔東　地名。在今山西省一帶。㉝雍南　地名。雍，雍州，在今山西省、陝西省一帶。雍南，即雍州的南部。㉞隴斷　高山阻斷。隴，通「壟」。山脈。

【語譯】太行和王屋這兩座大山，方圓七百里，高達數千丈，本來座落在冀州的南部、河陽的北邊。山的北邊住著一位老漢，名叫愚公，將近九十歲了。他家面對著大山居住，苦於山北的交通受到阻塞，來來往往要繞很遠的彎路，於是愚公召集全家人商議。他說：「我打算同你們一起竭盡全力削平險阻，使道路直通豫州的南部，抵達漢水的南邊，這可以嗎？」大家七嘴八舌表示贊成。愚公的妻子提出疑問，說：「憑您這點力氣，連魁父這座小山丘恐怕都挖不了，又怎能搬走太行、王屋這兩座大山呢？再說，挖出來的土石又放在哪裡呢？」大家聽了紛紛發表意見說：「就把它們扔到渤海的岸邊、隱土的北面去吧！」於是愚公就率領能挑擔子的三個兒孫，砸石頭，挖泥土，然後用土筐把它們運到渤海的海邊。他們鄰居京城氏的寡婦有一個小男孩，剛到七八歲換牙齒的年紀，也蹦蹦跳跳地跑去幫忙。從冬到夏，運土石的人纔能往返一次。河曲有一位老頭叫智叟，笑著勸阻愚公說：「你也傻得太過分啦！憑著你這點老年人的力氣，連山上的一草一木都拔不掉，又如何能搬走山上的土石呢？」愚公長嘆一聲說：「你的思想太固執，固執得一竅不通，連寡婦和幼弱的小孩子都不如。即使我死了，我的兒子還活著，兒子還會為我生出孫子來，孫子又生兒子，孫子的兒子又有兒子，他的兒子還會有孫子。子子孫孫，沒有窮盡。而山上的土石是不會再增多了，為什麼挖不平它們呢？」智叟聽後無話可說。山上的操蛇之神聽說了這件事，害怕愚公他們真的沒完沒了地挖下去，就把這事報告給天帝。天帝被愚公挖山的誠心所感動，就命令大力神夸娥氏的兩個兒子背走了兩座大山，一座放在朔東，一座放在雍南。從此以後，自冀州的南部到漢水的南邊，再也沒有高山峻嶺阻礙交通了。

夸父❶不量力，欲追日影❷，逐之於隅谷❸之際。渴欲得飲，赴飲河、渭❹。河、渭不足，將走❺北飲大澤❻。未至，道渴而死。棄其杖，尸膏肉❼所浸❽，生鄧林❾。鄧林彌❿廣數千里焉。

【章　旨】本章通過夸父追日失敗的故事，說明應順應自然，不能同自然爭勝。

【注　釋】❶夸父　神話傳說中的人物。❷日影　日頭。影，形象。此處指太陽本身。❸隅谷　神話傳說中太陽落下的地方。❹河渭　黃河和渭河。❺走　跑。❻大澤　大湖。傳說中的湖泊。❼尸膏肉　屍體的脂膏和肌肉。❽浸　滋養。❾鄧林　桃樹林。❿彌　遍及；滿。

【語　譯】夸父不自量力，想要追上太陽，一直追到太陽落下的隅谷這個地方。夸父口渴極了，想喝水，便跑去喝黃河和渭河的水。黃河和渭河的水不夠喝，夸父便向北奔去，想到大澤裡去喝個夠。但還沒跑到，就在半路上渴死了。他丟掉的手杖，在他屍體膏脂和肌肉的滋養下，生長成一片茂密的桃樹林。這片桃樹林方圓達數千里。

大禹曰：「六合之間，四海之內，照之以日月，經之以星辰❶，紀之以四時❷，要之以太歲❸。神靈❹所生，其物其形，或夭或壽，唯聖人能通其道。」夏革曰：「然則亦有不待神靈而生，不待陰陽而形，不待日月而明，不待殺戮而夭，不待將迎❺而壽，不待五穀而食，不待繒纊❻而衣，不待舟車而行。其道自然，非聖人之所通也。」

【章　旨】本章認為，大自然奧妙無窮，即使聖人也無法完全弄懂。

【注釋】❶經之以星辰　用星辰作標幟來為大地劃分地域。經，劃分。之，代指「六合之間，四海之內」的土地。古人把天上的星辰同地上的州國相對應，如用鶉火星代表周國，用鶉尾星代表楚國等。❷紀之以四時　用四季變化為它安排時間順序。紀，整理安排。這裡指安排順序。❸要之以太歲　用太歲星的運行位置作為它的紀年。要，約定；規定。太歲，星宿名，即木星。太歲星每十二年繞太陽一周，古人把這一周分為十二等分，每一等分為一年。❹神靈　這裡指神奇的大自然。❺將迎　將養；保養。❻繒纊　絲綿。繒，絲織品的總稱。纊，綿絮。

【語譯】大禹說：「天地之間，四海之內，大自然用日月為它照耀，用星辰為它劃分區域，用四季為它安排時間順序，用太歲為它紀年。神奇的大自然產生了萬事萬物，它們都具有各自的形體，有的短命，有的長壽，只有聖人纔能通曉它們的規律。」夏革說：「不過也有一些事物不需要神奇的大自然就能產生，不需要陰陽二氣就能成形，不需要日月照耀就能明亮，不必遭到殺戮就會短命，不需要保養就能長壽，不需要五穀就能吃飽，不需要絲綿就能穿暖，不需要車船就能行走。這一切事物的規律都是自然而然的，不是聖人所能全部通曉的。」

禹之治水土也，迷而失塗❶，謬❷之一國。濱❸北海之北，不知距齊州❹幾千萬里。其國名曰終北，不知際畔❺之所齊限❻。無風雨霜露，不生鳥獸、蟲魚、草木之類。四方悉平，周以喬陟❼。當國之中有山，山名壺領，狀若甔甀❽。頂有口，狀若員環❾，名曰滋穴。有水湧出，名曰神瀵❿，臭過蘭椒⓫，味過醪醴⓬。一源分為四埒⓭，注於山下。經營⓮一國，亡不悉徧。土氣和，亡札厲⓯。人性婉而從物，不競不爭；柔心而弱骨⓰，不驕不忌⓱；長幼儕⓲居，不君不臣；男女雜游，不媒不聘；緣⓳水而居，不耕不稼；土氣溫適，不織不衣；百年而死，不夭不病。其民孳阜⓴亡數，有喜樂，亡衰老哀苦。其俗好聲㉑，相攜而迭謠㉒，終日不輟㉓音。饑倦則飲神瀵，力志㉔和平，過則醉，經旬乃醒。沐浴神瀵，膚色脂澤，香氣經旬乃歇。周穆王北游過其國，三年忘歸。既反㉕周室，慕其國，惝然㉖自失。不進酒肉，不召嬪御者，數月乃復。管仲㉗勉齊桓公㉘因游遼口㉙，俱之其國，幾剋舉㉚。隰朋㉛諫曰：「君舍齊國之廣，人民之眾，山川之觀㉜，殖物之阜，禮義之盛，章服㉝之美，妖靡㉞盈庭，忠良滿朝；肆咤㉟則徒卒㊱百萬，視撝㊲則諸侯從命，亦奚羨於彼而棄齊國之社稷，從戎夷之國乎？此仲父㊳之耄㊴，奈何從之？」

桓公乃止，以隰朋之言告管仲。仲曰：「此固非朋之所及也。臣恐彼國之不可升之㊵也。齊國之富奚戀？隰朋之言奚顧㊶？」

【章旨】本章描寫了作者理想中的自然天放的國家，認為這種不競不爭、無君無臣的社會遠遠勝過所謂的中原禮義之邦。

【注釋】❶塗　通「途」。道路。❷謬　錯。❸濱　靠近。❹齊州　中國。齊，通「臍」。中央。❺際畔　邊界。❻齊限　界限。❼喬陟　高大的層層疊疊的山。喬，高大。陟，重疊的山峰。❽甀甄　小口的瓮子。甀，口小腹大的瓦器。甄，小口瓮。❾員環　圓環。員，通「圓」。❿神瀵　神奇的泉水。瀵，泉水。⓫臭過蘭椒　氣味比蘭花和花椒還要芳香。臭，氣味。⓬醪醴　美酒。⓭埒　山上的水流。⓮經營　往來經過。⓯札厲　瘟疫。⓰弱骨　氣質柔和。骨，這裡指人的氣質。⓱忌　妒忌。⓲儕　同輩。⓳緣　沿著。⓴孳阜　繁衍眾多。阜，多。㉑聲　音樂；唱歌。㉒迭謠　一唱一答。㉓輟　停止。㉔力志　氣力和精神。㉕反　通「返」。㉖惝然　通「悵然」。不得意的樣子。㉗管仲　人名。春秋時期的著名政治家，幫助齊桓公建立霸業。㉘齊桓公　人名。姓姜，名小白。春秋時期齊國君主。㉙遼口　地名。作者虛構的地方。㉚幾剋舉　幾乎就要動身了。剋，能夠。舉，行動。這裡指出發去終北國。㉛隰朋　人名。與管仲共同輔佐齊桓公。㉜觀　景觀。㉝章服　以圖紋為等級標誌的禮服。㉞妖靡　美麗溫柔的女子。妖，妖豔。靡，柔和。㉟肆咤　大聲呼喊。㊱徒卒　步兵。㊲視撝　用目光表示意圖。撝，通「揮」。指揮。㊳仲父　叔父。齊桓公尊稱管仲為「仲父」。㊴耄　有「老年」和「昏亂」二義，這裡是「老糊塗」的意思。㊵彼國之不可升之　即「不可升彼國」。我們齊國還比不上那個國家。升，登上。這裡引申為趕上。㊶顧　顧及；考慮。

【語譯】大禹治理水土的時候，迷失了道路，走錯到另一個國家。這個國家靠近北海的北邊，不知道距離中國有幾千萬里之遙。它的名字叫終北國，也不知道它的邊界在哪裡。這裡沒有風雨霜露，不生長鳥獸、蟲魚、草木之類的東西。這個國家到處全是平原，周圍環繞著層層疊疊的高山。在這個國家的正中間也有一座山，名叫壺領山，山的形狀像個小口的瓦罐子。山頂有個洞口，樣子像個圓環，名叫滋穴。有泉水從洞口湧出，這些泉水叫神瀵。神瀵氣味清香勝過蘭花和花椒，它的味道甜美超過醇厚的美酒。一個水源分為四個支流，不停地向山下流淌。神瀵水在全國曲折往來，流遍了各地。這裡的土質氣候十分調和，沒有瘟疫。人們的性格柔和隨順，從不爭奪打鬥；他們內心柔順，氣質溫和，不驕橫，不妒忌；老少同居，沒有君臣之分；男女雜處遊樂，不用媒妁，不用迎娶；人們沿著神瀵水流居住，不用耕種，不用收穫；這裡的氣候溫和適宜，人們不用織布，不用穿衣；他們活到百歲而死，不會短命，不會生病。這裡的人們繁衍興旺，人口多得不計其數，他們只有歡喜快樂，沒有衰老痛苦。這裡的風俗愛好唱歌，他們成群結隊，一唱一答，歌聲終日不停。餓了，累了，就喝神瀵水，氣力和精神馬上就能恢復平和。如果喝多了就會醉倒，經過十天左右才能醒來。用神瀵水洗澡，膚色潔白光澤，香氣經十天左右纔會消失。

周穆王在北方巡遊時經過這個國家，在那裡住了三年，留連忘返。回到周國以後，仍然思念那個國家，整天精神恍惚，悵然若失，不想飲食，也不要嬪妃侍候，過了好幾個月纔恢復常態。管仲勸告齊桓公趁巡遊遼口的機會，順便一起到那個國家去看看。差不多就在成行的時候，隰朋勸阻齊桓公說：「大王您將會捨棄齊國那廣闊的土地，眾多的百姓，壯麗的山河，豐富的物產，盛大的禮儀，華美的衣服，滿宮的美女和滿朝的忠臣。現在您大喝一聲就能召集兵卒百萬，用眼色表示一下意圖，諸侯都會服從，又何必要羨慕那個國家而捨棄齊國的江山社稷，去向落後愚昧的國家學習呢？這是仲父老糊塗了，怎麼能聽從他的呢？」齊桓公聽了便打消了去終北國的念頭，並把隰朋的話告訴了管仲。管仲說：「這本來就不是隰朋所能理解的。我恐怕我們齊國根本比不上那個國家啊！齊國的富饒有什麼值得留戀的？隰朋的話又有什麼值得考慮的？」

南國之人祝髮❶而裸，北國之人鞨巾而裘❷，中國之人冠冕❸而裳。九土❹所資，或農或商，或田❺或漁，如冬裘夏葛❻、水舟陸車，默而得之❼，性而成之。越❽之東有輙休之國❾，其長子生，則鮮❿而食之，謂之宜弟⓫。其大父⓬死，負其大母⓭而棄之，曰：「鬼妻不可與同居處。」楚之南有炎人之國⓮，其親戚⓯死，㱙⓰其肉而棄之，然後埋其骨，迺成為孝子。秦之西有儀渠之國⓱者，其親戚死，聚柴積而焚之。燻⓲則煙上，謂之登遐⓳，然後成為孝子。此上⓴而為政，下以為俗，而未足為異也。

【章　旨】本章說明雖然各地的人們生活習慣不同，但都是順應各自客觀生活條件的結果，因而都是合理的。

【注　釋】❶祝髮　剃髮。祝，斷。❷鞨巾而裘　裹著頭巾，穿著皮衣。鞨巾，頭巾。❸冠冕　帽子。❹九土　九州大地，泛指整個中國。古人曾把中國劃分為冀、豫、雍、揚、兗、徐、梁、青、荊九州。❺田　通「畋」。打獵。❻葛　葛衣。葛是一種植物，它的纖維可以製成葛布，適合夏季穿用。❼默而得之　不知不覺就形成了各自的生活習慣。得，形成。❽越　國名。在今江蘇省、浙江省一帶。❾輒休之國　一作「輒沐之國」。傳說中的國家。❿鮮　夭亡。這裡指殺死。⓫宜弟　有宜於弟妹的生長。⓬大父　祖父。⓭大母　祖母。⓮炎人之國　傳說中的國家。⓯親戚　親人。這裡專指父母。⓰死　剔肉。⓱儀渠之國　傳說中的國家。⓲燻　燒烤。⓳登遐　升天成仙。遐，遙遠。這裡指遙遠的天空。⓴上　指官方。

【語　譯】南方國家的人剪掉頭髮，赤身裸體；北方國家的人裹著頭巾，穿著皮衣；中原國家的人戴著帽子，穿著衣裙。人們根據九州大地所提供的不同資源，有的種地，有的經商，有的打獵，有的捕魚。這如同冬穿皮襖、夏穿葛衣、水路行船、陸地坐車一樣，是在不知不覺之中學會的，並逐漸形成各自的生活習性。越國的東邊有個輒休之國，那裡的人生出第一個孩子，就把他殺死吃掉，說這樣做有利於弟妹的生長。他們的祖父死後，就把祖母背出去扔掉，說：「不能與鬼的妻子生活在一起。」楚國的南邊有一個炎人之國，父母死了，他們就把屍體上的肉剮下來扔掉，然後把骨骸掩埋起來，這樣纔算是孝子。秦國的西邊有一個儀渠之國，父母死了，他們就堆放柴草焚燒屍體。焚燒時煙氣升騰，他們就認為死者升天成仙了，這樣做了以後纔算是孝子。政府順應這些做法來從事政務，百姓們也把這些做法當作自己的風俗習慣，對此不應感到奇怪。

孔子東游，見兩小兒辯鬬，問其故，一兒曰：「我以日始出時去❶人近，而日中時遠也。」一兒以日初出遠而日中時近也。一兒曰：「日初出大如車蓋❷，及日中則如盤盂，此不為遠者小而近者大乎？」一兒曰：「日初出滄滄涼涼❸，及其日中如探湯❹，此不為近者熱而遠者涼乎？」孔子不能決也。兩小兒笑曰：「孰為❺汝多知乎？」

【章　旨】這則小兒辯日的故事進一步說明大自然的奧妙不是聖人所能全部通曉的。

【注　釋】❶去　離；距離。❷車蓋　搭在車上的圓形傘蓋。❸滄滄涼涼　涼爽的樣子。滄，寒冷。❹湯　熱水；開水。❺為　通「謂」。說。

【語　譯】孔子在東方遊歷的時候，看到兩個小孩子在爭論。孔子問他們在爭論什麼，一個小孩說：「我認為太陽剛出來的時候離人最近，到了中午離人最遠。」另一個小孩則認為太陽剛出來時離人最遠，而中午時離人最近。第一個小孩說：「太陽剛升起的時候大得像個車蓋，到了中午就小得像個盤子，這不是距離遠看著就小、距離近看著就大的緣故嗎？」另一個小孩說：「太陽剛升起時很涼快，到了中午，人就熱得像泡在開水裡一樣，這不是距離近就熱、距離遠就涼快的緣故嗎？」孔子聽了無法判斷誰是誰非。兩個小孩笑著說：「誰說你是一位知識淵博的人呢？」

均，天下之至理也，連於形物❶亦然。均髮均縣❷，輕重❸而髮絕，髮不均也；均也，其絕也莫絕❹。人以為不然，自有知其然者也。詹何❺以獨繭絲為綸❻，芒鍼❼為鉤，荊篠❽為竿，剖粒為餌，引盈車之魚於百仞之淵、汩流❾之中，綸不絕，鉤不伸，竿不撓❿。楚王聞而異之，召問其故。詹何曰：「臣聞先大夫⓫之言，蒲且子⓬之弋⓭也，弱弓纖繳⓮，乘風振之，連雙鶬⓯於青雲之際。用心專、動手均也。臣因其事⓰，放⓱而學釣，五年始盡其道。當臣之臨河持竿，心無雜慮，唯魚之念；投綸沉鉤，手無輕重⓲，物莫能亂。魚見臣之鉤餌，猶沉埃聚沫，吞之不疑。所以能以弱制彊，以輕致重也。大王治國誠能若此，則天下可運於一握⓳，將亦奚事哉？」楚王曰：「善。」

【章　旨】本章以小喻大，用釣魚射鳥來說明治國也應注重均衡的道理。

【注　釋】❶形物　有形體的事物。❷均髮均縣　均衡受力的毛髮就能懸掛起物體。縣，通「懸」。❸輕重　有輕有重。即輕重不均。❹其絕也莫絕　本來會斷的現在也不斷了。❺詹何　人名。戰國時楚國人。❻綸　釣魚線。❼芒鍼　又細又小的鍼。芒，細毛的末尖。這裡用來形容又細又小的東西。❽荊篠　細荊條。❾汩流　激流。❿撓　彎曲。⓫先大夫　指詹何曾當過大夫但已去世的父親。⓬蒲且子　人名。楚國善於射鳥的人。⓭弋　用繩子繫在箭上而射。⓮纖繳　繫在箭上的細絲繩。⓯鶬　鳥名。即鶬鶊鳥，又稱黃鸝。⓰因其事　根據這件事。⓱放　通「倣」。倣效。⓲手無輕重　手臂用力沒有時重時輕的差別。⓳運於一握　運轉於一掌之中。指治理天下非常容易。

【語譯】做事要用力均衡，這是天下最高的真理，就連有形的物體也是如此。均衡受力的毛髮就能懸掛起重物，如果輕重不勻，毛髮就會斷絕，這是毛髮受力不均衡的緣故。如果受力均衡，本來會斷絕的也不斷絕了。也許有人認為不是如此，但自然會有懂得這個道理的人。詹何用一根蠶絲作為釣線，用細小的鍼作為釣鉤，用荊條棍作為釣竿，把一顆飯粒剖開作為魚餌，從數十丈的深淵和湍急的流水中釣起一條可以裝滿一車的大魚，而他的釣絲沒有被拉斷，魚鉤沒有被拉直，釣竿沒有被拉彎。楚王聽說了這件事，感到很驚奇，就把他召來詢問其中的原因。詹何回答說：「我曾經聽先父說，蒲且子射鳥的時候，用的是柔弱的弓和纖細的箭繩，他順風射去，一箭就把兩隻黃鸝鳥從雲間射了下來。這是他用心專一、手臂用力均衡的緣故。我根據這件事的啟發，倣效著他的樣子去學習釣魚，整整學了五年纔完全掌握住其中的規律。當我站在河邊手持釣竿的時候，心裡不存在任何別的念頭，一心想著釣魚的事兒。投出釣線，沉下魚鉤，我手臂用力均衡從不時輕時重，任何事情都不能打亂我的行動。魚看到我的鉤餌，還當作是下沉的塵土和聚集的泡沫，就毫不懷疑地一口吞下。這就是我能夠用柔弱的東西控制強大的東西、用輕微的東西換取重大的東西的原因。大王您治理國家時，如果真的能夠做到這一點，那麼整個天下就會運轉於您的手掌之中，又何必去做其他什麼事呢？」楚王說：「講得好！」

魯公扈❶、趙齊嬰❷二人有疾，同請扁鵲❸求治。扁鵲治之。既同愈，謂公扈、齊嬰曰：「汝曩之所疾，自外而干❹府藏❺者，固藥石之所已❻。今有偕生之疾，與體偕長。今為汝攻之，何如？」二人曰：「願先聞其驗❼。」扁鵲謂公扈曰：「汝志彊❽而氣弱，故足於謀而寡於斷。齊嬰志弱而氣彊，故少於慮而傷於專❾。若換汝之心，則均於善矣。」扁鵲遂飲二人毒酒❿，迷死三日，剖胷探心，易而置之，投以神藥，既悟如初。二人辭歸，於是公扈反齊嬰之室，而有其妻子⓫，妻子弗識。齊嬰亦反公扈之室，有其妻子，妻子亦弗識。二室因相與訟⓬，求辨於扁鵲。扁鵲辨其所由，訟乃已。

【章　旨】本章用公扈和齊嬰易心的故事說明在人的才智方面，也是需要「均衡」的。

【注　釋】❶魯公扈　魯國的公扈。魯，國名。公扈，人名。❷趙齊嬰　趙國的齊嬰。趙，國名。齊嬰，人名。

❸扁鵲　人名。姓秦，名越人。戰國時著名的醫學家。❹干　侵害。❺府藏　臟腑。❻已　治癒。❼驗　症狀。
❽志彊　心智彊盛。❾專　專斷；武斷。❿毒酒　這裡指用作麻醉的藥酒。⓫有其妻子　佔有他的妻子和孩子。
⓬相與訟　都爭吵不休。訟，爭吵。

【語譯】魯國的公扈和趙國的齊嬰這兩個人都患有疾病，同時去請扁鵲治療。扁鵲就為他們醫治。兩人的疾病被同時治好以後，扁鵲對公扈、齊嬰說：「你們以前得的病，都是外界事物侵害了內臟引起的，這本來是藥物和鍼石就可以治癒的。如今你二人還患有胎裡帶來的疾病，與你們的身體一同發展。我現在想為你們醫治，怎麼樣？」公扈和齊嬰說：「我們想先聽您講講這種病的症狀。」扁鵲對公扈說：「你的心智強盛而氣質柔弱，所以你善於謀慮而不善於決斷。齊嬰心智衰弱而氣質強盛，所以他不善於謀慮卻過於專斷。如果把你們二人的心臟交換一下，那麼你們都會得到對方的長處。」於是，扁鵲讓他們兩人喝下藥酒，把他們麻醉了三天，剖開他們的胸膛，取出他們的心臟，交換後又安置好，然後再給他們服用一種神奇的藥，二人醒來以後，像從前一樣健康。二人告別扁鵲，各自回家。於是，公扈走到齊嬰的家裡，把齊嬰的妻子兒女看作自己的，齊嬰的妻子兒女卻根本就不認識他。而齊嬰則來到了公扈的家裡，把公扈的妻子兒女看作是自己的，公扈的妻子兒女當然也不認識他。結果這兩家的妻子兒女都爭吵不休，跑去請扁鵲說明原委。扁鵲說明了事情的原由，爭吵這纔停息。

匏巴❶鼓琴而鳥舞魚躍。鄭師文❷聞之，棄家從師襄❸游❹。柱指❺

鈞絃❻，三年不成章❼。師襄曰：「子可以歸矣。」師文舍其琴，嘆曰：「文非絃之不能鈞，非章之不能成。文所存❽者不在絃，所志者不在聲。內不得於心，外不應於器❾，故不敢發手而動絃。且小假之❿，以觀其後。」無幾何，復見師襄。師襄曰：「子之琴何如？」師文曰：「得之⓫矣。請嘗試之。」於是，當春而叩商絃⓬以召南呂⓭，涼風忽至，草木成實。及秋而叩角絃⓮以激夾鐘⓯，溫風徐回，草木發榮⓰。當夏而叩羽絃⓱以召黃鐘⓲，霜雪交下，川池暴沍⓳。及冬而叩徵絃⓴以激蕤賓㉑，陽光熾烈，堅冰立散。將終，命宮㉒而總四絃㉓，則景風㉔翔，慶雲㉕浮，甘露㉖降，澧泉㉗涌。師襄乃撫心高蹈㉘曰：「微㉙矣，子之彈也！雖師曠之清角㉚，鄒衍之吹律㉛，亡以加之，彼將挾琴執管而從子之後㉜耳。」

【章　旨】本章用誇張的語言描述了音樂的神奇作用，體現了古人對音樂的重視。

【注　釋】❶瓠巴　人名。傳說中的音樂家。❷師文　人名。春秋時鄭國的樂師。❸師襄　人名。春秋時魯國的樂師。❹游　這裡是學習的意思。❺柱指　在琴的弦柱上確定音位。❻鈞絃　調弦。❼不成章　彈奏不成一個樂章。❽所存　所想。❾外不應於器　在外邊就不能在樂器上反應出來。器，指琴。❿小假之　稍微寬容一段時間。小，通「少」。稍微。假，假貸。這裡指在時間上寬容一下。⓫得之　學會彈琴。⓬商絃　商音弦。古人以宮、商、角、徵、羽為五音。商音淒厲，所以古人把它與肅殺的秋天相配。⓭召南呂　彈奏起南呂音律。召，招致。引申為彈奏起某種音調。南呂，古代音樂十二律之一。這十二律是黃鐘、大呂、太簇、夾鐘、姑洗、中呂、蕤賓、林鐘、夷則、南呂、亡射、應鐘。古人又把十二律同十二月相配。南呂與陰曆八月相配。⓮角絃　角音弦。角為五音之一，與春天相配。⓯激夾鐘　彈奏起夾鐘音律。夾鐘與陰曆二月相配。⓰發榮　開花。⓱羽絃　羽音弦。羽為五音之一，與冬天相配。⓲黃鐘　黃鐘律，與陰曆十一月相配。⓳暴沍　突然冰凍。沍，結冰。⓴徵絃　徵音弦。徵為五音之一，與夏天相配。㉑蕤賓　蕤賓律，與陰曆五月相配。㉒命宮　彈奏起宮音弦。命，任命；使用。引申為彈奏。宮，五音之一。㉓總四絃　綜合彈起商、角、羽、徵四弦。㉔景風　祥和的風。㉕慶雲　吉慶的彩雲。㉖甘露　甘甜的露水。㉗澧泉　甜美的泉水。澧，通「醴」。甜酒。㉘撫心高蹈　手撫著胸膛跳了起來。㉙微　精妙。㉚師曠之清角　春秋時的著名樂師師曠曾為晉平公演奏清角樂調，樂聲召來了白雲、狂風、暴雨和地震。㉛鄒衍之吹律　鄒衍是戰國時期的思想家，傳說他吹奏樂律，使北方荒涼之地開始長出莊稼。㉜從子之後　跟在您的後面向您學習了。

【語　譯】瓠巴彈奏的琴聲，能使飛鳥起舞游魚歡躍。鄭國的師文聽說有這樣的事情，便離開家庭去拜樂師師襄為師。他確定音位，調整琴弦，整整學了三年卻演奏不出一個樂章。師襄說：「你可以回家了。」師文放下琴，嘆口氣說：「我並非不會調整琴弦，也不是不能彈奏一個樂章。我所考慮的並不在於琴弦，我所嚮往的也不在於音樂。我在內心裡還沒有醞釀成熟，所以外面就不能在樂器上反映出來。因此我就不敢貿然動手去撥弄琴弦。請再寬容我一段時間，看看我以後的學習情況吧！」沒過多長時間，師文去見師襄。師襄問：「你的琴彈得如何了？」師文說：「已經學會了。讓我試著彈彈吧！」於是，正當春天的時候，他撥動商音弦，彈奏起與八月相配的南呂樂律，隨著琴聲突然颳起涼爽的秋風，草木都結出了果實。到了秋天，他撥動角音弦，彈奏起與二月相配的夾鐘樂律，於是溫暖的春風徐徐吹拂，綠樹青草都開出了鮮花。到了夏天，他撥動羽音弦，彈奏起與十一月相配的黃鐘樂律，於是霜雪交加，河流與池塘全部冰凍。到了冬天，他撥動徵音弦，彈奏起與五月相配的蕤賓樂律，於是陽光熾熱，堅硬的冰塊迅速融化。樂曲快要結束的時候，他撥動宮音弦，同時綜合演奏商、角、羽、徵四弦，於是祥和的暖風徐徐吹起，吉慶的彩雲慢慢飄來，甘甜的露水從天上落下，甜美的泉水從地下湧出。師襄聽了高興得拍著胸膛跳了起來，說：「你的演奏太美妙了！即使是師曠彈奏的清角樂曲，鄒衍吹奏的管樂聲律，也比不上你的演奏，他們將會挾著琴瑟、拿著笙簫跟著你學習的。」

薛譚❶學謳❷於秦青❸，未窮青之技，自謂盡之，遂辭歸。秦青弗止。餞於郊衢❹，撫節❺悲歌，聲振林木，響遏❻行雲。薛譚乃謝❼求反，終身不敢言歸。秦青顧謂其友曰：「昔韓娥❽東之齊，匱❾糧，過雍門❿，鬻歌假食⓫。既去而餘音繞梁欐⓬，三日不絕，左右以其人弗去。過逆旅，逆旅人辱之。韓娥因曼聲⓭哀哭，一里⓮老幼悲愁，垂涕相對，三日不食。遽而追之，娥還，復為曼聲長歌，一里老幼喜躍抃⑮舞，弗能自禁，忘向之悲也。乃厚賂⑯發之。故雍門之人至今善歌哭，效娥之遺聲。」

【章旨】上一章主要講音樂對自然界的影響，而本章緊承上章，主要講音樂對人的影響。

【注釋】❶薛譚　人名。古代善於唱歌的人。❷謳　歌唱。❸秦青　人名。古代善於唱歌的人。❹餞於郊衢　在城外的大路邊為他送行。餞，送行。衢，大路。❺撫節　敲擊著節。節，樂器名。❻遏　阻止。❼謝　道歉。❽韓娥　人名。相傳是韓國的一位女歌手。❾匱　缺乏。❿雍門　齊國的一座城門。⓫鬻歌假食　賣唱求食。鬻，賣。假，借。這裡是「求」或「換取」的意思。⓬欐　棟梁。⓭曼聲　悠長柔和的聲音。曼，悠長而柔和。⓮里　古代的一種行政編制。周代二十五家編為一里。這裡泛指旅店周圍的居民區。⓯抃　鼓掌。⓰厚賂　多多地贈送財物。

【語譯】薛譚在秦青那裡學習唱歌，還沒有完全掌握秦青的歌唱技巧，就自以為已經完全掌握了，於是便告辭回家。秦青也沒有挽留他，就在城外的大路邊為薛譚送行。秦青手敲節板，慷慨悲歌，歌聲震動了樹林，連飄動的雲彩也為他的歌聲而停了下來。薛譚聽了馬上向秦青認錯，並要求返回繼續學習，從此終身也沒敢再說學成回家的話。秦青有一次回頭對他的朋友說：「從前，韓娥到東邊的齊國去，路上把糧食吃完了。經過雍門的時候，就靠賣唱來換取一點食物。她走了以後，她那歌聲的餘音還在室內的棟梁之間久久縈繞，整整過了三天也沒消失，周圍的人還認為她沒有離開呢。在她路過旅店的時候，旅店的人欺辱了她。韓娥痛苦得哭了起來，哭聲悠長柔弱，整個鄉里的老老幼幼聽了都感到悲傷愁苦，相對流淚，整整三天都吃不下東西。人們急忙去追趕韓娥。韓娥返回來以後，又為大家引吭高歌，歌聲悠揚柔和，整個鄉里的老老幼幼聽了無不歡欣雀躍，又鼓掌又跳舞，不能自禁，完全忘掉了先前的悲傷。於是大家贈送給她很多財物，送她上路。所以雍門附近的人至今善於唱歌和哭泣，這都是由於他們倣效了韓娥傳下的聲音的緣故。」

伯牙❶善鼓琴，鍾子期❷善聽。伯牙鼓琴，志在登高山，鍾子期曰：「善哉！峩峩兮❸若泰山！」志在流水，鍾子期曰：「善哉！洋洋兮❹若江河！」伯牙所念，鍾子期必得之。伯牙游於泰山之陰❺，卒❻逢暴雨，止於巖下，心悲，乃援琴而鼓之。初為霖雨❼之操❽，更造崩山之音。曲每奏，鍾子期輒窮其趣❾。伯牙乃舍琴而歎曰：「善哉！善哉！子之聽夫！志想象猶吾心也。吾於何逃聲❿哉！」

【章　旨】本章主要記載了伯牙與鍾子期的高山流水故事，說明只要善於欣賞，就能通過音樂探知作者的思想。

【注釋】❶伯牙　人名。相傳是春秋時期人，善彈琴。❷鍾子期　人名。相傳與伯牙為同時人。❸峩峩兮　高大的樣子。峩，同「峨」。❹洋洋兮　浩大的樣子。❺泰山之陰　泰山的北麓。❻卒　通「猝」。突然。❼霖雨　連綿不斷的大雨。❽操　琴曲的一種。❾趣　旨趣；心思。❿逃聲　隱藏琴聲所表達的旨趣。

【語譯】伯牙善於彈琴，鍾子期善於欣賞琴聲。伯牙彈琴，是想表達攀登高山的情景，鍾子期說：「琴聲真美妙啊！就像那巍峨聳立的泰山一樣。」伯牙又用琴聲描述滔滔流水，鍾子期說：「琴聲真美妙啊！就像那浩浩蕩蕩的長江黃河一樣。」凡是伯牙心中所想的，鍾子期都一定能夠領會到。伯牙有一次在泰山的北麓遊覽，突然遇上暴雨，便躲在一座巖石下面，心裡不免有點悲傷，於是就拿出琴來彈奏。起初他彈奏的是描寫連綿大雨的曲調，接著又彈奏了表示山崩地裂的樂調。每演奏一支曲子，鍾子期便能很快地、全部地領會其中的旨趣。於是伯牙放下琴，感嘆地說：「你的鑑賞力真是太好啦！太好啦！你領會到的情感和想像與我內心所想的一樣。我又怎能隱藏我的琴聲所包含的思想感情呢！」

周穆王西巡狩❶，越崑崙，不至弇山❷反。還，未及中國，道有獻工人❸，名偃師❹。穆王薦❺之，問曰：「若❻有何能？」偃師曰：「臣唯命所試。然臣已有所造，願王先觀之。」穆王曰：「日❼以俱來，吾與若俱觀之。」越日❽，偃師謁見王，王薦之，曰：「若與偕來者何人？」

對曰：「臣之所造能倡者⑨。」穆王驚視之，趣步俯仰，信人⑩也。巧夫鎮其頤⑪，則歌，合律；捧⑫其手，則舞，應節。千變萬化，唯意所適⑬。王以為實人⑭也。與盛姬⑮內御⑯並觀之，技將終，倡者瞬其目⑰而招⑱王之左右侍妾。王大怒，立欲誅偃師。偃師大懾⑲，立剖散倡者以示王，皆傅會⑳革、木、膠、漆、白、黑、丹㉑、青之所為。王諦料㉒之，內則肝膽、心肺、脾腎、腸胃，外則筋骨、支㉓節、皮毛、齒髮，皆假物也，而無不畢具者。合會復如初見。王試廢㉔其心，則口不能言；廢其肝，則目不能視；廢其腎，則足不能步。穆王始悅而歎曰：「人之巧乃可與造化者㉕同功乎！」詔貳車㉖載之以歸。夫班輸㉗之雲梯，墨翟㉘之飛鳶㉙，自謂能之極也。弟子東門賈㉚、禽滑釐㉛聞偃師之巧以告二子，二子終身不敢語藝，而時執規矩㉜。

【章　旨】本章主要是讚美了人的才能，這與道教「我命在我不在天」、對人類自身充滿自信的精神是一致的。

【注　釋】❶巡狩　古代帝王外出視察叫巡狩。❷弇山　山名。即崦嵫山，神話傳說中太陽落下的地方。據其他典籍記載，周穆山曾登上弇山，所以本句中的「不」疑為衍文。❸獻工人　獻藝人。工，技藝。❹偃師　人名。虛構的人物。❺薦　接見。❻若　你。❼日　他日；改天。❽越日　第二天。❾倡者　歌舞藝人。❿信人　真實的人。信，真實。⓫鎮其頤　按一下他的面頰。鎮，壓；按。「鎮」一本作「鎖」。頤，面頰。⓬棒　用棒子敲擊。「棒」一本作「捧」。⓭唯意所適　人讓它做什麼它就做什麼。⓮實人　真人。⓯盛姬　人名。周穆王的寵妃。⓰內御　指嬪妃一類的人。⓱瞬其目　眨眨它的眼睛。這裡指用眼色去勾引別人。⓲招　挑逗；勾引。⓳慴　害怕。⓴傅會　湊合；集合。傅，通「附」。㉑丹　紅色的顏料。㉒諦料　仔細檢查。諦，仔細。料，檢查。㉓支　通「肢」。肢體。㉔廢　除掉。㉕造化者　指產生萬物的大自然。㉖貳車　副車；隨從車輛。㉗班輸　人名。即我國古代著名的建築工匠魯班。姓公輸，名班，春秋時魯國人，據說魯班曾為楚國製造攻城用的長梯，名叫雲梯。㉘墨翟　人名。春秋末戰國初時的著名思想家。㉙飛鳶　飛鷹。相傳墨翟曾用木頭製成飛鷹，能在天上飛翔。㉚東門賈　人名。魯班的弟子。㉛禽滑釐　人名。墨翟的弟子。㉜時執規矩　時常帶著規和矩。規，用來畫圓的工具。矩，用來畫方的工具。這句話意思是說，二人不敢太自信了，做工時總是帶著規矩。

【語　譯】周穆王到西部去巡視，越過崑崙山，但還沒走到弇山就返回了。回來的時候，還沒走到中國國境，路上碰見一位獻藝的人，名字叫偃師。周穆王接見了他，問道：「你有什麼才能呢？」偃師回答說：「無論大王需要什麼，我都可以試一試。不過我已經製造出了一件東西，希望大王先觀賞一下。」周穆王說：「明天你把它帶來，我和你一起觀賞觀賞。」第二天，偃師拜見周穆王，周穆王召見了他，問道：「與你一起來的是什麼人呀？」偃師回答說：「是我製造的歌舞藝人。」周穆王驚奇地看著那個藝人，那藝人或快走緩行，或彎腰昂頭，完全像是個真人。更巧妙的是，按按它的面頰，它就唱起歌來，歌聲合於樂律；敲敲它的手，它就跳起舞來，舞步合於節拍。藝人的動作千變萬化，人想讓它幹什麼，它就能幹什麼。周穆王認為這是一個真實的人，便叫來自己寵愛的盛姬和其他嬪妃一同觀賞它的表演。演出快要結束時，那藝人突然眨著眼睛想勾引周穆王身邊的嬪妃，周穆王大怒，要立即殺死偃師。偃師萬分驚懼，馬上把歌舞藝人拆散給周穆王看，原來那藝人都是用皮革、木頭、樹膠、油漆和白色、黑色、紅色、青色顏料拼湊在一起製造成的。周穆王仔細檢查那藝人，只見它體內有肝膽、心肺、脾腎、腸胃，體外有筋骨、肢節、皮毛、齒髮，全都是假的，但是樣樣都具備。把這些東西合攏在一起，藝人又和從前一樣。周穆王試著去掉它的心臟，藝人嘴巴就不會講話；去掉它的肝臟，藝人的眼睛就不能看見；去掉它的腎臟，藝人的雙腳就不會走路。周穆王這纔高興起來，感嘆地說：「人的技巧竟然能產生與天地自然同樣的功效啊！」於是他命令隨從車輛載上這個歌舞藝人一同回國。魯班曾造出雲梯，墨翟曾造出飛鳶，他們都自認為自己的技能已經達到最高水準了。魯班的弟子東門賈和墨翟的弟子禽滑釐聽說了偃師的技能，就把這件事分別告訴了二位先生，這二位先生便終身不敢誇耀自己的技藝，而且無論何時何地，總是帶著規和矩。

甘蠅❶，古之善射者，彀弓❷而獸伏鳥下。弟子名飛衛❸，學射於甘蠅，而巧過其師。紀昌❹者，又學射於飛衛。飛衛曰：「爾先學不瞬❺，而後可言射矣。」紀昌歸，偃臥❻其妻之機❼下，以目承牽挺❽。二年之後，雖錐末倒眥❾，而不瞬也。以告飛衛。飛衛曰：「未也，亞❿學視而後可。視小如大，視微如著⓫，而後告我。」昌以氂⓬懸虱於牖⓭，南面而望之。旬日之間，浸大⓮也；三年之後，如車輪焉。以覩餘物，皆丘山也。乃以燕角之弧⓯、朔蓬之簳⓰射之，貫⓱虱之心，而懸不絕⓲。以告飛衛，飛衛高蹈拊膺⓳曰：「汝得之矣！」紀昌既盡衛之術，計天下之敵己者，一人而已，乃謀殺飛衛。相遇於野，二人交射，中路⓴，矢鋒相觸而墜於地，而塵不揚。飛衛之矢先窮㉑，紀昌遺㉒一矢，既發，飛衛以棘刺㉓之端扞㉔之，而無差焉。於是二子泣而投弓，相拜於塗，請為父子。尅臂㉕以誓，不得告術於人。

【章旨】本章講學射的過程，有普遍的啟發意義。

【注釋】❶甘蠅　人名。傳說中善於射箭的人。❷彀弓　拉滿弓。這裡指拉弓射箭。❸飛衛　人名。傳說中善於射箭的人。❹紀昌　人名。傳說中善於射箭的人。❺瞬　眨眼。❻偃臥　仰面躺下。❼機　織布機。❽牽

挺　織布機下面的兩隻踏板。織布時，踏板上下運動，用它可以訓練不眨眼。❾錐末倒眥　錐尖刺到眼角。末，尖。倒，通「到」。眥，眼角。❿亞　其次。⓫視微如著　看模糊的目標如同看顯著的目標。微，不明顯。⓬氂牛尾巴上的毛。⓭牖　窗戶。⓮浸大　慢慢變大。浸，慢慢地。⓯燕角之弧　燕國出產的用獸角裝飾的弓。弧，弓。⓰朔蓬之簳　用北方蓬草梗做成的箭。朔，北方。蓬，一種草。簳，箭幹。⓱貫　射穿。⓲懸不絕　用來懸掛虱子的牛毛沒有斷。絕，斷。⓳高蹈拊膺　高高地跳起來，用手拍著胸膛。膺，胸膛。⓴中路　中途；中間。㉑窮　用完。㉒遺　剩下。㉓棘刺　荊棘的利刺。㉔扞　同「捍」。捍衛；抵禦。㉕剋臂　在手臂上刻字。剋，通「刻」。

【語　譯】甘蠅是古時候善於射箭的人，只要他一拉弓射箭，野獸就被射倒在地，飛鳥就被射落下來。他有一位弟子叫飛衛，曾跟著甘蠅學習射箭，而射箭的技巧超過了他的老師。還有一個叫紀昌的人，又跟著飛衛學習射箭。飛衛對他說：「你要先學會不眨眼睛的本領，然後纔談得上學習射箭。」紀昌回到家裡，就仰面躺在他妻子的織布機下，眼睛緊緊盯著織布機的踏板。如此鍛鍊了兩年，即使錐子尖刺到他的眼角，他也不眨一下眼。紀昌把這事告訴飛衛，飛衛說：「這還不行，你必須接著鍛鍊視力纔行。等你能夠看小的目標如同看大的一樣，看模糊的目標如同看明顯的一樣時，再來告訴我。」紀昌就用一根牛毛拴住一隻虱子，吊在窗前，然後天天面向南看著這隻虱子。十天左右，他感到這隻虱子慢慢變大了。三年以後，虱子在他眼裡就如同車輪一般大。再去看看其他東西，全都大得像山丘一樣。於是紀昌就用燕國出產的以獸角裝飾的弓和北方蓬草梗做成的箭向虱子射去，一箭射穿了虱子的心臟，而用來懸掛虱子的牛毛卻沒有斷。紀昌把這件事告訴飛衛，飛衛高興得跳了起來，拍打著胸膛說：「你學會射箭了。」紀昌完全學會飛衛的射箭技術以後，心想，整個天下箭術能同自己相匹敵的，不過只有飛衛一人而已，於是就想謀殺飛衛。他們二人在野外相遇，便張弓搭箭互相對射起來。箭頭在半路上撞擊在一起，紛紛落在地上，卻沒有揚起灰塵。飛衛的箭先射完了，紀昌還剩下一支。紀昌射出這支箭以後，飛衛用一根荊棘的尖端來抵擋飛來的箭，荊棘的尖端絲毫不差地撞擊上了箭頭。於是兩個人激動得流下熱淚，他們扔掉弓，在路上互相跪拜，並結為父子。他們還在手臂上刻下字跡，發誓不再把射箭的技術傳授給別人。

造父❶之師曰泰豆氏❷。造父之始從習御❸也，執禮甚卑❹，泰豆三年不告。造父執禮愈謹，乃告之曰：「古詩言：『良弓❺之子，必先為箕❻；良冶❼之子，必先為裘❽。』汝先觀吾趨❾，趨如吾，然後六轡❿可持，六馬可御。」造父曰：「唯命所從。」泰豆乃立木為塗⓫，僅可容足⓬。計步而置，履之而行。趣走往還，無跌失⓭也。造父學之三日，盡其巧。泰豆歎曰：「子何其敏也，得之捷⓮乎！凡所御者，亦如此也。曩汝之行，得之於足，應之於心。推⓯於御也，齊輯⓰乎轡銜⓱之際，而急緩乎脣吻之和⑱；正度⑲於胷臆之中，而執節⑳乎掌握之間㉑。內得於中心，而外合於馬志㉒，是故能進退履繩㉓而旋曲㉔中規矩㉕，取道致遠㉖而氣力有餘，誠得其術也。得之於銜，應之於轡；得之於轡，應之於手；得之於手，應之於心㉗。則不以目視，不以策㉘驅，心閑體正㉙，六轡不亂，而二十四蹄㉚所投無差，迴旋進退，莫不中節㉛。然後輿輪之外可使無餘轍㉜，馬蹄之外可使無餘地㉝，未嘗覺山谷之嶮，原隰之夷㉞，視之一也。吾術窮矣，汝其識㉟之！」

【章旨】本章以造父學御為喻，說明「心」在學習中佔有最重要的位置。

【注釋】❶造父　人名。傳說中善於駕車的人。❷泰豆氏　人名。傳說中善於駕車的人。❸習御　學習駕車。❹卑　謙恭。❺良弓　善於造弓的人。❻為箕　編織竹器。為，編織。箕，簸箕。這裡泛指竹器。❼良冶　優秀的冶煉工匠。❽為裘　縫製皮衣。古詩中的話是說，要想學好自己的專業，必須先從有關的事情上練習起。❾趣　通「趨」。快走。❿六轡　六條馬韁繩。⓫立木為塗　立起一根根木樁作為道路。⓬容足　指木樁上只夠放下一隻腳。⓭跌失　從木樁上跌下來。⓮得之捷　學得快。⓯推　類推。⓰齊輯　和協；協調。輯，和協。⓱銜　馬嚼子。⓲急緩乎脣吻之和　車子行走得快慢與吆喝聲相應和。脣吻，指吆喝。⓳正度　正確的節度；適當的分寸。⓴執節　掌握適當的節奏。㉑掌握之間　指手掌間握著的韁繩和馬鞭。㉒馬志　馬的願望。㉓履

繩　車走一條直線。繩，木匠使用的墨繩，用來畫直線的工具。這裡指筆直的路線。㉔旋曲　旋轉。㉕中規矩　合乎一定法則。規矩，原指畫圓和方的兩種工具，這裡引申為法則。㉖取道致遠　登上路途，到遠方去。㉗得之於銜六句　這六句的大意是，馬嚼子掌握得好壞，關鍵在於繮繩；繮繩掌握得好壞，關鍵在於手；手掌握得好壞，關鍵在於心。反過來，駕車人的心控制手，手控制繮繩，繮繩控制馬嚼子。㉘策　馬鞭子。㉙心閑體正　內心安閒，坐姿端正。這是描寫駕車人從容不迫的樣子。㉚二十四蹄　指駕車的六匹馬。㉛中節　符合節度。㉜輿輪句　在僅僅能容下車輪的狹窄道路上行走。㉝馬蹄句　在僅僅能容下馬蹄的險要道路上行走。㉞原隰之夷　平原道路的平坦。隰，低濕的地方。此處指平原。夷，平坦。㉟識　記住。

【語　譯】造父的老師名叫泰豆氏。造父剛開始跟隨他學習駕車的時候，對老師的禮節十分恭敬，然而三年過去了，泰豆什麼也沒有告訴他。造父的禮節更加謙恭，泰豆這纔對他說：「古詩說：『優秀製弓人的兒子，必定要先學習編織竹器；優秀打鐵匠的兒子，必定要先學習縫補皮衣。』你先觀摩我走路的步法，等你和我走得一樣了，然後就可以手握六根繮繩，駕御六匹駿馬了。」造父說：「一切聽從您的安排。」於是泰豆就立起一根根木樁作為道路，木樁的上端只能放下一隻腳。木樁是經過計算步距以後安置的，然後踩著木樁行走。泰豆在木樁上來回快速奔走，既不會摔下來，也從無其他失誤。造父學習了三天，完全掌握了這種技巧。泰豆讚嘆說：「你多麼聰明啊，學得多快呀！大凡駕馭馬車，道理也同這一樣。剛纔你在木樁上行走，落腳抬步得當，關鍵還在於你的心掌握得好。可以把這一技巧類推到駕車上去。車子要走得平穩協調，關鍵在於繮繩和馬嚼子這兩種東西；而車子走得快慢，關鍵則在於嘴巴的吆喝；胸中要保持適當的分寸，手中要掌握一定的節奏。在自己的心中要有成熟的技巧和計劃，而在外面還要符合馬的意願，如此纔能做到在車子進退時走一條直線，在車子旋轉時符合一定的規矩，登上道路奔馳到遠方，還會有剩餘的力氣，這纔算是真正掌握了駕車的技術。要想掌握好馬嚼子，關鍵在於掌握馬繮繩；要想掌握好馬繮繩，關鍵在於掌握手臂的動作；要想掌握好自己的手臂，關鍵在於自己的心。技術嫻熟後就可以在駕車時不用眼睛觀看，不用鞭子驅趕，心情安閑，坐姿端正，而六條繮繩被掌握得井然有序，二十四隻馬蹄所踏的地方無絲毫差誤，車子或旋轉或進退，無不符合人的節度。做到這些，就可以使車輛在僅僅能容下車輪的狹窄道路上行駛，使馬匹在僅僅能容下馬蹄的險要道路上奔跑，而駕車人根本不會感到高山深谷有什麼危險，也感覺不到平原道路的平坦，在他看來都是一樣的。我的駕車技術已經講完了，你一定要記住！」

魏黑卵❶以暱嫌❷殺丘邴章❸。丘邴章之子來丹❹謀報父之讎。丹氣甚猛，形甚露❺，計粒而食，順風而趨❻。雖怒，不能稱兵❼以報之。恥假力❽於人，誓手劍以屠黑卵。黑卵悍志絕眾❾，力抗百夫。筋骨皮肉，非人類也。延頸承刃❿，披胸⓫受矢，鋩鍔摧屈⓬，而體無痕撻⓭。負其才力，視來丹猶雛鷇⓮也。來丹之友申他⓯曰：「子怨⓰黑卵至矣，黑卵之易⓱子過矣，將奚謀焉？」來丹垂涕曰：「願子為我謀。」申他曰：

「吾聞衛孔周[18]其祖得殷帝[19]之寶劍，一童子服之，却[20]三軍[21]之眾，奚不請焉？」來丹遂適衛，見孔周，執僕御[22]之禮，請先納[23]妻子，後言所欲。孔周曰：「吾有三劍，唯子所擇；皆不能殺人，且先言其狀。一曰含光，視之不可見，運[24]之不知其有，所觸也，泯然無際[25]，經物而物不覺。二曰承影，將旦昧爽[26]之交，日夕昏明之際[27]，北面而察之，淡淡焉[28]若有物存，莫識其狀，其所觸也，竊竊焉[29]有聲，經物而物不疾[30]也。三曰宵練，方晝則見影而不見光，方夜見光而不見形，其觸物也，騞然[31]而過，隨過隨合，覺疾而不血刃[32]焉。此三寶者，傳之十三世矣，而無施[33]於事，匣而藏之，未嘗啟封。」來丹曰：「雖然，吾必請其下者[34]。」孔周乃歸其妻子，與齋[35]七日。晏陰之間[36]，跪而授其下劍，來丹再拜[37]受之以歸。來丹遂執劍從[38]黑卵。時黑卵之醉偃牖下[39]，自頸至腰三斬之，黑卵不覺。來丹以黑卵之死，趣而退。遇黑卵之子於門，擊之三下，如投虛[40]。黑卵之子方笑曰：「汝何蚩[41]而三招予？」

來丹知劍之不能殺人也，歎而歸。黑卵既醒，怒其妻曰：「醉而露我㊷，使我嗌疾㊸而腰急㊹。」其子曰：「疇昔㊺來丹之來，遇我於門，三招我，亦使我體疾而支彊㊻。彼其厭㊼我哉！」

【章旨】本章用三劍的事例進一步證明天地間存在著許多不可思議的事情，大自然的奧秘是無窮的。

【注釋】❶黑卵　人名。傳說中的人物。❷暱嫌　私恨。❸丘邴章　人名。傳說中的人物。❹來丹　人名。傳說中的人物。❺形甚露　身體非常瘦弱。露，羸弱。❻順風而趨　只能順著風行走。趨，通「趨」。行走。❼稱兵　舉起兵器。❽假力　借別人的力量。假，借。❾悍志絕眾　性情凶悍，超過常人。❿延頸承刃　伸著脖子接受刀砍。延，伸長。承，接受。⓫披胷　敞開胸膛。⓬鋋鍔摧屈　刀箭上的鋒刃折斷彎曲。鋋鍔，兵器上的鋒刃。摧，斷。屈，彎曲。⓭痕撻　當為「撻痕」。打傷的痕跡。⓮雛轂　小雞小鳥。轂，需要哺養的小鳥。⓯申他　人名。傳說中的人物。⓰怨　痛恨。⓱易　輕視。⓲孔周　人名。傳說中的人物。⓳殷帝　商朝的帝王。⓴卻　打退。㉑三軍　春秋時期，比較大的國家一般有上、中、下三軍。㉒僕御　僕人和馬車夫。這裡泛指下等人。㉓納　獻上。㉔運　揮動。㉕泯然無際　沒有任何縫痕。泯然，什麼也看不到的樣子。際，縫痕。㉖將旦昧爽　在天快要亮而未完全亮的時候。昧，昏暗。爽，明亮。㉗日夕昏明之際　天快要黑了但還未完全黑的時候。㉘淡淡焉　隱隱約約、恍惚不清的樣子。㉙竊竊焉　擬聲詞。聲音不大但很清晰的樣子。㉚疾　病痛。㉛騞然　東西被刀砍開的聲音。㉜不血刃　刀口上不沾血跡。㉝無施　沒有使用。㉞下者　最下等的劍。㉟齋齋戒。㊱晏陰之間　半晴半陰的時候。晏，晴朗。㊲再拜　連拜了兩次。再，兩次。㊳從　跟蹤。㊴醉偃牖下　喝醉後仰躺在窗下。偃，仰躺。㊵投虛　刺在空中。㊶蚩　愚蠢；傻乎乎。㊷露我　讓我不蓋被子露身在外。㊸嗌疾　喉嚨疼痛。嗌，喉嚨。㊹腰急　腰部不舒服。急，困迫；不舒服。㊺疇昔　剛纔。㊻支彊　四肢僵硬。支，通「肢」。彊，僵硬。㊼厭　即「厭勝」。古代的一種迷信活動，用詛咒等巫術去制服別人。

【語　譯】魏國的黑卵因為私仇而殺死了丘邴章。丘邴章的兒子來丹一心要為父親報仇。來丹的勇氣很大，但身體非常瘦弱，數著米粒吃飯，順著風勢纔能行走。雖然很奮勇，卻不能拿起兵器去報仇。他又恥於借用別人的力量，發誓要親手用劍殺死黑卵。黑卵的性情凶悍無比，一人的力氣大得抵上百人。他的筋骨皮肉，長得與一般人不同。他伸長脖子任憑別人用刀砍殺，袒露胸膛任憑別人用箭射擊，刀劍砍斷了，箭桿射彎了，而他的身體上不會留下一點傷痕。黑卵倚仗著自己的才能和力氣，視來丹如同小雞小鳥一般。來丹的朋友申他對來丹說：「你對黑卵痛恨到了極點，黑卵對你也輕視得太過分了，你有什麼打算嗎？」來丹流著眼淚說：「希望你能為我出點主意。」申他說：「我聽說衛國人孔周的祖先曾得到商朝帝王的寶劍，由一個小孩佩戴著這劍，就可以打退整個強國的軍隊，你為什麼不去請他幫忙呢？」於是來丹就到了衛國，拜見了孔周，行的是奴僕對待主人的禮節，並且請求先獻上自己的妻子兒女，然後再講自己的要求。孔周說：「我有三把寶劍，任你選擇一把。這三把寶劍都不能殺死人，讓我先談談它們的特點吧！第一把名叫含光，看它又看不見，揮動它又感覺不到它的存在，它劈砍過的東西，不會留下絲毫的縫痕，劍鋒劈過身體，而身體沒有一點感覺。第二把叫承影，在早晨天快亮而還沒亮之時，在傍晚天快黑還沒黑之際，面向北仔細觀察，就會看見它隱隱約約、若有若無的影子，但不能看清它的形狀。它劈砍東西的時候，能發出一種輕微但很清晰的聲音，劍鋒劈過身體，而身體感覺不到病痛。第三把叫宵練，白天只能看見它的影子而看不見它的光芒，夜晚只能看見它的光芒而看不見它的影子。用它劈砍東西，嘩的一聲就劈過去了，劍鋒過後，傷口馬上就會合攏，被劈的身體會感覺到病痛，但劍刃上不會沾染血跡。這三把寶劍，已經流傳十三代人了，而從來沒有用過，裝在匣子裡收藏著，還沒有啟封哩。」來丹說：「雖然這麼多好劍，但我請求您一定送我那把最下等的劍吧！」於是孔周歸還了來丹的妻子兒女，又與來丹一起齋戒了七天。然後在一個半晴半陰的天氣裡，孔周跪在地上，把那把最下等的劍交給來丹。來丹連著拜了兩拜，接過寶劍回家去了。於是來丹就提著寶劍跟蹤黑卵。有一次黑卵喝醉後仰面躺在窗下，來丹就在他身上從脖子到腰部連砍三劍，黑卵一點也沒感覺。來丹以為黑卵已經死了，趕快跑開。在門口又碰上黑卵的兒子，來丹朝他連劈三下，就好像劈在虛空裡一樣。黑卵的兒子一邊笑一邊問道：「你為什麼這樣傻乎乎的向我連招三次手呢？」來丹這纔知道這把寶劍是不能殺死人的，只得嘆著氣回家去了。黑卵醒來以後，對老婆發怒說：「我喝醉了，你就什麼也不給我蓋，害得我喉嚨疼，腰也不舒服。」他的兒子說：「剛纔來丹來過，在門口碰見我，向我招了三次手，也使我感到身體疼痛而四肢僵直。這傢伙一定使用什麼巫術來害我們了。」

周穆王大征西戎❶，西戎獻錕鋙❷之劍，火浣之布❸。其劍長尺有咫❹，練鋼赤刃❺，用之切玉如切泥焉。火浣之布，浣之必投於火，布則火色，垢則布色。出火而振之，皓然❻疑❼乎雪。皇子❽以為無此物，傳之者妄。蕭叔❾曰：「皇子果於自信❿，果於誣理⓫哉？」

【章　旨】本章用錕鋙劍、火浣布的存在，說明世間無奇不有，不可隨意斷定沒有親眼見過的東西就不存在。著名道士葛洪在論證神仙實有時，曾多次引用火浣布的故事。

【注　釋】❶西戎　古人對西方少數民族的總稱。❷錕鋙　劍名。❸火浣之布　石棉布。由於這種布可以用火燒的辦法除去污垢，故名火浣布。浣，洗。❹咫　古代長度單位，八寸為咫。❺練鋼赤刃　經過百煉的鋼製成，劍刃是純鋼。練，通「煉」。赤，純淨沒有雜質。❻皓然　潔白的樣子。❼疑　通「擬」。比擬；類似。❽皇子　皇太子。所指何人不詳。歷代注家認為是曹操之子曹丕。曹丕曾否認火浣布的存在，並寫入《典論》，後不久有人獻上火浣布，曹丕為此感慨不已。道士葛洪將此事記入《抱朴子．內篇》，並以此為例，勸告世人不要否認神仙的存在。❾蕭叔　人名。生平不詳。❿果於自信　堅信個人的主觀判斷。果，果斷；固執。⓫誣理　歪曲事實。理，真理。這裡指確實存在的事實。

【語　譯】周穆王大舉征伐西戎的時候，西戎獻上了錕鋙劍和火浣布。錕鋙劍長一尺八寸，用百煉之鋼製成，劍刃全是純鋼。用它切割玉石，就如同切割泥土一樣。還有火浣布，要想洗淨它，就必須把它放入火裡燒，把布燒成火紅色，而污垢則呈現出布的顏色。從火中取出後抖一抖，布就乾淨潔白得如同白雪一樣。皇太子認為不存在這樣的東西，是傳話人的胡言亂語。蕭叔說：「皇太子實在固執自己的主觀判斷，實在過分歪曲事實真相。」

力命第六

【題解】本篇比較集中地討論了人力與命運的關係問題。作者認為，雖然人們都在進行著各種不同的人事努力，但最後決定一個人壽夭貴賤的是命運。作者所說的命運，不是人格化上帝的意志，而是某種不可抗拒的必然性。這種命運觀否認了上帝的力量，並注意揭露社會上「窮聖而達逆，賤賢而貴愚，貧善而富惡」的不合理現象，這都是其可取的地方。但過分強調命運，勢必會貶低人力的作用，這當然並不完全符合客觀現實。作者強調命運決定一切，其主觀目的是要人們做到知命不憂，在任何生活境況裡，都能保持一種相對的心理平衡。

力❶謂命❷曰：「若❸之功奚若我哉？」命曰：「汝奚功於物而欲比朕？」力曰：「壽夭、窮達、貴賤、貧富，我力之所能也。」命曰：「彭祖❹之智，不出堯舜之上，而壽八百；顏淵之才，不出眾人之下，而壽四八❺。仲尼之德，不出諸侯之下，而困於陳蔡❻；殷紂之行，不出三仁❼之上，而居君位。季札❽無爵於吳，田恒❾專有齊國。夷、齊❿餓于首陽⓫，季氏⓬富於展禽⓭。若是汝力之所能，奈何壽彼而夭此，窮聖而達逆⓮，賤賢而貴愚，貧善而富惡邪？」力曰：「若如是言，我固無功於物，而物若此邪，此則若之所制邪？」命曰：「既謂之命，奈何有制之者邪？朕直而推之⓯，曲而任之。自⓰壽自夭，自窮自達，自貴自賤，自富自貧。朕豈能識之哉！朕豈能識之哉！」

【章旨】本章認為，人的一生遭遇是自然而然形成的，既非某種神秘力量的主使，也非人力所能控制。

【注釋】❶力　人力。本章把「力」和「命」人格化了，作者採用擬人的手法，假借它們的對話，表達自己的思想。❷命　命運。❸若　你。下一個「若」字解釋為如、似。❹彭祖　人名。傳說中的長壽者，據說他活了八百歲，為道教神仙之一。❺壽四八　活了三十二歲。❻困於陳蔡　在陳、蔡兩國受困。陳，國名，在今河南省淮陽縣和安徽省亳縣一帶。蔡，國名，在今河南省新蔡縣一帶。孔子曾應楚王的邀請前去楚國，陳、蔡兩國當政者認為孔子去楚國後對自己不利，便派兵把孔子圍困在陳、蔡之間的荒野裡。後來楚國派兵來為孔子解了闔。❼三仁　三位仁者。指商朝末年的微子、箕子、比干。微子是商紂王的庶兄，多次勸諫紂王，紂王不聽，後出走。箕子是商紂王的叔父，因勸諫紂王被囚，周武王滅商後獲釋。比干是商紂王的叔父，因反對商紂王的暴行被剖心而死。❽季札　人名。又稱公子札。春秋時吳王諸樊的弟弟，多次辭讓君位，以賢能著稱。❾田恒　人名。又叫田常、田成子。春秋時齊國大臣，他多方收買人心，擴充勢力。後殺死齊簡公，專擅齊國的權力。❿夷齊　伯夷和叔齊。他們是商末孤竹國君的兩個兒子，兩人互讓王位，後一同為讓王位而逃往周。周武王滅商後，二人認為武王是犯上作亂，堅決不吃周國的糧食，最後兩人餓死在首陽山。⓫首陽　山名。在今山西省境內。⓬季氏　即季孫氏，春秋後期掌握魯國政權的貴族。⓭展禽　人名。即柳下惠，春秋時魯國大夫，以賢能著稱。⓮達逆　讓叛逆者顯達。逆，叛逆者。⓯直而推之　對於正直的人我就由其發展。推，與下句中的「任」同義，都是任其發展的意思。⓰自　自然而然。

【語　譯】人力對命運說：「你的功勞同我的功勞相比，如何啊？」命運說：「你對萬事萬物有什麼功勞，怎麼能同我相比？」人力說：「無論是長壽還是短命，是窮困還是顯達，是尊貴還是低賤，是貧窮還是富有，這些都是我的力量能夠做到的。」命運說：「彭祖的智慧不比堯、舜高，卻活了八百歲；顏淵的才能不比一般人低，而只活了三十二歲。孔子的品德在諸侯王之上，卻受困於陳、蔡之間的荒野裡；商紂王的德行在微子、箕子、比干三位仁人之下，卻當上了君主。賢良的季札在吳國沒有爵位，狡詐的田恒在齊國卻獨掌權柄。講仁義的伯夷和叔齊餓死在首陽山上，而驕橫的季氏比賢能的展禽還富有。假如這些都是你的力量所能夠做到的，那麼你為什麼要讓彭祖長壽而讓顏淵短命，讓聖人窮困而讓叛逆者顯達，讓賢能的人低賤而讓愚蠢的人尊貴，讓善良的人貧窮而讓邪惡的人富有呢？」人力說：「如果像你所說的那樣，我的確對萬事萬物沒有什麼功勞，然而萬事萬物處於如此狀態，難道都是由你在控制著嗎？」命運說：「既然把這些情況叫作命運，怎麼能說還有什麼東西在控制著它們呢？對於正直的人，我任其自由發展；對於邪惡的人，我同樣任其自由發展，他們都是自然而然的長壽，自然而然的短命；自然而然的窮困，自然而然的顯達；自然而然的尊貴，自然而然的低賤；自然而然的富有，自然而然的貧窮。我怎麼能夠知道其中的原因呢！我怎麼能夠知道其中的原因呢！」

北宮子❶謂西門子❷曰：「朕與子並世❸也，而人子達❹；並族也，而人子敬；並貌也，而人子愛；並言也，而人子庸❺，並行也，而人子誠；並仕也，而人子貴；並農也，而人子富；並商也，而人子利。朕衣則短褐❻，食則粢糲❼，居則蓬室❽，出則徒行。子衣則文錦❾，食則粱肉，居則連欐❿，出則結駟⓫。在家熙然⓬有棄朕之心，在朝諤然⓭有敖朕⓮之色。請謁不相及⓯，遨遊不同行，固有年矣。子自以德過朕邪？」西門子曰：「予無以⓰知其實。汝造事而窮⓱，予造事而達，此厚薄之驗⓲歟？而皆謂與予並，汝之顏厚⓳矣。」北宮子無以應，自失而歸。

中塗遇東郭先生⑳，先生曰：「汝奚往而反㉑，偊偊㉒而步，有深愧之色邪？」北宮子言其狀。東郭先生曰：「吾將舍汝之愧㉓，與汝更之㉔西門氏而問之。」曰：「汝奚辱北宮子之深乎？固且㉕言之。」西門子曰：「北宮子言世族、年貌、言行與予並，而賤貴、貧富與予異。予語之曰：『予無以知其實。汝造事而窮，予造事而達，此將厚薄之驗歟？而皆謂與予並，汝之顏厚矣。』」東郭先生曰：「汝之言厚薄，不過言才德之差。吾之言厚薄異於是矣。夫北宮子厚於德，薄於命；汝厚於命，薄於德。汝之達，非智得㉖也，北宮子之窮，非愚失也。皆天㉗也，非人也。而汝以命厚自矜㉘，北宮子以德厚自愧，皆不識夫固然之理㉙矣。」西門子曰：「先生止矣！予不敢復言。」北宮子既歸，衣其短褐，有狐貉㉚之溫；進其茙菽㉛，有稻粱之味；庇其蓬室，若廣廈之蔭；乘其篳輅㉜，若文軒之飾㉝。終身逌然㉞，不知榮辱之在彼、在我也。東郭先生聞之曰：「北宮子之寐㉟久矣，一言而能寤，易悟也哉！」

【章　旨】本章旨在說明，一個人的貧富窮達，全由命運決定，並讚美了知命不憂的人。

【注　釋】❶北宮子　人名。作者虛構的人物。❷西門子　人名。作者虛構的人物。❸並世　同一個時代。❹人子達　人們讓你有顯達的地位。「人子達」即「人達子」。下文中的「人子敬」、「人子愛」等句式與此同。❺庸　通「用」。指聽從他的話。❻短褐　粗布衣服。短，通「裋」。粗布衣。❼粢糲　粗劣的飯。粢，一種粗糧。糲，粗米。❽蓬室　草房。蓬，一種草名。這裡泛指草。❾文錦　華麗的絲綢。文，通「紋」。花紋。❿連欐　高樓大廈。欐，屋棟；梁柱。⓫結駟　四匹馬拉的車。⓬熙然　快樂的樣子。⓭諤然　直言直語的樣子。這裡引申為高談闊論的樣子。⓮敖朕　輕慢我。敖，通「傲」。傲慢。⓯請謁不相及　拜訪時也不到我那裡去。請謁，拜訪。⓰無以　沒有辦法。⓱造事而窮　辦事總是困難重重。造，做。窮，困窘。⓲厚薄之驗　德才多少的證明。⓳顏厚　臉皮厚。⓴東郭先生　人名。一位隱士。㉑反　通「返」。回來。㉒偊偊　獨自行走、無精打彩的樣子。㉓舍汝之愧　消除你的羞愧。舍，捨棄；消除。㉔更之　再去。㉕固且　姑且。固，通「姑」。㉖非智得　不是靠智慧獲得的。㉗天　這裡指命運。㉘自矜　自傲。㉙固然之理　本來就存在的道理。㉚狐貉　兩種獸名。這裡指用狐皮和貉皮做的衣服。以下數句是描寫北宮子懂得命運以後的生活感受。㉛進其茙菽　吃他的大豆粗糧。進，吃。茙菽，大豆。㉜篳輅　用荊條竹桿編製的車。又叫柴車。篳，荊條竹木之類的東西。輅，車子。㉝文軒之飾　裝飾華貴的車子。文，通「紋」。花紋。㉞逌然　舒適自得的樣子。㉟寐　睡覺。這裡指不懂命運之理，就像生活在夢中一樣。

【語　譯】北宮子對西門子說：「我與你生活在同一個時代裡，而人們卻讓你顯達；我與你同屬一個家族，而人們卻尊敬你；我與你的容貌差不多，而人們卻喜歡你；我與你講同樣的話，而人們卻只採用你的意見；我與你做同樣的事情，而人們只信任你；我與你一起做官，而人們卻只讓你尊貴；我與你一起務農，而人們只讓你富有；我與你一起經商，而人們只讓你獲利。我穿的是粗布衣裳，吃的是粗米雜糧，住的是茅棚，出門靠步行。而你穿的是綾羅綢緞，吃的是細糧魚肉，住的是高樓大廈，外出有駟馬大車。在家裡你怡然自得，有鄙棄我的想法；在朝廷你高談闊論，有輕視我的神情。拜訪從不登我家的門，遊樂從不與我同行，這種情形已經有許多年了。你自以為你的德行勝過我嗎？」西門子回答說：「我無法知道其實際原因。你辦事總是困難重重，我辦事總是非常順利，這大概就是你我的德才有好有壞的證明吧？而你卻說一切都與我相同，你的臉皮也太厚了。」

北宮子無話回答，只得精神恍惚地回家去了。走到半路，遇見了東郭先生。東郭先生問：「你從哪裡回來的？為什麼一個人悶悶不樂地走著、滿臉的羞愧呢？」北宮子就把剛纔的事情告訴了他。東郭先生說：「我將消除你的羞愧，我與你一起再去西門子那裡問個明白。」東郭先生問西門子說：「你為什麼這樣過分地污辱北宮子呢？你姑且再講講你的道理。」西門子說：「北宮子講他處的時代、家族、年齡、容貌、言語、行為都與我相同，但貴賤、貧富卻與我不一樣。我告訴他說：『我無法知道其中的實際原因。你辦事總是困難重重，我辦事總是非常順利，這大概就是你我的德才有好有壞的證明吧？而你卻說一切都與我相同，你的臉皮也太厚了。』」東郭先生說：「你所講的有好有壞，不過是就才能與品德的差異而言。我所講的有好有壞和你講的不一樣。北宮子好的是品德，壞的是命運；而你好的是命運，壞的是品德。你的顯達，不是靠智慧獲得的；北宮子的窮困，不是他愚笨的過失。這都是命運造成的，並非人力所能做到。而你卻因命運好而得意洋洋，北宮子品德高尚卻要羞愧無比。這都是因為不懂得本來就存在的道理的緣故。」西門子說：「先生不要再講了，我再也不敢誇口了。」

北宮子回家以後，穿上他的粗布衣，如同穿狐貉皮衣一樣溫暖；吃著他的大豆飯，如同吃稻米細糧一樣香甜；住在他的茅棚裡，如同住高樓大廈一樣舒適；坐在他的柴車上，如同坐豪華車輛一樣高興。終身其樂融融，根本沒有考慮榮耀和恥辱是在別人身上，還是在自己身上。東郭先生知道了，說：「北宮子糊裡糊塗地生活在夢中很久很久了，一番話就能使他醒悟過來，他真是容易醒悟的人啊！」

管夷吾❶、鮑叔牙❷二人相友甚戚❸，同處於齊。管夷吾事公子糾❹，鮑叔牙事公子小白❺。齊公族❻多寵，嫡庶並行❼。國人懼亂。管仲與召忽❽奉公子糾奔魯，鮑叔奉公子小白奔莒❾。既而公孫無知❿作亂，齊無君，二公子爭入⓫。管夷吾與小白戰於莒道⓬，射中小白帶鉤⓭。小白既立，脅魯殺子糾，召忽死之⓮，管夷吾被囚。鮑叔牙謂桓公曰：「管夷吾能，可以治國。」桓公曰：「我讎也，願殺之。」鮑叔牙曰：「吾聞賢君無私怨，且人能為其主，亦必能為人君。如欲霸王⓯，非夷吾其弗可。君必舍之！」遂召管仲。魯歸之齊，鮑叔牙郊迎，釋其囚[16]。桓公禮之，而位於高、國[17]之上，鮑叔牙以身下之，任以國政，號曰仲父。桓公遂霸。管仲嘗歎曰：「吾少窮困時，嘗與鮑叔牙賈[18]，分財多自與[19]，鮑叔不以我為貪，知我貧也。吾嘗為鮑叔謀事而大窮困，鮑叔不以我為愚，知時有利不利也。吾嘗三仕三見逐[20]於君，鮑叔不以我為不肖[21]，知我不遭時也。吾嘗三戰三北[22]，鮑叔不以我為怯，知我有老母也。公子糾敗，召忽死之，吾幽囚[23]受辱，鮑叔不以我為無恥[24]，知我不羞小節而恥名不顯於天下也。生我者父母，知我者鮑叔也！」此世稱管、鮑善交者，小白善用能者。然實無善交，實無用能也。實無善交、實無用能者，非更有善交、更有善用能也。召忽非能死，不得不死；鮑叔非能舉賢，不得不舉；小白非能用讎，不得不用。及管夷吾有病，小白問之曰：「仲父之病病[25]矣，可不諱云[26]，至於大病[27]，則寡人惡乎屬國[28]而可？」夷吾曰：「公誰欲歟？」小白曰：「鮑叔牙可。」曰：「不可。

其為人潔廉善士也，其於不己若者不比㉙之人，一聞人之過，終身不忘。使之理國，上且鉤㉚乎君，下且逆乎民。其得罪於君也，將弗久矣。」小白曰：「然則孰可？」對曰：「勿已㉛，則隰朋可。其為人也，上忘㉜而下不叛，愧其不若黃帝而哀不己若者。以德分人謂之聖人，以財分人謂之賢人。以賢臨人㉝，未有得人者也；以賢下人㉞者，未有不得人者也。其於國有不聞㉟也，其於家㊱有不見也。勿已，則隰朋可。」然則管夷吾非薄鮑叔也，不得不薄；非厚隰朋也，不得不厚。厚之於始，或薄之於終；薄之於終，或厚之於始。厚薄之去來，弗由我也。

【章旨】本章用管仲和鮑叔牙的故事說明人的一切遭遇，都是由命運決定的。

【注釋】❶管夷吾　人名。即春秋時期齊國的著名政治家管仲。❷鮑叔牙　人名。春秋時期齊國大夫。❸甚戚　非常親近。❹公子糾　人名。齊襄公的弟弟，齊桓公的兄長。❺公子小白　人名。即後來的齊桓公。❻公族　國君的同族。❼嫡庶並行　嫡出的和庶出的人地位平等。在中國古代，正妻生的兒女叫嫡出，妾媵所生的兒女叫庶出，正妻的兒女地位高於妾媵的兒女。❽召忽　人名。齊國的大夫。❾莒　國名。在今山東省境內。❿公孫無知　人名。齊釐公同母弟夷仲年的兒子，曾殺死齊襄公，謀奪君位。後失敗被殺。⓫二公子爭入　公子糾與公子小白爭著回齊國當君主。入，指進入齊國。⑫莒道　莒國的道路上。⑬帶鉤　繫腰帶的小鉤。多用金玉為之。⑭死之　為公子糾自殺而死。⑮霸王　稱霸稱王。這裡主要指稱霸主。⑯釋其囚　解除對他的囚禁。⑰高國　指齊國當政的高氏、國氏兩大家族。⑱賈　經商。⑲分財多自與　分錢財時給自己多分一些。⑳三見逐　三次被趕走。見，被。逐，驅逐。㉑不肖　不賢能。㉒北　敗逃。㉓幽囚　囚禁；關押。㉔無恥　沒有羞恥之心。㉕病病　疾病嚴重。第二個「病」作病重解。㉖可不諱云　我講話可以不忌諱了。㉗大病　死的委婉說法。㉘惡乎屬國　把國家托付給誰。屬，通「囑」。托付。㉙比　親近。㉚鉤　牽連。這裡引申為得罪。㉛勿已　病治不好。㉜上忘　身處高位卻能忘掉自己的高位。㉝以賢臨人　憑著自己的賢能而淩駕於別人之上。㉞下人　甘居別人之下。㉟於國有不聞　對於國事不是大小都去過問處理。㊱家　家事。

【語譯】管仲與鮑叔牙是朋友，關係非常親密，他們倆都生活在齊國。管仲在公子糾手下做事，鮑叔牙在公子小白手下做事。當時齊國公族中許多人受到君主的寵愛，嫡出的子女與庶出的子女地位平等。齊國的人都擔心會發生內亂。於是管仲與召忽護衛著公子糾逃到魯國，鮑叔牙護衛著公子小白逃到莒國。

不久，公孫無知發動叛亂，齊國沒有了君主。公子糾與公子小白爭著趕回齊國搶奪君位。管仲同公子小白在莒國的道路上交戰，管仲射中了公子小白的腰帶鉤。公子小白當上國君以後，就脅迫魯國殺死了公子糾，召忽自殺身亡，管仲被關押起來。鮑叔牙對齊桓公說：「管仲非常有才能，可以治理國家。」齊桓公說：「他是我的仇人，我想殺掉他。」鮑叔牙說：「我聽說賢明的君主沒有個人的私怨，再說一個人如果能忠心地為他的主人做事，也就一定能為君主效力。如果您想稱王稱霸，沒有管仲是不行的。您一定要赦免他！」於是齊桓公就要求管仲回國。魯國把管仲送回齊國，鮑叔牙到郊外迎接，解除了對他的囚禁。齊桓公用隆重的禮節接待了他，並把他的官位安排在高氏和國氏兩家貴族之上，鮑叔牙自願處於管仲之下，整個國政就委託給了管仲，齊桓公還尊稱他為仲父。於是齊桓公不久就成為霸主。

管仲曾經感嘆說：「我年輕窮困的時候，曾經與鮑叔牙合夥經商，分錢財時我總是多給自己一些，而鮑叔牙並不認為我貪心，他知道我太窮了。我曾經為鮑叔牙出主意辦事，結果一敗塗地，而鮑叔牙並不認為我愚蠢，他知道時機有利也有不利。我曾經三次當官，三次都被君主趕走，而鮑叔牙並不認為我不賢能，他知道我沒有遇上好機會。我曾經三次參加戰鬥，三次都敗逃下來，而鮑叔牙並不認為我膽小，他知道我有老母親。公子糾失敗後，召忽自殺，我卻甘願被囚受辱，而鮑叔牙並不認為我沒有羞恥之心，他知道我是不羞於小事受辱而恥於名聲不能顯揚於天下啊！生養我的人是父母，而理解我的人是鮑叔牙啊！」這就是世人所交口稱讚的管、鮑善於交友和公子小白善於任用賢人的故事。然而實際上沒有什麼善於交友的事，也沒有什麼善於任用賢人的事。我們說實際上沒有什麼善於交友、善於任用賢人的事，並非是說另外還有比這更善於交友、更善於任用賢人的故事。召忽並非要自殺而死，而是不得不死；鮑叔牙並非能夠舉薦賢人，而是不得不舉薦；公子小白並非能夠任用仇人，而是不得不任用仇人。

到了管仲生病的時候，公子小白前去探望，說：「仲父您的病很重了，我講話也就不再忌諱了。等您去世以後，我該把國家政務託付給誰呢？」管仲問：「您想託付給誰呢？」公子小白說：「我看鮑叔牙可以。」管仲說：「不行。鮑叔牙這個人是一個清廉高潔的好人，然而他對於那些德才比不上自己的人，往往不願親近。一旦聽說誰有錯誤，就會終身不忘。讓他來治理國家，對上會得罪君主，對下會違背民意。他一旦得罪了君主，恐怕就活不長了。」公子小白說：「那麼誰可以呢？」管仲回答說：「如果我的病治不好，那麼隰朋可以接任。隰朋這個人身處高位能夠忘懷自己的高位，身處下位也不會背叛，他總是慚愧自己比不上黃帝這樣的聖賢，並且能夠同情那些不如自己的人。用自己的高尚品德去感化別人的人叫作聖人，用自己的財物去接濟別人的人叫作賢人。憑著自己的賢能而淩駕於別人之上的人，從來不會得到別人的擁護；具有賢良的才能而又甘居人下的人，從來不會得不到別人的擁護。隰朋對於國家政務不是巨細都去處理，對於家庭事務也不是大小都去過問。我的病如果治不好，那麼隰朋可以擔當重任。」如此做並非管仲想薄待鮑叔牙，而是不得不薄待他；並非想厚待隰朋，而是不得不厚待他。開始時厚待某人，也許在最後會薄待他；最後薄待某人，也許在開始時是厚待他的。厚待和薄待隨時變化，都不是個人的意志所能決定的。

鄧析❶操兩可之說❷，設無窮之辭❸。當子產執政，作《竹刑》❹。鄭國用之，數難❺子產之治，子產屈之。子產執而戮❻之，俄而誅之。然則子產非能用《竹刑》，不得不用；鄧析非能屈子產，不得不屈；子產非能誅鄧析，不得不誅也。

【章　旨】本章仍在申說人的一切行為和遭遇都是由命運決定的。

【注　釋】❶鄧析　人名。春秋時的法家人物，同時對名家學說也有研究。❷兩可之說　模稜兩可、怎樣講都行的學說。❸無窮之辭　指圓滑巧妙、無法窮究的言辭。❹竹刑　古刑書名，為鄧析所作，因寫在竹簡上，故稱《竹刑》。❺數難　多次為難。❻戮　羞辱。

【語　譯】鄧析編造了一套模稜兩可的學說，創設了許多巧辯圓滑的辭令。在子產執政的時候，鄧析編寫了一本《竹刑》。鄭國採用了《竹刑》，鄧析多次刁難子產的治國措施，把子產弄得理屈辭窮。子產便把鄧析抓起來加以羞辱，不久又把他殺掉。然而並非子產願意採用《竹刑》，而是不得不採用；並非鄧析能夠使子產理屈辭窮，而是子產不得不理屈辭窮；並非子產要殺鄧析，而是不得不殺。

可以生而生，天❶福也；可以死而死，天福也。可以生而不生，天罰也；可以死而不死，天罰也。可以生，可以死，得生得死，有矣；不可以生，不可以死，或死或生，有矣。然而生生死死，非物❷非我，皆命也，智之所無奈何。故曰：窈然❸無際，天道❹自會❺；漠然❻無分，天道自運。天地不能犯，聖智不能干❼，鬼魅❽不能欺。自然者，默之成之，平之寧之❾，將❿之迎之。

【章旨】本章認為，人的生死是由命運決定的，而命運也就是高於萬物的自然規律。

【注釋】❶天　指自然、天然。並非指人格化的上帝。❷物　客觀事物。❸窈然　深邃幽遠的樣子。❹天道　自然規律。❺自會　自然讓萬物會合聚攏。❻漠然　寂靜無聲的樣子。❼干　干擾；干預。❽鬼魅　鬼怪。❾平之寧之　使萬物平和安寧。之，泛指萬物。❿將　送。

【語譯】可以生存的而得到生存，這是天然的福份；可以死亡的而得到死亡，也是天然的福份。可以生存的而得不到生存，這是天然的懲罰；可以死亡的而得不到死亡，也是天然的懲罰。可以生存的，可以死亡的，他們分別得到了生存和死亡，這種情況是有的；不可以生存的，不可以死亡的，他們有的得到死亡，有的得到生存，這種情況也是有的。然而生生死死，既不是客觀事物所能決定的，也不是主觀個人所能決定的，一切都由命運安排，人的智慧對此無可奈何。所以說：深邃幽遠、沒有邊際的自然規律會自然而然地讓萬物會合聚攏，寂靜無聲、難以分辨的自然規律會自然而然地讓萬物運行不息。天地不能觸犯它，聖人智者不能干預它，妖魔鬼怪不能欺騙它。自然規律這種東西，能默默地成就萬物，使萬物康平安寧，是它送走了萬物，是它迎來了萬物。

楊朱之友曰季梁❶。季梁得疾，七日大漸❷。其子環而泣之，請醫。

季梁謂楊朱曰：「吾子不肖如此之甚，汝奚不為我歌以曉之？」楊朱歌曰：「天其弗識❸，人胡❹能覺？匪祐自天❺，弗孽由人❻。我乎汝乎！其弗知乎！醫乎巫乎！其❼知之乎？」其子弗曉，終謁❽三醫。一曰矯氏，二曰俞氏，三曰盧氏，診其所疾。矯氏謂季梁曰：「汝寒溫不節，虛實❾失度，病由飢飽色慾，精慮煩散❿，非天非鬼。雖漸，可攻也。」季梁曰：「眾醫⓫也。亟屏之⓬！」俞氏曰：「女始則胎氣不足⓭，乳湩有餘⓮。病非一朝一夕之故，其所由來漸⓯矣，弗可已也。」季梁曰：「良醫也。且食之！」盧氏曰：「汝疾不由天，亦不由人，亦不由鬼。稟生受形，既有制之者⓰矣，亦有知之者⓱矣，藥石其如汝何？」季梁曰：「神醫也。重貺⓲遣之！」俄而季梁之疾自瘳⓳。

【章　旨】本章認為，人的生病及其能否痊癒，都是由命運主宰著，藥物針砭是不起作用的。

【注　釋】❶季梁　人名。生平不詳。❷大漸　非常嚴重。❸天其弗識　上天大概也不知道生病的原因。❹胡　怎麼。❺匪祐自天　老天不會保佑。匪，通「非」。不會。❻弗孽由人　罪孽也不是由於人事。❼其　通「豈」。

難道；豈能。❽謁　請來。❾虛實　飲食時少時多。❿精慮煩散　精神和思想受到煩擾而不集中。慮，思慮；思想。⓫眾醫　醫術平庸的醫生。⓬亟屏之　馬上趕他走。亟，趕快；馬上。屏，排除；趕走。⓭胎氣不足　在胎中所受的元氣就不足。⓮乳湩有餘　乳汁吃得又太多。湩，乳汁。⓯漸　逐漸；慢慢地。⓰制之者　控制人的命運。⓱知之者　懂得命運的人。⓲貺　贈送錢財。⓳瘳　病癒。

【語譯】楊朱的朋友叫季梁。季梁生了病，第七天病情非常嚴重。他的子女們圍在他的身邊哭泣，並請求為他去找醫生。季梁對楊朱說：「我的子女們沒有出息竟到了如此嚴重的地步，你為什麼不替我唱歌來開導開導他們呢？」楊朱唱道：「上天難知病因，凡人怎能知道？福祐非自天來，罪孽也非人造。無論是我是你，全都無法知曉。即使醫生巫師，豈能清楚明瞭？」季梁的子女們聽不明白歌詞的含義，最終還是請來了三位醫生。第一位姓矯，第二位姓俞，第三位姓盧，他們為季梁診斷病因。姓矯的醫生對季梁說：「你冷熱調節不當，飲食時少時多，你的病是因為飢飽不均色慾過度、精神和思慮受到煩擾無法集中造成的，既不是上天懲罰，也不是鬼妖作怪。病情雖然嚴重，但是還可以治療。」季梁說：「這是一個平庸的醫生，趕快讓他走吧！」姓俞的醫生對季梁說：「你一開始在胎中所受的元氣就不足，出生後乳汁又吃得太多。你的病並非一朝一夕形成的，而是長期逐漸發展所致，沒辦法治好了。」季梁說：「這是一位良醫，要好好地用酒飯招待他。」姓盧的醫生說：「你的病既不是老天造成的，也不是人造成的，更不是鬼造成的。一個人獲得生命有了形體以後，就有主宰他的命運，當然也有懂得命運的人。藥物針砭對你的病又有什麼作用呢？」季梁說：「這是一位神醫啊！多送他一些錢財再讓他走。」不久，季梁的病自行痊癒了。

生，非貴之所能存；身，非愛之所能厚❶。生，亦非賤之所能夭；身，亦非輕之所能薄❷。故貴之或不生，賤之或不死；愛之或不厚，輕之或不薄。此似反❸也，非反也，此自生自死，自厚自薄。或貴之而生，或賤之而死；或愛之而厚，或輕之而薄。此似順也，非順也，此亦自生自死，自厚自薄。鬻熊❹語文王❺曰：「自長非所增，自短非所損。算之所亡若何❻。」老聃語關尹曰：「天之所惡❼，孰知其故？」言迎❽天意，揣利害，不如其已❾。

【章旨】本章告訴人們，要放棄個人努力，一切都聽從命運的安排。

【注釋】❶厚　厚實。這裡指身體強壯。❷薄　薄弱。這裡指身體衰弱。❸反　行為和結果相反。❹鬻熊　人名。即粥熊。相傳為楚國的祖先，曾當過周文王的老師。❺文王　即周文王。❻亡若何　無奈何。亡，通「無」。若何，奈何。❼所惡　所討厭的。❽迎　推測；猜想。❾已　停止不幹。

【語譯】生命，並不會因為珍惜它就能存在；身體，並不會因為愛護它就能健壯。生命，也不會因為賤視它就夭折了；身體，也不會因為輕看它就衰弱了。所以珍惜生命的或許不能生存，賤視生命的或許不會死亡；愛護身體的或許不夠強壯，輕看身體的或許不會衰弱。這裡的行為與結果看似是相反的，其實並非相反，萬物都是自然生存自然死亡，自然強壯自然衰弱。或許珍惜生命的生存下來了，或許賤視生命的就死去了；或許愛護身體的強壯了，或許輕看身體的就衰弱了。這裡的行為和結果看似是一致的，其實並不一致，萬物都是自然生存自然死亡，自然強壯自然衰弱。鬻熊曾對周文王說：「萬物自然生長起來，不能看作是有所增加；萬物自然短小下去，不能看作是有所損失。任何算計謀劃對此都是不起作用的。」老子也曾對關尹說：「上天會厭惡一些東西，誰能知道它厭惡的原因呢？」這句話的意思是說，誰要想推測天意，揣摩利害，還不如趁早罷手。

楊布❶問曰：「有人於此❷，年兄弟❸也，才兄弟也，貌兄弟也，而壽夭父子❹也，貴賤父子也，名譽父子也，愛憎父子也。吾惑之。」楊子曰：「古之人有言，吾嘗識❺之，將以告若。不知所以然而然，命也。今昏昏昧昧❻，紛紛若若❼，隨❽所為，隨所不為，日去日來，孰能知其故？皆命也夫。信命者，亡壽夭❾；信理❿者，亡是非；信心⓫者，亡逆順；信性⓬者，亡安危。則謂之都亡所信，都亡所不信。真矣愨⓭矣，奚去奚就⓮？奚哀奚樂？奚為奚不為？《黃帝之書》云：『至人居若死，動若械⓯。』亦不知所以⓰居，亦不知所以不居；亦不知所以動，亦不知所以不動。亦不以⓱眾人之觀易其情貌，亦不謂⓲眾人之不觀不易其情貌。獨往獨來，獨出獨入，孰能礙之？」

【章　旨】本章描述了懂得命運的得道之人無喜無哀、獨往獨來等表現。

【注　釋】❶楊布　人名。楊朱的弟弟。❷於此　表示假定的習慣用語。❸兄弟　這裡是比喻相差不遠。❹父子　這裡是用來比喻相差很大。❺識　記得。❻昏昏昧昧　糊糊塗塗。❼紛紛若若　紛紜複雜的樣子。❽隨　隨便。❾亡壽夭　指思想上不會再重視長壽與短命的差別。❿理　道理。這裡指符合大道的理。從道的角度來看，任何事物都有存在的合理性，因此在它們之間，不存在是非的差別。⓫信心　相信一切皆心所造。在古代，有一部分思想家認為，人世間的喜怒哀樂，甚至包括萬事萬物，都是出自人心。因此只要在心上下功夫，就能泯滅逆與順的差別。⓬信性　相信本性決定一切。一部分古人認為，人在結胎受氣時，就稟受了天上的星氣，星氣有壽夭、貴賤、貧富、聖凡等差異，因此稟受了不同星氣的人就具有不同的本性和命運。後來的著名道士葛洪繼承這一思想，把它作為人可成仙的依據。⓭愨　誠實。⓮奚去奚就　躲避什麼，追求什麼？⓯械　機械。⓰所以　代指原因。⓱以　因為。⓲不謂　相當於「不以」。不因為。

【語　譯】楊布問楊朱說：「假如有這麼兩個人，他們的年齡相似，才能相似，容貌相似，但他們的壽命長短相差很大，地位貴賤相差很大，名聲大小相差很大，而且一個受人愛戴，一個被人憎恨，這也相差很大。我對此感到迷惑不解。」楊朱說：「古人講過這樣的話，我還記得，現在就把它告訴你吧。不知道為什麼會這樣而成為這樣，這就叫作命運。現在的人們都是糊糊塗塗，亂作一團，他們隨便地做一些事情，也隨便地停止做一些事情，舊的一天過去了，新的一天又來了，誰能知道造成這種情況的緣故呢？都是命運決定的啊！相信命運的人，就不在乎壽命的長短；相信一切都是自然規律的安排的人，思想上就沒有是與非的差別；相信一切皆心所造的人，就無所謂身處逆境還是身處順境；相信一切都由本性決定的人，就不再去考慮什麼安全與危險。我們可以把以上這種情況叫作什麼都不信，也可以叫作什麼都信。真正忠於大道的人，哪裡還去考慮何去何從、何哀何樂、何為何不為的問題呢？《黃帝之書》上說：『得道之人坐在那裡安靜得如同死人一樣，行動起來如同機械人一樣。』得道之人不知道自己為什麼坐下，也不知道自己為什麼不坐下；不知道自己為什麼行動，也不知道自己為什麼不行動。得道之人不會因為眾人在看著自己就改變自己的性情外貌，也不會因為眾人沒有看著自己就不改變自己的性情外貌。他們獨往獨來，獨出獨進，又有誰能夠阻礙他呢？」

墨杘❶、單至❷、嘽咺❸、憋懯❹四人相與游於世，胥如志❺也。窮年❻不相知情，自以智之深也。巧佞❼、愚直❽、婩斫❾、便辟❿四人相與游於世，胥如志也，窮年而不相語術，自以巧之微也。獶伢⓫、情露⓬、謇極⓭、凌誶⓮四人相與游於世，胥如志也，窮年不相曉悟，自以為才之得也。眠娗⓯、諈諉⓰、勇敢、怯疑⓱四人相與游於世，胥如志也，窮年不相謫發⓲，自以行無戾⓳也。多偶⓴、自專、乘權㉑、隻立㉒四人相與游於世，胥如志也，窮年不相顧眄㉓，自以時之適㉔也。此眾態也，其貌㉕不一，而咸之於道㉖，命所歸㉗也。

【章　旨】本章認為，雖然每個人的性情、表現不同，但最終都要回歸於大道，這是命運所注定的。

【注　釋】❶墨杘　假托的人名。墨杘是表面愚笨而內心狡詐的意思，這裡用人的性格行為作為人的名字。本段的人名均屬這種情況。❷單至　輕舉妄動的樣子。這裡用作人名。❸嘽咺　行為迂腐緩慢的樣子。這裡用作人名。❹憋懯　辦事匆忙的樣子。這裡用作人名。❺胥如志　全都生活得很如意。胥，全部。如志，如意；如願。❻窮年　終生。❼巧佞　聰明而有才能。這裡用作人名。佞，有才能。❽愚直　憨厚正直。這裡用作人名。❾婩斫　糊糊塗塗的樣子。這裡用作人名。❿便辟　逢迎諂媚的樣子。這裡用作人名。⓫繆忤　情緒深藏不露的樣子。這裡用作人名。⓬情露　情緒外露。這裡用作人名。⓭謇極　講話口吃而急切。這裡用作人名。⓮淩誶　講話流利而刻薄。這裡用作人名。⓯眠娗　腼腆羞澀。這裡用作人名。⓰諈諉　遲鈍的樣子。這裡用作人名。⓱怯疑　怯弱多疑。這裡用作人名。⓲謫發　指責。謫，責難。⓳無戾　沒有缺點。⓴多偶　朋友很多。這裡用作人名。㉑乘權　善用權勢。這裡用作人名。㉒隻立　孤立。這裡用作人名。㉓顧眄　照看。㉔時之適　生活的時代很合適。㉕貌　表現。㉖咸之於道　都要回歸於道。道家、道教認為，萬物由道產生，最後又回歸於道。㉗命所歸　這是命運為他們安排的歸宿。

【語　譯】老謀深算的墨杘、輕舉妄動的單至、行動遲緩的嘽咺、辨事匆忙的憋懯這四個人都生活在社會上，而且生活得都很得意，他們終身都不了解對方的情況，都認為自己的智慧是最高深的。聰明伶俐的巧佞、憨厚正直的愚直、糊糊塗塗的婩斫、逢迎諂媚的便辟這四個人都生活在社會上，而且生活得都很得意，他們終身都不在一起談論技能，都認為自己的技能是最精妙的。深藏不露的繆伢、性格坦率的情露、口吃語急的謇極、語言刻薄的凌誶這四個人都生活在社會上，而且生活得都很得意，他們終身都不相互交談相互啟發，都認為自己的才能最有作用。腼腆羞澀的眠娗，思維遲鈍的諈諉、英勇果敢的勇敢、怯弱多疑的怯疑這四個人都生活在社會上，而且生活得都很得意，他們終身都不相互批評，都認為自己的行為沒有絲毫的錯誤。善於交友的多偶、獨斷專行的自專、善用權勢的乘權、獨立孤行的隻立這四個人都生活在社會上，而且生活得都很得意，他們終身都不相互見面拜訪，都認為自己生活的時代很合適。這些社會眾生相，其表現雖然不同，然而最終都要回歸於道，這是命運給他們安排的歸宿。

佹佹❶成者，俏❷成也，初非成❸也。佹佹敗者，俏敗者也，初非敗也。故迷生於俏，俏之際昧然❹。於俏而不昧然，則不駭外禍，不喜內福❺，隨時動，隨時止，智不能知也。信命者，於彼我❻無二心❼。於彼我而有二心者，不若揜目塞耳，背坂面隍❽，亦不墜仆也。故曰：死生自命也，貧窮❾自時也。怨夭折者，不知命者也；怨貧窮者，不知時者也。當死不懼，在窮不戚❿，知命安時也。其使⓫多智之人，量利害，料虛實，度⓬人情，得亦中⓭，亡亦中。其少智之人，不量利害，不料虛實，不度人情，得亦中，亡亦中。量與不量，料與不料，度與不度，奚以異？唯亡所量，亡所不量⓮，則全而亡喪。亦非知⓯全，亦非知喪，自全也，自亡也，自喪也。

【章旨】本章認為，既然一切都是命運決定的，就應該安於命運的安排，不必去量利害，度人情。

【注釋】❶佹佹　偶然的樣子。❷俏　通「肖」。相似。❸初非成　本來算不上成功。❹昧然　模糊不清的樣子。❺內福　個人的幸福。內，指自身。❻彼我　猶彼此。指禍與福。❼二心　指恐懼與歡喜兩種心情。❽背坂面隍　背靠山坡，面對壕溝。坂，山坡。隍，護城河。這裡泛指壕溝。❾貧窮　應為「貧富」，與上文的「死生」相對。❿戚　悲傷。⓫其使　即使。⓬度　猜測。⓭中　一半。⓮亡所量亡所不量　這是描寫得道之人的表現。得道之人並不有心地去測想世事，但由於他們具有最高知識和修養，所以無論什麼事情都在他們的預料之中。⑮知 通「智」。智慧。下「知」同。

【語 譯】偶然成功了，這只能說是與成功相似，實質上並不算真正的成功。偶然失敗了，這只能說是與失敗相似，實質上並不算真正的失敗。所以迷惑往往產生於似成似敗的時候，似成似敗的時候是最模糊不清的時候。在似成似敗的時候而不迷惑的人，就不會對外來的災禍感到恐懼，也不會對自身的幸福感到歡喜，他們順應時勢行動，順應時勢停止，靠一般的智慧是無法理解他們的。相信命運的人，對於災禍和幸福是不會存在恐懼和歡喜兩種心情的。如果對於災禍和幸福存在恐懼和歡喜兩種心情，倒不如蒙上眼睛、塞住耳朵，這樣就像背靠山坡面對壕溝一樣，不會跌跤。所以說：死生是命運決定的，貧富是時勢決定的。埋怨短命的人，就是不懂命運；埋怨貧困的人，就是不懂時勢。面對死亡而不恐懼，身處困境而不憂愁，這纔算是懂得命運懂得時勢。即使那些足智多謀的人斟酌利害，估量虛實，猜測人心，他們所得有一半，所失也有一半。那些缺智少才的人不去斟酌利害，不去估量虛實，不去猜測人心，他們所得也有一半，所失也有一半。那麼斟酌與不斟酌，估量與不估量，猜測與不猜測，又有什麼不一樣呢？只有那些無心去猜測任何事情，而任何事情又難出他們預料的得道之人，纔能保全一切而無所喪失。這也不是靠智慧保全的，也不是因為智慧而喪失的。一切都是自然而然地保全，自然而然地消亡，自然而然地喪失。

齊景公❶游於牛山❷，北臨其國城❸而流涕曰：「美哉國乎！鬱鬱芊芊❹，若何滴滴❺去此國而死乎？使古無死者，寡人將去斯❻而之何？」史孔❼、梁丘據❽皆從而泣曰：「臣賴君之賜，疏食❾惡肉，可得而食；駑馬❿棧車⓫，可得而乘也。且猶不欲死，而況吾君乎？」晏子獨笑於旁。公雪涕⓬而顧晏子曰：「寡人今日之游悲，孔與據皆從寡人而泣，子之獨笑，何也？」晏子對曰：「使賢者常守之⓭，則太公⓮、桓公⓯將常守之矣；使有勇者而常守之，則莊公⓰、靈公⓱將常守之矣。數君者將守之，吾君方將披蓑笠而立乎畎畝⓲之中，唯事之恤⓳，行假⓴念死乎？則吾君又安㉑得此位而立焉？以其迭處之㉒、迭去之，至於君也。而獨為之流涕，是不仁也。見不仁之君，見諂諛㉓之臣，臣見此二者，臣之所為獨竊笑也。」景公慚焉，舉觴㉔自罰，罰二臣者各二觴焉。

【章旨】本章巧妙而幽默地諷刺了那些留戀富貴、貪生怕死的人。側面申述了死亡是人無法逃避的命運。

【注釋】❶齊景公　春秋時齊國的君主。❷牛山　山名。在今山東省臨淄縣城南。❸國城　這裡指齊國都城臨淄。❹鬱鬱芊芊　草木茂盛的樣子。❺滴滴　水流逝的樣子。這裡比喻時光的流逝。❻去斯　離開齊國。斯，此，代指齊國。❼史孔　人名。齊景公的大臣。❽梁丘據　人名。齊景公的大臣。❾疏食　粗食；劣食。❿駑馬　劣馬。⓫稜車　一般的木製車輛。稜，同「棱」。方形的木頭。⓬雪涕　擦去眼淚。雪，擦。⓭常守之　永遠占有齊國。守，占有。之，代指齊國。⓮太公　即姜太公，姓姜，名望。為姜氏齊國的始封君主。⓯桓公　即齊桓公。⓰莊公　即齊莊公。⓱靈公　齊靈公。⓲畎畝　田地。⓳唯事之恤　即「唯恤事」。只顧考慮農田的事。恤，關心；考慮。事，農事。⓴行假　當作「何暇」。哪裡有時間。㉑安　哪裡。㉒迭處之　輪流處於君主之位。㉓諂諛　阿諛奉承。㉔觴　酒杯。

【語　譯】齊景公到牛山上去遊玩，面向北眺望都城，流著淚說：「我們的國家真美啊！草木鬱鬱葱葱，欣欣向榮。可是隨著時光流逝，我總有一天要離開我們的國家而死去，對此又有什麼辦法呢？假如自古以來就沒有死亡這回事，我又怎會離開齊國而到別的什麼地方去呢？」史孔、梁丘據都跟著齊景公一起流淚，說：「我們這些臣子仰仗您的恩賜，還能吃上粗食劣肉，還能乘坐駑馬木車。我們生活如此尚且不願死去，而何況君主您呢？」晏子獨自一人在旁邊發笑。齊景公擦掉眼淚，回頭對晏子說：「我今天玩得很傷心，史孔和梁丘據都跟著我一起流淚，而你卻獨自發笑，這是為什麼呢？」晏子回答說：「如果賢明的君主能夠永遠掌管這個國家的話，那麼太公和桓公將永遠掌管著齊國；如果勇武的君主能夠永遠掌管這個國家的話，那麼莊公和靈公將永遠掌管著齊國。如果這幾位君主永遠掌管齊國，那麼您現在正披著蓑衣戴著斗笠站在農田裡幹活，整天只顧考慮種地的事，哪裡還有空閒來揣摩死亡的事呢？再說您又能從哪裡得到這個位置當君主呢？正是因為這些君主一個接著一個地輪流登上君位，又一個接著一個地輪流離開君位，這纔輪到了您。而您卻偏偏為此流淚，這說明您缺少仁義的品德。我看到了缺少仁義的君主，也看到了阿諛奉迎的臣子，我看到了這樣兩種人，這就是我獨自發笑的原因。」齊景公聽了非常慚愧，就舉起酒杯罰自己飲一杯酒，又罰史孔和梁丘據二人各飲兩杯酒。

魏人有東門吳❶者，其子死而不憂。其相室❷曰：「公之愛子，天下無有。今子死不憂，何也？」東門吳曰：「吾常❸無子，無子之時不憂。今子死，乃與嚮❹無子同，詎❺奚憂焉！」

【章旨】本章描寫懂得命運的人對於親人死亡的態度。

【注釋】❶東門吳　人名。生平不詳。❷相室　管家。❸常　通「嘗」。曾經。❹嚮　過去。❺詎　難道；何必。

【語譯】魏國有一位名叫東門吳的人，他的兒子死了而他並不憂愁。他的管家問：「您對兒子的疼愛，整個天下誰都比不上。現在您的兒子死了而您卻不憂愁，這是為什麼呢？」東門吳說：「我過去曾經沒有兒子，沒有兒子的時候我並不憂愁。現在兒子死了，不過與過去沒有兒子的時候一樣，我又何必憂愁呢？」

農赴時❶，商趣❷利，工追術，仕❸逐勢，勢使然❹也。然農有水旱，商有得失，工有成敗，仕有遇否❺，命使然也。

【章旨】本章總括〈力命〉全篇的主題，認為人的成敗得失都是由命運決定的。

【注釋】❶赴時　趕上時令。❷趣　通「趨」，追求。❸仕　做官。❹勢使然　他們所處的客觀形勢使他們這樣做。❺遇否　順利與不順利。遇，這裡指順利。

【語譯】農夫掌握時令，商人追求錢財，工匠講究技藝，官員爭奪權勢，他們各自所處的客觀形勢使他們這樣做的。然而農夫會遇上水旱災害，商人會有賺錢賠錢，工匠會有成功失敗，當官會有順利不順利，一切結果都是由命運決定的。

楊朱第七

【題解】本篇比較突出地反映了作者的享樂思想。作者認為，無論聖人也好，惡人也好，都難免一死。因此人不必顧及死後的名聲，應該珍惜有生之年，去盡情享受生活的樂趣。人應享受生活，這是正確的，但作者把享樂放在至高無上的位置，為了享樂，拋棄責任感，不要羞恥心，這已經陷入了縱欲主義。但本篇也提出了一些較為正確的主張，如對虛偽名聲的揭露，反對為死人浪費錢財，反對過分的貪欲等等。學術界有人認為本篇出自魏晉人之手，反映的是魏晉世族荒淫縱欲、悲觀厭世的思想情緒。這一說法雖有一定道理，但證據並不十分充分。

楊朱游於魯，舍❶於孟氏❷。孟氏問曰：「人而已矣，奚以名為？」曰：「以名者為富❸。」「既富矣，奚不已焉？」曰：「為貴。」「既貴矣，奚不已焉？」曰：「為死❹。」「既死矣，奚為焉？」曰：「為子孫。」

「名奚益於子孫？」曰：「名乃苦其身，燋❺其心，乘❻其名者，澤❼及宗族，利兼鄉黨❽，況子孫乎！」「凡為名者必廉，廉斯❾貧；為名者必讓❿，讓斯賤。」曰：「管仲之相齊也，君淫⓫亦淫，君奢亦奢。志合言從，道行⓬國霸。死之後，管氏而已⓭。田氏⓮之相齊也，君盈⓯則己降，君斂⓰則己施。民皆歸之，因有齊國，子孫享之，至今不絕。」「若實名貧⓱，偽名富。」曰：「實無名⓲，名無實。名者，偽而已矣。昔者堯、舜偽以天下讓許由⓳、善卷⓴，而不失天下，享祚㉑百年。伯夷、叔齊實以孤竹君㉒讓而終亡其國，餓死於首陽之山。實偽之辨㉓，如此其省㉔也。」

【章　旨】本章一針見血地指出求名就是求利，揭露了美好名聲的虛偽性和欺騙性。同時指明那些品德真正高尚的人，往往沒有好的結局。

【注　釋】❶舍　住。❷孟氏　姓孟的人。生平不詳。❸以名者為富　因為名聲可以帶來財富。以，因為。為，帶來；獲得。❹死　死時的榮耀。❺燋　焦慮不安。❻乘　利用。❼澤　恩惠。❽鄉黨　周朝制度以五百家編為一黨，以二十五黨為一鄉。這裡泛指鄉里。❾斯　就會。❿讓　謙讓。⓫淫　過分；淫逸。⓬道行　政治主張得以推行。道，這裡指政治主張。⓭管氏而已　管仲的家族就衰落了。管氏，管仲家族。而，於是；就。已，停止。引申為衰落。⓮田氏　指以田乞、田常為首的齊國田氏家族。他們「以大斗出貸，以小斗收」，廣收民心，田常殺齊簡公，獨攬大權。至田常曾孫田和，滅姜姓齊國，建立田姓齊國。⓯盈　滿。這裡是驕橫的意思。⓰歛　聚歛。⓱若實名貧　如果追求真正的美名就會貧窮。⓲實無名　有實際美德的沒有美名。⓳許由　人名。傳說中的人物。相傳堯曾把君位讓給他，他堅決拒絕。⓴善卷　人名。傳說中的人物。相傳舜曾把君位讓給他，他堅決拒絕。㉑享祚　居王位，享國運。本句講堯舜「享祚百年」是一種誇張的說法。㉒孤竹君　孤竹國的君位。㉓辨　區別。㉔省　明白；清楚。

【語　譯】楊朱在魯國遊歷的時候，住在姓孟的家裡。姓孟的問：「人，不過就是一個人罷了，還要名聲幹什麼呢？」楊朱回答說：「因為名聲可以帶來財富。」「富有以後，為什麼還不停止追求名聲呢？」楊朱回答說：「還要謀取尊貴的地位。」「有了尊貴的地位以後，為什麼還不停止追求名聲呢？」楊朱回答說：「為了死時的榮耀。」「死了以後，還要名聲幹什麼呢？」楊朱回答說：「為了子孫後代。」「名聲對子孫後代有什麼好處呢？」楊朱回答說：「雖然追求名聲會使肉體勞苦，使心情焦慮，但善於利用名聲的人，可以為同族人帶來恩惠，為鄉鄰們帶來利益，更何況自己的子孫後代呢！」「大凡追求名聲的人一定要廉潔，廉潔了就會貧窮；追求名聲的人一定要謙讓，謙讓了地位就低。」楊朱說：「管仲在齊國擔任相國的時候，君主淫逸，他也淫逸；君主奢侈，他也奢侈。他與君主情投意合，君主也聽從他的意見，他的政治主張得以推行，齊國得以稱霸。然而管仲死了以後，管氏家族就衰落了。田乞和田常在齊國擔任相國的時候，君主驕橫而他們謙虛，君主聚斂而他們施捨。老百姓都很擁護他們，他們因此奪得了齊國，子子孫孫享有齊國，至今沒有中斷。」「看來真正追求美名的人就會貧窮，利用假名聲的人就會富貴。」楊朱說：「有實際美德的人沒有美名，有美名的人沒有實際美德。所謂的好名聲，都不過是虛假的罷了。從前，堯和舜曾假惺惺地要把君位分別讓給許由和善卷，結果不僅沒失去天下，還當了上百年的君主。伯夷和叔齊是真正地要讓出孤竹國君位，結果亡了國，他們自己也餓死在首陽山上。真美名與假美名的區別，是如此的清楚啊！」

楊朱曰：「百年，壽之大齊❶。得百年者，千無一焉。設有一者，孩抱以逮❷昏老，幾❸居其半矣。夜眠之所弭❹，晝覺之所遺，又幾居其半矣。痛疾哀苦，亡失憂懼，又幾居其半矣。量十數年之中，逌然❺而自得，亡介焉之慮❻者，亦亡一時之中❼爾。則人之生也奚為哉？奚樂哉？為美厚❽爾，為聲色爾。而美厚復不可常厭足❾，聲色不可常翫聞。乃復為刑賞之所禁勸❿，名法之所進退⓫，遑遑爾⓬競一時之虛譽，規死後之餘榮，偊偊爾⓭慎耳目之觀聽，惜⓮身意之是非，徒失當年之至樂，不能自肆⑮於一時。重囚纍梏⑯，何以異哉？太古之人，知生之暫來，知死之暫往，故從心而動，不違自然所好，當身之娛非所去也。故不為名所勸，從性而游，不逆萬物所好，死後之名非所取也，故不為刑所及。名譽先後，年命多少，非所量⑰也。」

【章旨】本章體現了作者的人生多艱、應及時行樂的人生觀。

【注釋】❶大齊　最大限度。❷以逮　以及。❸幾　幾乎。❹弭　停止；消失。❺逌然　舒適快樂的樣子。❻介焉之慮　很小的憂愁。介，通「芥」。原意是小草，常用來比喻細小的東西。❼一時之中　一個季節的一半。這裡指短暫的時間。時，季節。或指一個時辰。中，半。❽美厚　美衣美食。❾厭足　滿足。厭，通「饜」。❿為刑賞句　被刑法所禁止，為獎賞所勸勉。勸，鼓勵。⓫進退　約束。⓬遑遑爾　惶惶不安的樣子。⓭偊偊爾　孤獨的樣子。⓮惜　注重；重視。⓯肆　放縱。⓰纍梏　戴著鐐銬被關押。纍，關押。梏，拘住罪人兩手的刑具。⓱量　考慮。

【語譯】楊朱說：「一百年，是壽命的最大限度。能活到一百歲的人，一千人當中難有一個。縱然有那麼一個能活百歲的人，他當小孩和老人的時間，幾乎就佔去了百年的一半。夜晚睡覺所佔去的時間和白天睡醒後所損失的時間，又幾乎佔去剩餘時間的一半。還有疾病痛苦、失意憂懼，幾乎再佔去剩餘時間的一半。算一算在剩下的十幾年當中，真正悠然自得、沒有半點憂愁的日子，恐怕沒有幾天。那麼人活在世上究竟為了什麼呢？又有什麼快樂呢？為了美衣美食罷，為了歌舞女色罷，但美衣美食又不能經常得到滿足，歌舞女色又不能經常得到翫賞。而且還要受到刑罰的禁止和獎賞的勸導，受到名分和禮法的約束。人們還惶惶不安地去爭奪一時的空名，謀取死後的榮譽，孤苦伶仃地卻還要小心自己的視聽，重視個人行為思想的正確與錯誤，白白丟失了有生之年的最大快樂，不能有一時片刻的放縱。這種生活同戴著鐐銬關押在死牢裡相比，又有什麼不一樣呢？上古時代的人，知道活著是暫時的存在，死去是暫時的消失，所以他們放任自己去做自己喜歡做的事情，不壓抑自己的天生愛好，不放棄有生之年的快樂。因此他們不會被名聲所勸導，放任性情去翫樂，但他們也不干涉其他事物的興趣和愛好，不追求死後的名聲，所以也不會觸犯刑律。至於說名聲的大小，壽命的長短，都不是他們所考慮的事情。」

楊朱曰：「萬物所異者，生也；所同者，死也。生則有賢愚、貴賤，所以異也；死則有臭腐、消滅，是所同也。雖然，賢愚、貴賤非所能❶也，臭腐、消滅亦非所能也。故生非所生❷，死非所死，賢非所賢，愚非所愚，貴非所貴，賤非所賤。然而萬物齊生齊死❸、齊賢齊愚、齊貴齊賤。十年亦死，百年亦死，仁聖亦死，凶愚亦死。生則堯舜，死則腐骨；生則桀紂，死則腐骨。腐骨一矣，孰知其異？且趣當生❹，奚遑❺死後？」

【章旨】本章認為，無論好人壞人，死後都是一堆腐骨，因此，追求死後名聲，不如生前及時享樂。

【注釋】❶非所能　不是自己所能決定的。❷生非所生　生存，不僅僅屬於個人的生存。意思是說，生存與否的決定者是命運，因而生存的事不單單是個人的事。❸齊生齊死　生和死是一樣的。這是從命運的角度講的，生也好，死也好，決定權都在命運那裡，就這一點來看，彼此都是一樣的。❹趣當生　追求生前的快樂。趣，通「趨」。追求。❺遑　閒暇。

【語　譯】楊朱說：「萬物的不同之處，表現在活著的時候；相同之處，就是死亡。活著的時候，有的賢良，有的愚笨，有的顯貴，有的低賤，這就是不同的表現；死了就會腐臭，就會消失，這就是相同之處。雖然如此，但是賢良、愚笨、顯貴、低賤，都不是個人所能夠決定的，腐臭、消失也不是個人所能夠決定的。所以生存不僅僅是個人的生存，死亡不僅僅是個人的死亡，賢良不僅僅是個人的賢良，愚笨不僅僅是個人的愚笨，顯貴不僅僅是個人的顯貴，低賤不僅僅是個人的低賤。這樣就可以說，萬物的生存和死亡是一樣的，賢良和愚笨是一樣的，顯貴和低賤是一樣的。活十年是死，活百年也是死，仁人聖人會死，惡棍笨蛋也會死。活著的時候像堯、舜那樣賢明，死後就變成了一堆爛骨頭；活著的時候像桀、紂那樣殘暴，死後也變成了一堆爛骨頭。都是一樣的爛骨頭，誰還能知道它們的差別呢？姑且追求生前的快樂吧，哪裡還顧得上去考慮死後的事情呢？」

楊朱曰：「伯夷非亡❶欲，矜清之郵❷，以放❸餓死。展季❹非亡情，矜貞❺之郵，以放寡宗❻。清貞之誤善❼之若此。」

【章　旨】本章認為，因堅持高尚節操而影響人生享樂是不正確的。

【注　釋】❶亡　通「無」。下「亡」字與此同。❷矜清之郵　矜，堅持。郵，同「尤」。特別；最。這裡有「過分」的意思。❸以放　以至於。放，至。❹展季　即柳下惠。相傳柳下惠曾夜遇一個沒有住處的女子，怕她受凍，便抱在懷裡用衣服裹住，坐了一夜，沒有發生非禮行為。這即有名的坐懷不亂的故事。所以本文說他是「矜貞之郵」。❺貞　貞節。指柳下惠在男女問題上十分嚴肅。❻寡宗　家族人丁不多。❼善　好人。一說「善」是「大」的意思。

【語　譯】楊朱說：「伯夷並非沒有欲望，只是他過分地堅持自己的高潔品質，以至於被餓死。展季並非沒有感情，只是他過分地堅持自己的貞節操行，以至於家族人丁不多。高潔的品質和貞節的操行就是這樣來誤害好人的。」

楊朱曰：「原憲❶窶❷於魯，子貢殖❸於衛。原憲之窶損生，子貢之殖累身❹。然則窶亦不可，殖亦不可。其可焉在？曰：可在樂生，可在逸身❺。故善樂生者不窶，善逸身者不殖。」

【章旨】本章認為，一個人太窮了不行，太富了也不行，要想生活快樂，就應該處於不窮不富的中間狀態。

【注釋】❶原憲 人名。孔子的學生。❷窶 貧窮。❸殖 經商。這裡有「發財」的意思。❹累身 拖累了自己。道家認為，錢財太多了，會給自己帶來麻煩和災難的。❺逸身 使自身安逸。

【語譯】楊朱說：「原憲在魯國生活貧苦，子貢在衛國發了大財。原憲生活貧苦會損害自己的生命，子貢發了大財也會拖累自己的身體。這就是說，過貧苦的生活是不對的，發大財也是不對的。那麼正確的做法是什麼呢？回答是：正確的做法是求得生活快樂，正確的做法是求得身心安逸。所以那些善於求得生活快樂的人就不去過貧苦生活，善於求得身心安逸的人就不去發財致富。」

楊朱曰：「古語有之：『生相憐❶，死相捐❷。』此語至❸矣。相憐之道❹，非唯情也，勤❺能使逸，餓能使飽，寒能使溫，窮能使達也。

相捐之道，非不相哀也，不含珠玉❻，不服文錦，不陳犧牲❼，不設明器❽也。」

【章旨】本章主張對活著的人應該愛護，而對死去的人，就不應該再為他浪費錢財了。這一態度是明智的。

【注釋】❶憐　愛護。❷捐　捨棄。❸至　極，這裡指好極了。❹道　方法。❺勤　勞苦。「勤能使逸」的意思是：使自己所愛的人擺脫勞苦，獲得安逸。❻不含珠玉　古人於死者入斂時在其口中放入珠、玉等物。作者反對這種浪費錢財的做法。❼犧牲　供祭祀用的牲畜。❽明器　殉葬用的物品。一般用竹、木或陶土製成。

【語譯】楊朱說：「古時有這樣一句話：『活著的時候互相愛護，死了以後就互相捨棄。』這話講得好極了。相互愛護的辦法，並非僅僅在感情上去愛對方，而且還要使自己所愛的人擺脫勞苦，獲得安逸；擺脫飢餓，能夠吃飽；擺脫寒冷，能夠穿暖；擺脫窮困，能夠過上順心的日子。捨棄死者的辦法，並非不為死者傷心，而是不給死者口中放入珠玉，不給死者穿上華麗衣服，不為死者獻上祭祀用的牲畜，不為死者陪葬物品。」

晏平仲❶問養生於管夷吾❷，管夷吾曰：「肆之❸而已，勿壅勿閼❹。」

晏平仲曰：「其目❺奈何？」夷吾曰：「恣❻耳之所欲聽，恣目之所欲視，恣鼻之所欲向❼，恣口之所欲言，恣體之所欲安，恣意之所欲行。夫耳之所欲聞者音聲，而不得聽，謂之閼聰❽；目之所欲見者美色，而不得視，謂之閼明❾；鼻之所欲向者椒蘭❿，而不得嗅，謂之閼顫⓫；口之所欲道者是非，而不得言，謂之閼智；體之所欲安者美厚⓬，而不得從，謂之閼適；意之所欲為者放逸，而不得行，謂之閼性。凡此諸閼，廢虐之主⓭。去廢虐之主，熙熙然⓮以俟⓯死，一日一月，一年十年，吾所謂養。拘此廢虐之主，錄⓰而不舍，戚戚然⓱以至久生，百年、千年、萬年，非吾所謂養。」管夷吾曰：「吾既告子養生矣，送死⓲奈何？」晏平仲曰：「送死略矣，將何以告焉？」管夷吾曰：「吾固欲聞之。」平仲曰：「既死，豈在我哉！焚之亦可，沉之亦可，瘞⓳之亦可，露之亦可，衣薪⓴而棄諸溝壑亦可，袞衣㉑繡裳而納諸石椁㉒亦可，唯所遇焉。」管夷吾顧謂鮑叔㉓、黃子㉔曰：「生死之道，吾二人進㉕之矣。」

【章　旨】本章體現了作者重視生前享樂、輕視死後待遇的思想。這與道教的重生主張是相通的。

【注　釋】❶晏平仲　即齊國著名的政治家晏子。❷管夷吾　即管仲。晏子與管仲並非同時代的人，此處二人對話，是作者的一種假托。❸肆之　放任；隨心所欲。之，沒有實際含義。❹勿壅勿閼　不要阻塞，不要遏制。❺目　細目；詳細內容。❻恣　放任。❼向　嚮往。這裡指想聞的氣味。❽聰　聽覺。❾明　視覺。❿椒蘭　花椒和蘭草。這兩種植物都很芳香，故用來代指香氣。⓫顫　鼻子通暢。這裡指嗅覺。⓬美厚　美衣美食。⓭廢虐之主　殘害身心的主要原因。⓮熙熙然　快樂的樣子。⓯俟　等待。⓰錄　採取。⓱戚戚然　憂愁的樣子。⓲送死　對待死亡。⓳瘞　埋葬。⓴衣薪　用柴草遮蓋。衣，遮蓋。㉑袞衣　古代帝王和公侯的禮服。㉒石椁　石頭做的套棺。㉓鮑叔　即鮑叔牙。㉔黃子　人名。生平不詳。㉕進　通「盡」。完全。

【語　譯】晏子向管仲請教養生的辦法，管仲說：「不過就是隨心所欲罷了，不要阻礙、遏制自己的欲望。」晏子問：「它的具體內容是些什麼呢？」管仲說：「放任耳朵去聽它想聽的，放任眼睛去看它想看的，放任鼻子去聞它想聞的，放任嘴巴去說它想說的，放任身體去享受它所想享受的，放任思想去做它想做的。耳朵所想聽到的是好聽的聲音，如果不讓它聽，這就叫作阻礙聽覺能力；眼睛所想看到的是美好的顏色，如果不讓它看，這就叫作阻礙視覺能力；鼻子所想聞到的是芳香的氣味，如果不讓它聞，這就叫作阻礙嗅覺能力；嘴巴所想講的是辨別正確與錯誤，如果不讓它講，這就叫作遏制人的智慧；身體所想享受的是美好的衣食，如果不讓它享受，這就叫作遏制人對舒適的追求；思想所想做的就是放任自由，如果不讓它去做，這就叫作遏制人的自然本性。所有這些阻礙和遏制，都是摧殘身心的主要方式。排除這些摧殘身心的主要方式，快快樂樂地等待著死亡的到來，即使像這樣只能活上一大、一月、一年或者十年，也是我所主張的養生方法。拘束於這些摧殘身心的主要生活方式，繼續採取這種生活方式而不捨棄它們，憂愁悲慘地活了很久很久，即使活上一百年、一千年、一萬年，也不是我所主張的養生方法。」管仲接著說：「我已經把養生的方法告訴您了，那麼又該如何對待死亡呢？」晏子說：「對待死亡的方法很簡單，我將告訴您些什麼呢？」管仲說：「我的確想聽您談談關於對待死亡的方法。」晏子說：「等我們死了以後，如何處置的權力難道還會在我們手中嗎？那時把我們的屍體燒掉也可以，沉入水中也可以，埋在土裡也可以，扔到露天也可以，遮蓋點柴草丟進溝裡也可以，穿上禮服錦衣放在石棺中也可以，隨便別人怎麼處置都行。」管仲回頭對鮑叔牙和黃子說：「生與死的道理，我們兩個完全掌握了。」

子產❶相鄭❷，專國之政，三年，善者服其化❸，惡者畏其禁❹，鄭國以治，諸侯憚之。而有兄曰公孫朝，有弟曰公孫穆，朝好酒，穆好色。朝之室也聚酒千鍾❺，積麴❻成封❼，望門❽百步，醴漿❾之氣逆❿於人鼻。方其荒於酒⓫也，不知世道之安危，人理之悔吝⓬，室內之有亡，九族⓭之親疏，存亡之哀樂也。雖水火兵刃交於前，弗知也。穆之後庭比房數十⑭，皆擇稚齒⑮婑媠⑯者以盈之。方其耽於色也，屏親昵，絕交遊，逃於後庭，以晝足夜⑰，三月一出，意猶未愜⑱。鄉有處子⑲之娥姣⑳者，必賄㉑而招之，媒而挑之，弗獲而後已㉒。子產日夜以為戚，密造㉓鄧析而謀之，曰：「僑聞治身以及家，治家以及國，此言自於近至於遠也。僑為國則治矣，而家則亂矣。其道逆㉔邪？將奚方以救二子？子其詔㉕之！」鄧析曰：「吾怪之久矣，未敢先言。子奚不時其治㉖也，喻以性命之重，誘以禮義之尊乎？」子產用鄧析之言，因間㉗以謁其兄弟，而告之曰：「人之所以貴於禽獸者，智慮。智慮之所將㉘者，禮義。禮義成，則名位至矣。若觸情㉙而動，耽於嗜慾，則性命危矣。子納僑之言，則朝自悔而夕食祿㉚矣。」朝、穆曰：「吾知之久矣，擇之亦久矣，豈待若言而後識之哉？凡生之難遇而死之易及，以難遇之生，俟易及之死，可孰念㉛哉？而欲尊禮義以夸人，矯㉜情性以招名，吾以此為弗若死也。為欲盡一生之歡，窮當年之樂，唯患腹溢㉝而不得恣口之飲，力憊而不得肆情於色，不遑㉞憂名聲之醜，性命之危也。且若以治國之能夸物，欲以說辭亂我之心，榮祿㉟喜我之意，不亦鄙而可憐哉！我又欲與若別㊱之，夫善治外者，物未必治，而身交苦㊲；善治內㊳者，物未必亂，而性交逸。以若之治外，其法可暫㊴行於一國，未合於人心；以我之治內，可推之於天下，君臣之道息㊵矣。吾常欲以此術而喻之㊶，若反以彼術而教我哉！」子產忙然㊷無以應之。他日以告鄧析，鄧析曰：「子與真人㊸居而不知也，孰謂子智者乎？鄭國之治偶耳，非子之功也。」

【章旨】本章進一步論證了及時行樂的思想。

【注釋】❶子產　名僑，字子產，又字子美，諡成子。春秋時鄭國的著名政治家。❷相鄭　在鄭國當相國。❸化　教化。❹禁　禁令；法律。❺鍾　古代盛酒或盛糧食的器皿。❻麴　酒麴。❼封　墳丘；小山丘。❽望門　離開門口。望，相望。引申為相距。❾醴漿　酒漿。醴，甜酒。❿逆　迎。⓫荒於酒　沉迷於酒。⓬悔吝　悔恨和過失。這裡泛指得失。吝，同「吝」。渦失。⓭九族　指從自己算起，上至高祖，下至玄孫為九族。這裡泛指親族。⓮比房數十　並排著數十間房子。⓯稚齒　年少。⓰婑媠　美麗漂亮。⓱以晝足夜　白天連著夜晚。足，連接。⓲愜　滿意；滿足。⓳處子　處女。⓴娥姣　漂亮。㉑賄　送錢財。㉒弗獲而後已　應作「獲而後已」。弗，當為衍文。㉓造　造訪；拜訪。㉔逆　相反；顛倒。㉕詔　告訴。㉖時其治　及時地對他們進行教育。治，整治；教育。㉗因間　找機會。㉘將　憑藉。這裡引申為體現。㉙觸情　順著感情欲望。㉚食祿　獲取俸祿。即當官。㉛熟念　深入思考。㉜矯　改變；克制。㉝腹溢　肚子裡的酒多得就要流出來了。㉞不遑　來不及。㉟榮祿　榮譽和官位。㊱別　分辨。㊲交苦　同時遭受多種苦難。㊳治內　治理自我身心。㊴蹔　同「暫」。暫時。㊵息　停止；用不上。㊶喻之　開導你。喻，讓對方明白。之，代指子產。㊷忙然　即茫然。心情不適、不知所措的樣子。㊸真人　道家、道教對得道之人的稱呼。

【語譯】子產擔任鄭國的相國，獨攬全國的大權。過了三年，好人服從他的教化，壞人害怕他的法律，鄭國因此非常安定，各國諸侯也畏懼鄭國的強大。然而子產有一個兄長叫公孫朝，有一個弟弟叫公孫穆，公孫朝愛好喝酒，公孫穆愛好女色。公孫朝家裡存放著上千罈的好酒，酒麴堆積得像小山丘一樣，離開他家大門口有上百步之遠，就能感到酒氣撲鼻。當公孫朝沉迷於酒的時候，就完全忘掉了社會的安危、人情的得失、家產的有無、九族的親疏、生存的快樂和死亡的悲哀。此時即使水災、火災、兵災一同出現在他的面前，他也不曉得了。公孫穆的後院裡並排修建了數十間房子，裡面住滿了經過挑選的美貌少女。當公孫穆沉迷於女色的時候，趕走所有親友，斷絕一切交往，躲在後院裡，日以繼夜，三個月纔出來一次，而他心裡仍然感到不滿足。鄉鄰中有了美貌處女，他都必定用錢財把她招引過來，或者派媒人進行挑逗引誘，不弄到手就不肯罷休。

子產日夜為兄弟二人的事發愁，便悄悄地去拜訪鄧析並請他為自己出出主意。子產說：「我聽人說，要先做好自身修養，然後再去管理家庭，管理好了自己的家庭，然後再去治理整個國家。這話的意思是說做事要由近及遠。我把國家治理得很安定，可我的家庭卻亂作一團。難道我把治家治國的方法顛倒了嗎？用什麼辦法纔能挽救我的那兩位兄弟呢？您一定要出出主意！」鄧析說：「我很久很久就對這件事感到奇怪，但不敢先說。您為什麼不及時地教育教育他們，讓他們明白性命的重要，引導他們尊重禮義呢？」

子產採納了鄧析的意見，找了個機會去拜訪他的兩個兄弟，子產對他們說：「人之所以比禽獸可貴，就在於人有理智，而人的理智就體現在禮義上。如果一個人有了禮義修養，那麼名聲地位也就到手了。如果一個人隨心所欲地去行動，整天沉迷於自己的嗜好和欲望之中，就會危及性命。你們二位應該接受我的意見，如果你們早上悔過自新，晚上就能當上官。」公孫朝和公孫穆說：「我們早就明白你講的這些道理，也用了很長的時間來選擇我們的生活方式，難道需要你的教訓我們纔能認識到這些嗎？大凡生命是很難得到的，而死亡卻很容易碰上，拿很難得到的生命去等待著容易碰上的死亡，哪裡還顧得反覆考慮許多事情呢？你想尊崇禮義，以便在人前誇耀，克制自己的情欲和本性來獲取名聲，我們認為如此生活還不如死了的好。我們打算享盡一生的歡樂，窮盡有生之年的快活，只發愁肚子裡的酒多得就要流出來而不能放任嘴巴去痛飲，只發愁精疲力盡而不能縱情於女色，根本顧不上去擔心名聲的醜惡和生命的危險。再說你拿你的治國才能向我們炫耀，用遊說之辭來擾亂我們的心緒，用榮耀和官位來討得我們的歡心，這豈不是太淺薄又太可憐了嗎？我們還要同你分辨一些事理，那些善於治理外物的人，未必就能把外物治理好，而自身卻遭受到多種的痛苦；那些善於治理自我身心的人，外物未必就因此混亂，而自我身心卻能獲得多種的歡樂。你治理外物，那方法只能暫時推行於一個國家，因為它不符合人心；我們用來治理自我身心的方法，可以推行到整個天下，君君臣臣那一套綱常禮教也用不著了。我們常常想拿我們的方法來開導開導你，沒想到你反而拿你的那套東西來教訓我們！」子產聽後，茫茫然無話可答。

第二天，子產把這件事告訴鄧析，鄧析說：「您與得道的真人生活在一起卻不知道，誰說您是個聰明人呢？鄭國的安定不過是出於偶然而已，並非您的功勞。」

衛端木叔①者，子貢之世②也。藉③其先貲④，家累萬金。不治世故⑤，放意所好。其生民⑥之所欲為，人意之所欲玩者，無不為也，無不玩也。墻屋臺榭，園囿⑦池沼，飲食車服，聲樂嬪御⑧，擬⑨齊楚之君焉。至其情所欲好，耳所欲聽，目所欲視，口所欲嘗，雖殊方偏國⑩，非齊土⑪之所產育者，無不必致之，猶藩墻⑫之物也。及其游也，雖山川阻險，塗逕脩⑬遠，無不必之⑭，猶人之行咫步⑮也。賓客在庭者日百住⑯，庖廚之下，不絕煙火；堂廡⑰之上，不絕聲樂。奉養之餘，先散之宗族；宗族之餘，次散之邑里；邑里之餘，乃散之一國。行⑱年六十，氣幹⑲將衰，棄其家事，都散其庫藏、珍寶、車服、妾媵⑳，一年之中盡焉，不為子孫留財。及其病也，無藥石之儲。及其死也，無瘞埋之資。一國之人，受其施者，相與賦㉑而藏㉒之，反㉓其子孫之財焉。禽骨釐㉔聞之曰：「端木叔，狂人㉕也，辱其祖矣。」段于生㉖聞之曰：「木叔，達人也，德過其祖矣。其所行也，其所為也，眾意所驚，而誠理所取。衛之君子多以禮教自持㉗，固未足以得㉘此人之心也。」

【章　旨】本章讚揚了不顧禮教、隨心所欲的人。

【注　釋】❶端木叔　人名。據稱是孔子學生子貢的後代。❷世　後代。❸藉　憑藉。❹先貲　祖先留下的錢財。貲，財產。❺世故　社會上的事務。故，事務。❻生民　即生人。活著的人。❼園囿　花園和獸苑。❽嬪御　美女。御，一般指宮中女官。這裡泛指女子。❾擬　相比。❿殊方偏國　異域和偏遠的國家。⓫齊土　中原地區。齊，通「臍」。中央。⓬藩墻　圍牆；院牆。墻，同「牆」。⓭脩　長；遠。⓮之　到。⓯跬步　比喻路程很短。跬，八寸為跬。⓰百住　百數。⓱廡　止堂周圍的房子。⓲行　將；快要。⓳氣幹　血氣和軀幹。這裡泛指身體。⓴妾媵　小老婆。㉑賦　出錢。㉒藏　埋葬。㉓反　歸還。㉔禽骨釐　人名。戰國初期人，曾先後隨子貢和墨子學習。㉕狂人　放蕩的人。㉖段于生　人名。又作段干生、段干木。段干木是戰國初期人，魏國的著名隱士。㉗自持　自我約束。㉘得　理解。

【語　譯】衛國的端木叔，是子貢的後代。他憑藉著祖先的遺產，家裡聚集了高達萬金的錢財。他不做任何社會事務，隨心所欲地去幹自己所喜歡幹的事情。只要是人們所想做的，人們所想玩的，他都要去做，都要去玩。他家裡的高牆深宅、樓臺水榭、花園池塘、飲食車服、聲樂美女，可以同齊、楚兩國君主相比。對於那些他心裡喜歡的，耳朵所想聽的，眼睛所想看的，嘴巴所想吃的，即使這些東西遠在異域他國，並非中原地區所能生產，他也一定要把它們弄到手，就如同自家院內的東西一樣。在他外出遊覽時，即使山川險阻，路途遙遠，他也一定要到達自己的目的地，就如同別人做了一次短途旅行一樣。每天在他家做客的人數以百計，廚房裡的炊煙不斷，廳堂廊房裡的樂聲不停。他在款待賓客的同時，還把剩餘的錢財散發給同族的人；散發給同族人以後，再把剩餘的錢財散發給鄰里鄉親；如果仍有剩餘，就散發給全國百姓。在他快到六十歲的時候，身體逐漸衰弱，他便拋棄家事，把所有的庫藏錢財、珍珠寶物、車輛衣服、小妻美妾統統分送給別人，一年之中就送光了，沒有給子孫留下一點財產。到了他生病的時候，沒錢抓藥看病。在他死了以後，連埋葬他的錢也沒有。全國凡是接受過他的施捨的人，共同出錢把他埋葬了，並把錢財歸還給他的子孫。禽骨釐聽說了這件事，說：「端木叔是一個放蕩的人，他辱沒了自己的祖先。」段干生聽說了這件事，說：「端木叔是一位通達的人，他的品德超過了他的祖先。他所做的，他所幹的，眾人都感到驚異，然而從道理上講，又確實是可取的。衛國的君子們大多用禮教來約束自己，他們根本不可能理解端木叔的思想。」

孟孫陽❶問楊子曰：「有人於此，貴生愛身，以蘄❷不死，可乎？」

曰：「理無不死。」「以蘄久生，可乎？」曰：「理無久生。生非貴之所能存，身非愛之所能厚❸。且久生奚為？五情❹好惡，古猶今也；四體安危，古猶今也；世事苦樂，古猶今也；變易治亂，古猶今也。既聞之矣，既見之矣，既更❺之矣，百年猶厭其多，況人生❻之苦也乎！」

孟孫陽曰：「若然，速亡愈於❼久生，則踐鋒刃，入湯火，得所志❽矣。」

楊子曰：「不然❾。既生，則廢❿而任之，究⓫其所欲，以俟於死。將死則廢而任之，究其所之⓬，以放⓭於盡。無不廢，無不任，何遽⓮遲速於其間乎？」

【章　旨】本章認為，死亡是人生的必然歸宿，人唯一應該做的，就是在生前隨心所欲地去生活。

【注　釋】❶孟孫陽　人名。楊朱的弟子。❷蘄　祈求。❸厚　厚實。這裡指身體健康。❹五情　指喜、怒、哀、樂、怨五種感情。❺更　經歷。❻人生　一作「久生」。❼愈於　勝過；好於。❽得所志　滿足自己的願望。❾不然　不正確。然，正確。❿廢　放棄不管。這裡引中為放任不管。⓫究　窮盡。⓬之　到。⓭以放　以至於；一直到。⓮遽　畏懼；擔憂。

【語譯】孟孫陽問楊朱說：「如果有一個人，他重視生命愛護身體，想求得長生不死，行嗎？」楊朱說：「從道理上說是沒有長生不死的。」「祈求長久活著，行嗎？」「從道理上說，人也不可能長久活著。生命並不因為重視它就能存在，身體並不因為愛護它就能健康。再說，長久地活著幹什麼呢？人的各種情感和好惡，古今是一樣的；個人的安危，古今是一樣的；人事的苦樂，古今是一樣的；社會的變化、安定、混亂，古今也是一樣的。我們已經聽到過這些事情，看見過這些事情，而且也經歷過這些事情，活上一百年都嫌太長了，更何況活著還有許多許多的痛苦。」孟孫陽說：「如果這樣的話，早死勝過長生，那麼我們就用刀劍自殺，或者投入開水烈火中自殺，以滿足自己的願望。」楊朱說：「這樣也不對。我們既然生到世上，就應該聽之任之，盡量滿足自己的欲望，以這種生活態度等待著死亡的到來。快要死的時候，也要聽之任之，隨便自己的生命到什麼地方都可以，持這種態度一直到自己化為烏有。一切都可以放任不管，一切都要聽之任之，何必去擔心生命的長短呢？」

楊朱曰：「伯成子高❶不以一毫❷利物❸，舍國而隱耕。大禹不以一身自利，一體偏枯❹。古之人損一毫利天下不與❺也，悉天下奉一身不取也。人人不損一毫，人人不利天下❻，天下治矣。」禽子❼問楊朱曰：「去子體之一毛以濟一世，汝為之乎？」楊子曰：「世固非一毛之所濟。」

禽子曰：「假濟❽，為之乎？」楊子弗應。禽子出，語孟孫陽。孟孫陽曰：「子不達❾夫子之心，吾請言之。有侵若❿肌膚獲萬金者，若為之乎？」曰：「為之。」孟孫陽曰：「有斷若一節⓫得一國，子為之乎？」禽子默然有間⓬。孟孫陽曰：「一毛微於肌膚，肌膚微於一節，省⓭矣。然則積一毛以成肌膚，積肌膚以成一節。一毛固一體萬分中之一物，奈何輕之乎？」禽子曰：「吾不能所以答子。然則以子之言問老聃、關尹，則子言當⓮矣；以吾言問大禹、墨翟，則吾言當矣⓯。」孟孫陽因顧與其徒說他事。

【章　旨】本章通過辯論的形式，進一步論證了道家、道教的重生思想。

【注　釋】❶伯成子高　人名。古代隱士。❷毫　毫毛。❸利物　有利於別人。物，指別人。❹偏枯　半身不遂。❺不與　不參與。❻利天下　根據上下文，此「利天下」應是「悉天下奉一身」的意思，即讓整個天下為個人的利益服務。❼禽子　即禽骨釐。❽假濟　假如能夠救濟。❾達　明白；理解。❿侵若　損害你。若，你。⓫一節　一段肢體。⓬有間　一段時間。⓭省　清楚；明白。⓮當　正確。老聃和關尹是道家、道教人物，主張貴生，所以說他們將會贊成孟孫陽的重生言論。⓯以吾言二句　大禹一生為國操勞，墨子主張兼愛，所以說他們將會贊成禽子的言論。

【語　譯】楊朱說：「伯成子高不肯拔下自己的一根毫毛去有利於別人，所以他離開自己的國家隱居種地去了。大禹不肯為自身謀取利益，為別人累成了半身不遂。古代的人不肯拔取一根毫毛去有利於天下，也不肯讓整個天下的人都來奉養自己。如果人人都不肯損傷一根毫毛，人人也不肯讓整個天下的人奉養自己，那麼天下就太平無事了。」禽子問楊朱說：「如果拔去您身上一根毫毛就能救濟整個社會，您願意不願意幹？」楊朱說：「整個社會本來就不是一根毫毛所能救濟得了的。」禽子說：「假如能夠救濟，您幹不幹？」楊朱沒有回答。禽子出來後，把這件事告訴了孟孫陽。孟孫陽說：「您不理解我們先生的思想，請讓我來談談吧！如果有人損害一下你的肌膚就給您萬金，您願意幹嗎？」禽子說：「願意幹。」孟孫陽又問：「如果有人砍斷你一段肢體就送給你一個國家，你願意幹嗎？」禽子沈默了一會兒。孟孫陽接著說：「一根毫毛輕於一塊肌膚，一塊肌膚輕於一段肢體，這是很清楚的。然而把一根一根的毫毛積累起來就抵得上一塊肌膚，把一塊一塊的肌膚積累起來就抵得上一段肢體。一根毫毛固然只佔整個身體的萬分之一，但怎麼能夠輕視它呢？」禽子說：「我不知道該用什麼話來回答您。然而，如果拿您的這番話去問老聃、關尹，那麼他們一定認為您的話是正確的；如果拿我的話去問大禹、墨翟，那麼他們一定認為我的話是正確的。」孟孫陽聽罷，就回過頭同他的弟子談論其他事情去了。

楊朱曰：「天下之美歸之舜、禹、周❶、孔❷，天下之惡歸之桀、

紂。然而舜耕於河陽[3]，陶[4]於雷澤[5]，四體不得暫安，口腹不得美厚，
父母之所不愛[6]，弟妹之所不親[7]。行年三十，不告而娶[8]。及受堯之禪，
年已長，智已衰。商鈞[9]不才，禪位於禹，戚戚然以至於死。此天人[10]
窮毒[11]者也。鯀[12]治水土，績用[13]不就，殛[14]諸羽山[15]。禹纂業[16]事讎[17]，
惟荒土功[18]，子產不字[19]，過門不入[20]，身體偏枯，手足胼胝[21]。及受舜
禪，卑宮室[22]，美紱冕[23]，戚戚然以至於死。此天人之憂苦者也。武王
既終，成王[24]幼弱，周公攝[25]天子之政。召公[26]不悅，四國流言[27]。居東
三年[28]，誅兄放弟[29]，僅免其身[30]，戚戚然以至於死。此天人之危懼者也。
孔子明帝王之道，應時君之聘[31]，伐樹於宋[32]，削迹於衛[33]，窮於商周[34]，
圍於陳蔡[35]，受屈於季氏[36]，見辱於陽虎[37]，戚戚然以至於死。此天民之
遑遽[38]者也。凡彼四聖者，生無一日之歡，死有萬世之名。名者，固非
實之所取[39]也。雖稱之弗知，雖賞之不知，與株塊[40]無以異矣。桀藉[41]累
世之資，居南面之尊，智足以距[42]群下，威足以震海內，恣耳目之娛，

窮意慮之所為，熙熙然以至於死。此天民之逸蕩㊸者也。紂亦藉累世之資，居南面之尊，威無不行，志無不從，肆情於傾宮㊹，縱欲於長夜，不以禮義自苦，熙熙然以至於誅。此天民之放縱者也。彼二凶也，生有從欲之歡，死被㊺愚暴之名。實者，固非名之所與㊻也，雖毀之不知，雖稱之弗知，此與株塊奚以異矣。彼四聖雖美之所歸，苦以至終，同歸於死矣。彼二凶雖惡之所歸，樂以至終，亦同歸於死矣。」

【章旨】本章反對像聖人那樣辛苦終身，提倡一種放蕩自由、隨心所欲、得過且過的享樂生活。作者公開讚揚桀、紂的生活方式，這在中國是極為罕見的。

【注釋】❶周　周公，姓姬名旦。他是周武王的弟弟，周成王的叔叔，是西周初年的傑出政治家和思想家。❷孔　指孔子。❸河陽　地名。在今河南省境內。❹陶　製造陶器。❺雷澤　地名。在今山東省境內。❻父母句　舜的父親瞽叟寵信後妻，曾與後妻等人多次謀害舜。❼弟妹句　舜的異母弟叫象，他多次夥同父母謀害舜。❽不告而娶　舜沒有同父母商議，就娶了堯的兩個女兒娥皇和女英為妻。❾商鈞　人名。舜的兒子。❿天人　整個天上人間。⓫窮毒　窮困受苦。毒，苦難。⓬鯀　人名。大禹的父親。⓭績用　成績效果。⓮殛　誅殺。鯀奉命治理洪水，因為他採用築堤堵塞的方法，結果九年都沒成功，後被舜殺死在羽山。⓯羽山　山名。在今山東省境內。⓰纂業　繼承父親的事業。⓱事讎　為自己的仇人做事。舜殺死禹的父親，而禹繼續當舜的大臣，故有此語。⑱惟荒土功　只操心治理水土的事情。荒，沉迷於。功，事。⑲字　養育。⑳過門不入　相傳大禹因忙於治理水土，曾三次路過家門都沒進去。㉑胼胝　手掌腳底因長期勞動摩擦而生的厚繭。㉒卑宮室　房屋低矮簡陋。卑，低矮。㉓美紱冕　把禮服做得很漂亮。紱冕，同「黻冕」。禮服。以上兩句說明大禹不注重個人的生活，而重視禮儀和祭祀。㉔成王　周成王。周武王的兒子，姓姬，名誦。㉕攝　代理。㉖召公　人名。姓姬名奭。與周公共同輔佐周成王，因懷疑周公有篡位的意圖，所以很不高興。㉗四國流言　管國、蔡國、商國、奄國四個國家流傳著周公篡位的謠言。㉘居東三年　東征三年。㉙誅兄放弟　管叔是周公的兄長，蔡叔是周公的弟弟，他們懷疑周公篡位，便聯合商紂王的兒子武庚叛亂。周公率兵東征，誅殺了管叔和武庚，放逐了蔡叔。㉚僅免其身　纔得以保全自身。㉛應時君之聘　孔子多次受到各國君主的聘用。㉜伐樹於宋　孔子在宋國時，曾與弟子們在一棵大樹下演習禮儀，宋國司馬桓魋想殺孔子，便先砍掉這棵大樹。㉝削迹於衛　孔子在衛國生活不得意，又擔心有人加害，便悄悄離開衛國。㉞窮於商周　在商周這個地方受到圍困。魯國的陽虎曾欺壓過匡地的人，孔子的面貌像陽虎，所以當孔子路過匡地時，便被匡地的人誤認為陽虎而加以圍困，五天後纔獲釋。這裡的商周當指匡地。㉟圍於陳蔡　孔子應邀到楚國去，陳、蔡兩國擔心孔子在楚國掌權後對自己不利，便派兵把他包圍起來。㊱受屈於季氏　孔子曾在魯國貴族季孫氏手下擔任管理牲畜的小官。㊲見辱於陽虎　季孫氏曾設宴招待魯國士人，孔子前去赴宴，卻遭到季孫氏家臣陽虎的拒絕，因此受辱。見，受；被。㊳遑遽　惶恐不安。㊴固非句　本來就不是實際生活所需要的。㊵株塊　樹根與土塊。㊶藉　憑藉。㊷距　通「拒」。抗拒；對付。㊸逸蕩　自由放蕩。㊹傾宮　高大的宮殿。傾，形容宮殿高聳如欲傾墜。㊺被　受；得到。㊻固非句　本來就不是名聲所能影響的。與，參與；干涉。這裡引申為影響。

【語　譯】楊朱說：「天下的美名都送給了舜、禹、周公和孔子，天下的惡名都送給了夏桀和商紂。然而舜當年在河陽種莊稼、在雷澤做陶器的時候，身體得不到片刻的休息，口腹得不到美好的食物，父母不疼愛他，弟妹不親近他。快到三十歲的時候，纔不得不瞞著父母娶了妻子。等到他接受堯的禪讓時，年齡已經很大了，智力也已經衰退了。他的兒子商鈞又無才能，只好把帝位禪讓給禹，舜就這樣悲愁地一直到死。他可以說是整個天上人間最困窘最受苦的人。鯀治理水土，沒有成功，被舜殺死在羽山。禹繼承父親的事業，在自己的仇人舜的手下做事，他一心放在治理水土的事情上，生了孩子也顧不得撫養，路過家門也顧不得進去看看，累得半身不遂，手掌腳掌滿是老繭。等他接受舜的禪讓以後，仍然住在低矮簡陋的房子裡，卻把禮服做得很漂亮，禹的生活也是如此悲愁地一直到死。他可以說是整個天上人間最憂愁最受罪的人。周武王去世以後，周成王年齡幼小，周公便代替天子掌管全國政權。召公對此很不高興，管國、蔡國、商國和奄國四個諸侯國也散布周公篡位的謠言。周公花三年時間東征，誅殺了自己的兄長，流放了自己的弟弟，這纔得以保全自身，他悲愁地一直到死。他可以說是整個天上人間處境最危險也最擔驚受怕的人。孔子精通帝王治國的方法，曾接受當時諸侯國君的聘用，然而在宋國卻遇到桓魋砍倒大樹要謀害他的威脅，在衛國不得不悄悄逃走，在商周幾乎是走投無路，在陳蔡被人圍困，受過季氏的委屈，遭到陽虎的羞辱，他終身悲愁地一直到死。他可以說是整個天上人間最惶恐不安的人。所有這四位聖人，活著的時候沒能過上一天舒坦的日子，死後卻享有不朽的美名。看來名聲這種東西，本來就不是實際生活所需要的。即使稱頌他們，他們也不知道；即使獎賞他們，他們也不知道。死後的他們與樹根、土塊沒有什麼不同之處。

「夏桀憑藉著歷代祖先創建的基業，佔據著南面稱帝的尊貴地位，他的智力足以對付群臣，聲威足以震動海內，他盡力滿足耳目的欲望，去做一切自己願意做的事情，快快樂樂一直到死。

他可以說是整個天上人間最自由放蕩的人。商紂王也憑藉著歷代祖先創建的基業，佔據著南面稱帝的尊貴地位，他那頗具聲威的命令到處通行無阻，他的意志人人都要服從，他在高大的宮殿裡盡情享樂，在漫漫的長夜裡放縱情欲，他不用禮義約束自己自討苦吃，快快樂樂地一直到被殺。他可以說是整個天上人間最放情縱欲的人。這兩個惡人，活著的時候得到了縱欲的歡樂，死後纔背上了愚蠢殘暴的名聲。由此看來，實際生活本來就不是名聲所能影響得了的。即使咒罵他們，他們也不知道；即使稱頌他們，他們也不知道。死後的他們與樹根、土塊沒有什麼兩樣。雖然所有美名都歸於那四位聖人，然而他們受苦終身，最後都走向死亡。雖然所有惡名都歸於那兩個壞人，然而他們卻享樂終身，最後也同樣走向死亡。」

楊朱見梁王❶，言治天下如運諸掌❷。梁王曰：「先生有一妻一妾，而不能治；三畝之園，而不能芸❸。而言治天下如運諸掌，何也？」對曰：「君見其牧羊者乎？百羊而群，使五尺童子荷箠❹而隨之，欲東而東，欲西而西。使堯牽一羊，舜荷箠而隨之，則不能前矣。且臣聞之：吞舟之魚，不游枝流❺；鴻鵠高飛，不集汙池❻。何則？其極遠❼也。黃鍾、大呂❽，不可從❾煩奏❿之舞。何則？其音疏⓫也。將治大者不治細，成大功者不成小，此之謂矣。」

【章旨】本章說明了兩個道理，一是治國要順從民心，就像牧童順從羊群的意志一樣。二是能做大事的人往往做不好小事。

【注釋】❶梁王　魏國君主梁惠王。魏國曾建都大梁（今河南省開封市），故魏又稱梁。❷運諸掌　玩弄東西於手掌之中。形容很輕鬆、很容易。運，運轉。諸，「之於」的合音。❸芸　通「耘」。鋤草。這裡泛指管理。❹荷箠　拿著鞭子。❺枝流　支流。❻汙池　死水池塘。❼極遠　指志向極為遠大。❽黃鍾大呂　分別為古代十二律中的第一律和第二律。它們的聲音遲緩、肅穆。❾從　伴奏。❿煩奏　節奏快。煩，多；快。⓫疏　同「疏」。疏緩。

【語譯】楊朱進見梁惠王的時候，說自己治理天下就如同在手掌中玩弄小東西一樣輕鬆自如。梁惠王說：「先生您家裡只有一妻一妾都管教不好，三畝大的小菜園也沒有管理好，卻自稱治理天下就如同在手掌中玩弄小東西一樣輕鬆自如，這是什麼道理呢？」楊朱回答說：「大王您見過牧羊的情況嗎？上百隻的羊群，讓一個三尺高的兒童拿著鞭子跟著牠們，羊群想往東就隨牠們往東，羊群想往西就隨牠們往西。如果讓賢能的堯牽著一隻羊，讓同樣賢能的舜拿著鞭子在後面趕，恐怕也很難順利地向前走。而且我還聽說過這樣的話：能吞下船隻的大魚，不在小河支流裡游動；高飛的鴻鵠，不在死水池中停留。為什麼呢？因為它們的志向都極為遠大。黃鍾、大呂，不能夠為節奏較快的舞蹈伴奏。為什麼呢？因為它們的聲音較為疏緩。要幹大事的人就不去做小事，要建立大功的人就不去追求小功，講的就是這個道理。」

楊朱曰：「太古之事滅矣，孰誌之哉？三皇❶之事若存若亡，五帝❷之事若覺若夢，三王❸之事或隱或顯，億不識一。當身之事或聞或見，萬不識一。目前之事或存或廢❹，千不識一。太古至于今日，年數固不可勝紀，伏羲已來❺，三十餘萬歲。賢愚、好❻醜、成敗、是非，無不消滅，但遲速之間爾。矜❼一時之毀譽，以焦苦其神形，要❽死後數百年中餘名，豈足潤枯骨？何生之樂哉？」

【章旨】本章仍然是要求人們不必追求死後美名，應抓緊有生之年盡情享受生活中的樂趣。

【注釋】❶三皇　傳說中遠古部落的三位酋長，一說指天皇、地皇、泰皇，一說指伏羲、神農、黃帝。另外還有數種說法。❷五帝　傳說中的五位帝王，一說指伏羲、神農、黃帝、堯、舜，一說指黃帝、顓頊、帝嚳、堯、舜。❸三王　指夏禹、商湯、周文王（或加上周武王）。❹或存或廢　有的被記住了，有的被忘掉了。存，存於心中。廢，忘記。❺已來　以來。❻好　美麗。與「醜」相對。❼矜　拘謹於。❽要　追求；要求。

【語　譯】楊朱說：「遠古時代發生的事情已經湮滅了，誰能記得住它們呢？三皇時代的事看起來似有似無，五帝時代的事看起來似真似假，三王時代的事至今有的已經不知道了，有的還比較清楚，對於那時的事情，我們知道的不到億分之一。當代的事情，我們有的是聽到，有的是看到，真正知道的也不到萬分之一。發生在眼前的事情，有的還記得，有的已經忘掉，真正知道的也不到千分之一。從遠古到今天，年數確實多得無法計算，從伏羲到現在，也有三十多萬年了。這期間無論是賢良還是愚笨，無論是美好還是醜陋，無論是成功還是失敗，無論是正確還是錯誤，統統都已消失，只不過消失得有慢有快而已。有人過分注重一時的毀譽，因此使心身都遭受痛苦折磨，為的是追求能留傳數百年的美名，美名難道能夠潤澤那一把枯朽的骨頭嗎？這樣的生活還有什麼快樂呢？」

楊朱曰：「人肖❶天地之類，懷五常之性❷，有生之最靈者，人也。人者，爪牙不足以供守衛，肌膚不足以自捍禦，趨走不足以逃利害❸，無毛羽以禦寒暑，必將資物❹以為養，性任智而不恃力。故智之所貴，存我為貴；力之所賤，侵物為賤。然身非我有❺也，既生，不得不全之；物非我有也，既有，不得而去❻之。身固生之主，物亦養之主。雖全生身，不可有❼其身；雖不去物，不可有其物。有其物，有其身，是橫私❽

天下之身，橫私天下之物。不橫私天下之身，不橫私天下之物者，其唯聖人乎！公天下之身，公天下之物，其唯至人❾矣！此之謂至至❿者也！」

【章旨】本章認為應把自身和萬物都看作是大自然和天下所共有，只有如此，纔算達到了最高思想境界。

【注釋】❶肖　像；類似。❷五常之性　對於五常的解釋很多，根據上下文，這裡應指仁、義、禮、智、信。❸逃利害　一本作「從利逃害」，更為確切。❹資物　憑藉外物。資，憑藉；依靠。❺身非我有　道家與道教認為，人為道所生，屬於大自然的一部分，因而不能把身體僅僅視為個人所有。❻去　排斥；排除。❼有　據為個人所有。❽橫私　個人蠻橫地佔有。❾至人　對得道之人的另一種稱呼，與「真人」意同。❿至至　達到最高思想境界。第一個「至」是「達到」的意思，第二個「至」是指最高思想境界。

【語譯】楊朱說：「人同天地相似，並具有仁、義、禮、智、信這五種天性，所有生靈中最有靈性的，就是人啊！人，他的指爪和牙齒不足以用來防衛，他的肌肉和皮膚不足以用來抵禦外敵，他的奔跑速度不足以去獲取利益躲避災害，他沒有毛羽用來防止嚴寒和酷熱，因此必須借用外物來供養自己，人的天性就是依靠智慧而不依靠氣力。所以智慧有它可貴的地方，可貴的地方就在於能夠保全自我；氣力有它低賤的地方，低賤的地方就在於它常常侵害外物。然而身體並非屬於個人所有，只是在它生出來以後，不得不去保全它；外物也並非屬於個人所有，只是在它們出現之後，就不能排除它們。身體固然是生命的主體，然而外物也是養育它的主體。雖然要保全生命和身體，但不能把身體視為己有；雖然不能排除外物，但也不能把外物視為己有，把身體視為己有，就是個人蠻橫地佔有屬於天下共有的身體，就是個人蠻橫地佔有屬於天下共有的外物。不蠻橫地去私人佔有屬於天下共有的身體，不蠻橫地去私人佔有屬於天下共有的外物，這大概只有聖人纔能做到吧！把本來就屬於天下所有的身體視為公有，把本來就屬於天下所有的外物視為公有，這大概只有得道的至人纔能做到吧！這樣做就叫作達到了最高的思想境界。」

楊朱曰：「生民之不得休息，為四事故❶：一為壽，二為名，三為位，四為貨。有此四者，畏鬼，畏人，畏威，畏刑。此謂之遁人❷也。可殺可活，制命在外❸。不逆命❹，何羨壽？不矜❺貴，何羨名？不要勢，何羨位？不貪富，何羨貨？此謂順民❻也。天下無對❼，制命在內❽。故語有之曰：『人不婚宦，情欲失半；人不衣食，君臣道息。』周諺❾曰：『田父可坐殺❿。』晨出夜入，自以性之恒⓫；啜菽⓬茹藿⓭，自以味之極；肌肉麤厚，筋節腃急⓮，一朝處以柔毛綈幕⓯，薦以粱肉蘭橘⓰，心痟⑰體煩，內熱⑱生病矣。商⑲、魯之君與田父侔地⑳，則亦不盈一時㉑而憊矣。故野人㉒之所安，野人之所美，謂天下無過者。昔者宋國有田夫，常衣縕黂㉓，僅㉔以過冬。暨春東作㉕，自曝於日，不知天下之有廣廈隩室㉖，綿纊㉗狐貉㉘。顧其妻曰：『負日㉙之暄㉚，人莫知者；以獻吾君，將有重賞。』里㉛之富室告之曰：『昔人有美戎菽㉜、甘枲莖㉝、芹㉞、萍子㉟者，對鄉豪㊱稱之。鄉豪取而嘗之，蜇㊲於口，慘㊳於腹，眾哂㊴而怨之，其人大慙。子，此類也。』」

【章　旨】本章稱名利之徒為「遁人」，稱不戀名利的人為「順民」，認為遁人根本無法享受順民的生活樂趣，而順民也無法忍受遁人的痛苦生活。

【注　釋】❶事故　事情的緣故。❷遁人　不按道辦事的人。❸制命在外　支配他生命的是外部事物。❹逆命　與命運作對。❺矜　看重。❻順民　按照道辦事的人。❼無對　沒有對手；無敵。❽制命在內　支配他生命的是他自身。❾周諺　周地的諺語。周，地區名，在今陝西省一帶。一說指周代。❿坐殺　因生活太安閒而死。⓫性之恒坐，安坐。這裡引申為安閒的生活。農夫習慣於勞動，如果讓他整天閒著，他會因此致病而死的。⓫性之恒　不變的本性。⓬啜菽　吃豆類食物。啜，吃。菽，豆類。⓭茹藿　吃豆葉。茹，吃。藿，豆葉。⓮䐃急　緊縮。

這裡有僵直的意思。⑮綈幕　絲綢帳幕。綈，光滑厚實的絲織品。⑯蘭橘　香甜的水果。蘭，蘭草。這裡取其芳香義。橘，泛指水果。⑰痟　憂愁。⑱內熱　內心發燒。⑲商　指春秋時期的宋國。宋國的國君是商朝君主的後代，故又稱宋為商。⑳伻地　同樣的境地。㉑一時　一個時辰。指很短的時間。㉒野人　指生活在農村的農夫。㉓緼黂　麻絮做的棉衣。㉔僅　勉強。㉕東作　太陽從東方昇起。作，昇起。一說指春耕生產。㉖隩室　溫暖的房子。隩，通「燠」。溫暖。㉗綿纊　絲棉。㉘狐貉　兩種野獸名。這裡指用狐皮和貉皮做成的衣服。㉙負日　曬太陽。㉚暄　暖和。㉛里　鄉里；同鄉。㉜戎菽　大豆。㉝枲莖　麻莖。枲，麻。㉞芹　一種菜名。㉟苹　即苹，一種野菜名。㊱鄉豪　同鄉豪富。㊲蜇　刺傷。㊳慘　劇痛。㊴哂　嘲笑。

【語　譯】楊朱說：「人們之所以得不到休息，是因為四件事的緣故：一是為了長壽，二是為了名譽，三是為了地位，四是為了錢財。有了這四件事，就會怕鬼，怕人，怕權威，怕刑罰。這些人可以叫作違背大道的人。可以左右他們的死，也可以左右他們的生，他們的生命完全受外物的支配。如果不去對抗命運，為什麼還會羨慕長壽？不看重顯貴，為什麼還會羨慕名聲？不追求權勢，為什麼還會羨慕地位？不貪圖財富，為什麼還會羨慕錢物？這樣的人可以叫作順應大道的人。整個天下都沒有他們的對手，自己的生命完全由自己支配。所以俗話說：『人不婚娶不當官，情慾就會少一半；不穿衣服不吃飯，君臣原則就消失。』周地還流傳著這樣一句諺語：『老農會因太清閒而死。』老農早出晚歸，自以為這就是人的本性；吃豆子豆葉，自以為這就是最好的食物；他們肌肉粗厚，筋節僵硬，一旦讓他們躺在柔軟的毛毯上，睡在絲綢的帳幕裡，讓他們吃精美的飯菜和香甜的水果，他們反而會感到心中憂愁，身體煩躁，會發燒生病的。如果讓宋國和魯國的國君去過老農那樣的生活，那麼要不了多久，他們也會疲憊不堪的。所以農夫所習慣了的生活，就是農夫所讚美的生活，他們自認為天下沒有比這更好的了。從前，宋國有一個農夫，經常穿著一件破麻絮衣，靠它勉強度過冬天。到了春季，太陽從東邊昇起，他就跑到太陽下曬暖，根本不知道天下還有高大的樓房和溫暖的房屋，還有暖和的絲棉衣服和狐貉皮衣。於是他回頭對妻子說：『曬太陽的暖和，還沒有人知道。我要是把這個取暖辦法獻給我們的國君，一定會得到重賞。』鄉鄰中有一個富人對他說：『過去有一個人認為大豆、麻莖、芹菜、苹子吃起來很甜美，就在一個鄉里富豪面前對它們讚不絕口，那富豪就拿這些東西嘗嘗，誰料嘴巴也被刺傷了，肚子也吃疼了，大家都嘲笑抱怨那個人，那個人也非常慚愧。你就是他那種人啊！』」

楊朱曰：「豐屋❶、美服、厚味、姣色❷，有此四者，何求於外？有此而求外者，無厭之性。無厭之性，陰陽之蠹❸也。忠不足以安君，適足以危身；義不足以利物，適足以害生。安上不由於忠❹，而忠名滅焉；利物不由於義，而義名絕焉。君臣兼安，物我兼利，古之道也。鬻子❺曰：『去名者無憂。』老子曰：『名者實之賓❻。』而悠悠者❼趨❽名不已。名固不可去？名固不可賓邪？今有名則尊榮，亡名則卑辱；尊榮則逸樂，卑辱則憂苦。憂苦，犯性者也；逸樂，順性者也。斯❾實之所係⑩矣，名胡可去？名胡可賓？但惡夫守名而累實⑪。守名而累實，將恤⑫危亡之不救，豈徒逸樂、憂苦之間哉！」

【章旨】本章認為，名還是應該要的，但名必須有利於實際生活，不能因追求名聲而損害了實際生活。

【注釋】❶豐屋　高大的房屋。❷姣色　漂亮的女子。❸陰陽之蠹　大自然的害蟲。陰陽，指大自然。蠹，一種蛀蝕器物的害蟲。❹不由於忠　不是出於忠心。❺鬻子　即鬻熊。❻名者實之賓　名是實際的附屬品。賓，附屬品。這句話當出自《莊子・逍遙遊》。❼悠悠者　很多人。悠悠，眾多的樣子。❽趨　追求。❾斯　代指名。❿係　依賴。⓫守名而累實　死抱著名聲而損害了實際生活。⓬恤　憂愁。

【語譯】楊朱說：「高大的房屋、華麗的衣服、甘美的食物、漂亮的女子，有了這四樣東西，還要向外面追求什麼呢？有了這四樣東西而繼續向外追求的人，一定是具有貪得無厭的本性。貪得無厭的本性，就是大自然的害蟲。他們沒有足夠的忠誠使君主生活安寧，剛好能夠危及自身；他們沒有足夠的正義使外物受益，剛好能夠殘害生命。如果使君主生活安寧而並非出於忠心的話，那麼『忠誠』這個名詞就可以讓它消失了；如果使外物受益而並非出於正義的話，那麼『正義』這個名詞也可以拋棄不用了。讓君主和大臣都安寧，讓外物和自身都受益，這是古人的處世原則。鬻子說：『不要名的人就不會有憂愁。』老子說：『名是實際的附屬品。』然而那麼多的人仍在不停地追求名聲。名聲真的不能捨棄嗎？名聲真的不能視為附屬品嗎？現在，有了名聲就尊貴榮耀，沒有名聲就卑賤屈辱。尊貴榮耀的人就能過上安逸快樂的生活，卑賤屈辱的人只能過上憂愁痛苦的生活。憂愁痛苦，就違背了人的天性；安逸快樂，就順應了人的天性。名聲是實際生活所依賴所需要的，怎麼能捨棄名聲呢？怎麼能把名聲看作一種附屬品呢？只是討厭那種為了名聲而損害實際生活的做法。為了名聲而損害實際生活，大概將會為自己的生命安全而發愁，這種痛苦難道僅僅像快樂與憂愁之間的那點差異嗎？」

說符第八

【題解】說符，就是「談談人的行為如何與大道相符」的意思。本篇主要告誡人們：第一，要順應大道，不要依賴個人的瑣小智巧。第二，要保持謙退，重視以後取先、以弱勝強的處世原則。第三，要見微知著，切實把握事物的實質，不要被一些名稱和表面現象所迷惑。第四，要善於掌握時機，學會隨機應變的能力。除了這些主要內容之外，本篇還提出了治國必須先做好自身修養並任用賢人的主張，批評了重財輕道、憤而忘身的行為和上天有意生物的思想。特別是在最後，作者對那些無端臆測的主觀主義者和因貪欲而心亂神迷的人給予了深刻的譏諷。

子列子學於壺丘子林，壺丘子林曰：「子知持後❶，則可言持身❷矣。」列子曰：「願聞持後。」曰：「顧若影，則知之。」列子顧而觀影：形枉❸則影曲，形直則影正。然則枉直隨形而不在影，屈伸任物❹

而不在我。此之謂持後而處先。

【章　旨】本章反映了道家、道教以後取先的處世策略。

【注　釋】❶持後　保持謙退的處世態度。❷持身　為人處世。❸枉　彎曲。❹任物　順應客觀環境。物，他人。這裡泛指客觀環境。

【語　譯】列子跟隨壺丘子林學習，壺丘子林說：「你明白保持謙退的道理，然後纔能同你講為人處世的問題。」列子說：「希望能聽您談談保持謙退的道理。」壺丘子林說：「回頭看看你的身影就明白了。」於是列子就回頭觀察自己的身影：身體彎曲的時候，影子隨著彎曲了；身體挺直的時候，影子隨著挺直了。這就是說影子是彎曲還是挺直全是順應著身體，並不在於影子本身；那麼一個人是委屈求全還是揚眉吐氣，就應該順應客觀環境，不能固執個人的主觀意志。這就叫作以後取先。

關尹謂子列子曰：「言美則響❶美，言惡則響惡；身長則影長，身短則影短。名也者，響也；身❷也者，影也。故曰：慎爾言，將有和之；慎爾❸行，將有隨之。是故聖人見出以知入，觀往以知來，此其所以先知之理也。度在身❹，稽❺在人。人愛我，我必愛之；人惡我，我必惡之。湯、武愛天下，故王；桀、紂惡天下，故亡。此所稽也。稽度皆明而不道❻也，譬之出不由門，行不從徑❼也。以是求利，不亦難乎？嘗觀之神農、有炎❽之德，稽之虞、夏、商、周之書，度❾諸法士❿賢人之言，所以存亡廢興而非由此道者，未之有也。」

【章　旨】本章認為自己如何對待別人，別人也將如何對待自己，因此一定要小心自己的一言一行。

【注　釋】❶響　回聲。❷身　這裡指自身的遭遇。❸爾　你。❹度在身　如何為人處世在於自身。度，尺度；標準。這裡指為人處世的原則。❺稽　考察；檢查。❻道　遵循。❼徑　本指小路，這裡泛指道路。❽有炎　炎帝。傳說中的部落首領。❾度　考察；研究。❿法士　按照法律辦事的人。

【語　譯】關尹對列子說：「話講得美好動聽，回音也就美好動聽；話講得醜陋難聽，回音也就醜陋難聽。身體高大，身影也就高大；身體矮小，身影也就矮小。個人的名聲，就好比回音；個人的遭遇，就好比身影。所以說，要小心你的言語，將有回音應和它；小心你的行為，將有身影跟隨它。所以聖人看見你付出的就知道你將獲得什麼，觀察你的過去行為就知道你的未來遭遇，這就是聖人能夠先知先覺的道理。如何為人處世在於自身，而去考察它的在於別人。有人愛我，我一定會愛他；有人厭惡我，我一定也厭惡他。商湯和周武王熱愛天下百姓，所以他們能夠君臨天下；夏桀和商紂王厭惡天下百姓，所以他們身死國亡。這就是人們進行考察的結果。別人考察的效果和個人為人的原則這些道理都已經明白了，卻又不遵循這個道理去辦事，這就好比出去不經過大門，行走不經過道路一樣。用這種做法去謀求利益，豈不是太困難了嗎？我曾經考察過神農、炎帝的德行，研究過有關虞舜、夏朝、商朝、周朝的書籍，思考過那些依法辦事和德才兼備之人的言論，發現存亡興廢不遵循這條規律的個人和國家，在歷史上還從來沒有出現過。」

嚴恢❶曰：「所為問❷道者為富，今得珠亦富矣，安用道？」子列子曰：「桀、紂唯重利而輕道，是以亡。幸哉！余未汝語也。人而❸無義，唯食而已，是雞狗也。彊食❹靡角❺，勝者為制❻，是禽獸也。為雞狗禽獸矣，而欲人之尊己，不可得也。人不尊己，則危辱及之矣。」

【章　旨】本章強調道與義的重要性，認為無道無義的人是無法生活下去的。

【注　釋】❶嚴恢　人名。生平不詳。❷問　請教；學習。❸而　如果。❹彊食　強力爭奪食物。❺靡角　角鬥。靡，應作「摩」。兩物互相抵觸摩擦。❻為制　為王。制，主宰。

【語　譯】嚴恢說：「人們之所以去學道，目的是為了發財致富。現在我如果有了寶珠，同樣也可以發財致富，哪裡還用得著道呢？」列子說：「夏桀和商紂只重視錢財而輕視道，因此身死國亡。幸好我還沒有同你談論過什麼。作為一個人如果不講道義，只會吃飯，那他不過是雞狗而已。爭食好鬥，勝者為王，就是禽獸。自己的行為像雞狗禽獸，而想讓別人尊重自己，這是不可能的。如果別人不尊重自己，那麼災禍和屈辱就會發生。」

列子學射，中❶矣，請❷於關尹子。尹子曰：「子知子之所以中❸者乎？」對曰：「弗知也。」關尹子曰：「未可。」退而習之。三年，又以報關尹子。尹子曰：「子知子之所以中乎？」列子曰：「知之矣。」關尹子曰：「可。以守而勿失也。非獨射也，為國與身，亦皆如之。故聖人不察存亡❹，而察其所以然。」

【章　旨】本章通過列子學射的故事，說明人們認識的主要對象不是現象本身，而是這一現象發生的原因。

【注　釋】❶中　射中。❷請　請示下一步應該做什麼。❸所以中　能夠射中的原因。❹存亡　指存亡這一現象本身。

【語　譯】列子學習射箭，已經能夠射中靶子了，便去向關尹子請示下一步該做什麼。關尹子問：「你知道你能夠射中的原因嗎？」列子回答說：「不知道。」關尹子說：「這還不行。」於是列子回去繼續學習射箭。過了三年，又去向關尹子匯報。關尹子問：「你知道你能夠射中的原因嗎？」列子說：「我知道了。」關尹子說：「這就行了。牢牢記住其中的道理，不要遺忘了。不僅射箭是如此，治國和修身，也都是如此。所以聖人並不注重觀察興廢存亡本身，而去研究興廢存亡這些現象發生的根本原因。」

列子曰：「色盛❶者驕，力盛者奮❷，未可以語道也。故不班白❸語道，失，而況行之乎！故自奮則人莫之告。人莫之告，則孤而無輔矣。賢者任人，故年老而不衰❹，智盡而不亂。故治國之難在於知賢而不在自賢❺。」

【章　旨】本章認為，治國重在用人，特別是要任用那些年齡較大、經驗較多的老年人。

【注　釋】❶色盛　血氣方剛。色，本指面部表情，這裡引申為血氣。❷奮　這裡指逞強蠻幹。❸班白　頭髮花白。班，通「斑」。❹年老而不衰　指賢者善於任用別人為自己辦事，所以雖然自己年老，但力量卻不衰減。❺自賢　自以為賢能並依仗個人的才智。

【語　譯】列子說：「血氣方剛的人容易驕傲，力量強大的人容易逞強，這樣的人不可以同他們談論道。所以那些頭髮沒有斑白的人談論道，往往會出現失誤，更何況去按照道辦事呢！所以逞強好勝的人，就沒有人去勸告他。沒有人去勸告他，那麼他就孤立而無人幫助了。賢明的人善於任用別人，所以賢明的人雖然年老，但力量不會衰減；雖然智力已盡，但辦事不會迷亂。所以，治理國家的最大難處在於識別和任用賢才，而不在於自以為賢能和依仗自己的賢能。」

宋人有為其君以玉為楮葉❶者，三年而成。鋒殺❷莖柯❸，毫芒繁澤❹，亂之楮葉中而不可別也。此人遂以巧食宋國❺。子列子聞之，曰：「使天地之生物，三年而成一葉，則物之有葉者寡矣。故聖人恃道化❻而不恃智巧。」

【章　旨】本章提倡順應和依賴自然規律，反對人為的瑣小技巧。

【注　釋】❶為楮葉　雕刻構樹葉。為，做。這裡指雕刻。楮，構樹。❷鋒殺　肥瘦大小。鋒，應為「豐」。肥大。殺，瘦小。❸柯　草木的枝莖。這裡指葉柄。❹毫芒繁澤　葉片上的細毛繁多而潤澤。毫芒，細毛。❺食宋國　在宋國衣食不愁。❻道化　大自然化育萬物。道，道家與道教往往把「道」與「自然」相提並論。

【語　譯】宋國有一個人為他的君主用玉石雕刻楮樹葉片，三年纔完成。玉石葉片的莖脈和葉柄大小適中，細毛繁多而潤澤，放置在真的楮樹葉片之中，根本無法分辨出來。這個人便憑藉著這個技巧在宋國衣食不愁。列子聽說了這件事，說：「假如天地在生育萬物的時候，三年纔長成一片葉子的話，那麼萬物之中長葉子的東西就太少了。所以聖人依賴的是大自然的化育，而不是人為的瑣小智巧。」

子列子窮，容貌有飢色❶。客有言之鄭子陽❷者，曰：「列禦寇蓋有道之士也，居君之國而窮，君無乃❸為不好士乎？」鄭子陽即令官遺❹之粟。子列子出見使者，再拜而辭❺。使者去，子列子入，其妻望❻之而拊心❼曰：「妾聞為有道者之妻子皆使佚樂❽，今有飢色，君過❾而遺先生食，先生不受，豈不命也哉！」子列子笑謂之曰：「君非自知❿我也，以人之言而遺我粟，至其罪我⓫也，又且以人之言，此吾所以不受也。」其卒⓬，民果作難而殺子陽⓭。

【章旨】本章讚美了列子以小知大、以往知來的先知先覺的能力。

【注釋】❶飢色　挨餓的模樣。❷子陽　人名。鄭國的相國。❸無乃　豈不是；大概是。❹遺　贈送。❺辭拒絕。❻望　埋怨；抱怨。❼拊心　拍打著胸口。表示生氣。❽佚樂　生活安逸幸福。佚，通「逸」。安樂。❾君過　子陽君派人來探望。君，指子陽。過，探望。❿自知　本人了解。⓫罪我　加罪名於我。⓬其卒　其後；後來。⓭民果句　據《呂氏春秋・適威》記載，子陽執政嚴酷，人們便趁追殺瘋狗的機會殺死子陽。

【語　譯】列子窮困不堪，餓得面黃肌瘦。有人對鄭國的相國子陽說：「列禦寇是一位德才兼備的讀書人，現在居住在您的國家裡而窮困潦倒，您豈不是要落下不喜愛讀書人的名聲嗎？」子陽立即命令官員給列子送去了糧食。列子走出來見到了使者，再三表示感謝但婉言拒絕接受糧食。使者走了以後，列子回到屋裡，他的妻子生氣地拍打著胸口，埋怨說：「我聽說當德才兼備者的妻子兒女，都能生活得安逸幸福，而現在我們卻餓得面黃肌瘦。子陽君派人來看望並送給你一些糧食，而你卻不接受，這豈不是命中注定該挨餓嗎！」列子笑著對她說：「子陽君並非本人了解我，他是因為聽信了別人的話纔送糧食給我，到了將來他加罪於我的時候，同樣會是因為聽信了別人的話。這就是我不接受的原因啊。」後來，百姓們果然發難殺死了子陽。

魯施氏❶有二子，其一好學❷，其一好兵❸。好學者以術干❹齊侯❺，齊侯納之以為諸公子❻之傅❼。好兵者之❽楚，以法❾干楚王，王悅之，以為軍正❿。祿富其家，爵⓫榮其親。施氏之鄰人孟氏，同有二子，所業亦同，而窘於貧。羨施氏之有，因從請進趣⓬之方。二子以實告孟氏。

孟氏之一子⑬之秦，以術干秦王。秦王曰：「當今諸侯力爭，所務兵食⑭而已。若用仁義治吾國，是滅亡之道。」遂宮⑮而放之。其一子之衛，以法干衛侯。衛侯曰：「吾弱國也，而攝⑯乎大國之間。大國吾事之，小國吾撫⑰之，是求安之道。若賴兵權⑱，滅亡可待矣。若全而歸之，適⑲於他國，為吾之患不輕矣。」遂刖⑳之而還諸魯。既反㉑，孟氏之父子叩㉒胷而讓㉓施氏。施氏曰：「凡得時者昌，失時者亡。子道與吾同，而功㉔與吾異，失時者也，非行之謬也。且天下理無常是㉕，事無常非。先日所用，今或棄之；今之所棄，後或用之。此用與不用，無定是非也。投隙㉖抵時㉗，應事無方㉘，屬乎智。智苟㉙不足，使若博如孔丘，術如呂尚㉚，焉往㉛而不窮㉜哉？」孟氏父子舍然㉝無慍容㉞，曰：「吾知之矣。子勿重㉟言！」

【章　旨】這則故事說明只有善於隨時應變、把握時機，辦事纔能成功。

【注釋】❶魯施氏　魯國的施姓人家。❷學　根據下文，指學文。❸兵　兵法；軍事。❹干　求取。這裡指求取官位。❺齊侯　齊國的君主。❻公子　諸侯王的兒子。❼傅　老師。❽之　到。❾法　兵法。❿軍正　軍中的執法官。⓫爵　官爵。⓬進趣　求取功名。趣，通「趨」。⓭一子　根據下文，指學文的兒子。⓮兵食　軍隊和糧食。⓯宮　宮刑。古代閹割犯人生殖器的一種酷刑。⓰攝　夾。⓱撫　安撫。⓲兵權　軍事上的謀略。權，權謀。⓳適　到。⓴刖　砍斷雙腳的一種酷刑。㉑反　通「返」。返回。㉒叩　拍打。㉓讓　責怪。㉔功　功效。㉕是　正確。㉖投隙　找機會。隙，機會。㉗抵時　趕上時機。抵，趕上。㉘應事無方　應付事務不固於某種固定不變的方法。㉙苟　如果。㉚呂尚　人名。即姜子牙，又稱姜太公，曾助周武王滅商，是著名的謀略家。㉛焉往　到哪裡去。焉，哪裡。㉜窮　走投無路；困窘。㉝舍然　氣惱消失的樣子。舍，通「釋」。消釋。㉞慍容　發怒的表情。慍，怒。㉟重　再。

【語譯】魯國的施家有兩個兒子，一個喜歡學文，一個喜歡學武。喜歡學文的就憑學問到齊侯那裡去謀取官職，齊侯接受了他，讓他擔任公子們的老師。喜歡學武的到了楚國，憑兵法向楚王謀取官職，楚王很高興，讓他當了軍中的執法官。兩個兒子的俸祿使家庭富有，官爵也為雙親帶來了榮耀。施家的鄰居姓孟，同樣有兩個兒子，他們所學的專業也與施家兩個兒子的一樣，卻一直處於貧困之中。孟家羨慕施家的富有，於是便去向施家請教求取功名的方法。施家的兩個兒子便把真實情況告訴了孟家。孟家喜歡學文的那個兒子便去了秦國，憑自己的學問向秦王謀取官職。秦王說：「目前各諸侯國正憑藉武力爭奪天下，迫切需要做的不過是加強軍力、廣積糧食而已。如果用你說的仁義那一套來治理我的國家，那可是一條滅亡之路。」於是就對他處以宮刑，然後纔放他回去。另一個兒子跑到了衛國，拿自己的兵法去向衛侯謀取官職。衛侯說：「我們是一個弱小的國家，卻夾在大國之間。對於大國，我們小心地事奉它們；對於小國，我們友善地安撫它們，這纔是求得平安無事的方法。如果依賴軍事謀略，衛國的滅亡就在眼前了。如果讓你平安健康地回去，你還會投靠其他國家，那將會成為我們的極大禍害。」於是就砍斷了他的雙腳，然後把他送還魯國。兩個兒子回家以後，孟家父子捶胸頓足地去責備施家。施家說：「大凡抓住時機的人就昌盛，錯過時機的人就衰亡。你們使用的方法與我們的一樣，而功效卻與我們的大不相同，這是錯過時機的原因，並非你們的行為有什麼錯誤。再說天下沒有永遠正確的道理，也沒有永遠錯誤的事情。從前使用過的方法，現在也許不再使用了；現在不使用的方法，以後也許又用得上。這些方法被使用和不被使用，並沒有一個固定的是非標準。找準機會，抓住時機，隨時變化而不囿於某種固定的方法，這種能力屬於智慧。智慧如果不足，即使像孔子那樣學問淵博，像呂尚那樣善於用兵，到哪裡而不窮困潦倒呢？」孟氏父子聽了，滿面怒容一下子就消失了，說：「我們明白了。你們不要再講了。」

晉文公❶出會❷，欲伐衛。公子鋤❸仰天而笑，公問何笑，曰：「臣笑鄰之人有送其妻適私家❹者，道見桑婦❺，悅而與言。然顧視其妻，亦有招之❻者矣。臣竊❼笑此也。」公寤❽其言，乃止。引師而還，未至，而有伐其北鄙❾者矣。

【章　旨】這則故事告誡人們不要只看到前面有利可圖，而忽略了身後的危險。與螳螂捕蟬，黃雀在後的寓言旨意相同。

【注　釋】❶晉文公　春秋時期晉國君主。春秋五霸之一。❷出會　出國與諸侯國會師。晉文公是霸主，有權指揮部分諸侯國的軍隊。❸公子鋤　人名。晉國君主的兒子。❹私家　已出嫁的姐妹的家。❺桑婦　採桑婦女。❻招之　挑逗她。❼竊　個人；自個兒。❽寤　通「悟」。醒悟。❾北鄙　北部的邊境。鄙，邊境。

【語　譯】晉文公出國同諸侯國會師，打算討伐衛國。公子鋤仰天而笑，晉文公問他笑什麼，公子鋤回答說：「我在笑我的一位鄰居，有一次他送妻子去姊姊家，半路上看見一個採桑的婦女，他一下子就喜歡上這個婦女，並與她攀談起來。然而當他回頭看妻子時，發現有一個男子也正在挑逗他的妻子。我自個兒就為這件事發笑。」晉文公聽明白了他話中的意思，便停止討伐衛國，並馬上率領部隊回國，還沒回到晉國，就有人在率兵進攻晉國的北部邊境。

晉國苦盜，有郄雍❶者，能視盜之貌，察其眉睫之間而得其情❷。晉侯使視盜，千百無遺一焉。晉侯喜，告趙文子❸曰：「吾得一人，而一國盜為❹盡矣，奚用多為？」文子曰：「吾君恃伺察而得盜，盜不盡矣，且郄雍必不得其死焉。」俄而群盜謀曰：「吾所窮者，郄雍也。」

遂共盜❺而殘❻之。晉侯聞而大駭，立召文子而告之曰：「果如子言，郄雍死矣！然取盜何方？」文子曰：「周諺有言：『察見淵魚者不祥，智料❼隱匿者❽有殃。』且君欲無盜，莫若舉賢而任之，使教明於上，化行於下，民有恥心，則何盜之為？」於是用隨會❾知政❿，而群盜奔秦焉。

【章　旨】本章說明要想治理好國家，必須依靠教化，不能依賴一些瑣小智巧。

【注　釋】❶郄雍　人名。生平不詳。❷情　真實情況。❸文子　人名。老子的學生，姓辛名妍（一作鈃），字文子，號計然。據說著有《文子》九篇，唐朝時改名為《通玄真經》，是道家與道教的主要經典之一。❹為　為此；因此。❺盜　暗中劫持。❻殘　殺害。❼智料　憑智慧推算出。❽隱匿者　隱私；不願讓別人知道的事。探知別人的隱私隱情是道家的大忌。❾隨會　人名。❿知政　主管政事。

【語　譯】晉國苦於盜賊為害。有一位名叫郄雍的人，能看出盜賊的相貌，並能通過觀察盜賊的眉眼而得到他們的真實情況。晉侯就派他去識別盜賊，他觀察出成千上百的盜賊，沒有一個能夠漏網。晉侯很高興，告訴趙地的文子說：「我得到一個人，就能捉完全國的盜賊，還要那麼多人幹什麼？」文子說：「您依靠察顏觀色去捕捉盜賊，盜賊是捉不完的，而且郄雍一定不會善終。」不久，盜賊們在一起謀畫說：「我們之所以被逼得走投無路，就是因為郄雍這個人。」於是他們共同暗中劫持了郄雍並殺害了他。晉侯聽說後大吃一驚，立即召見文子，對他說：「果然像您說的那樣，郄雍被殺死了！那麼究竟該用什麼辦法捕捉盜賊呢？」文子說：「周地的諺語中有這樣的話：『能看見深淵裡游魚的人不吉祥，能知道別人隱私隱情的人有禍殃。』您要想沒有盜賊，最好的辦法就是選拔德才兼備的人加以重用，使官員們明白該用什麼去教化百姓，使百姓們服從官員們的教化，讓百姓們都有羞恥之心，那麼誰還會去當盜賊呢？」於是晉侯便任用隨會，讓他主持政事，結果盜賊們便紛紛逃往秦國去了。

孔子自衛反魯，息駕❶乎河梁❷而觀焉。有懸水❸三十仞❹，圜流❺九十里，魚鼈弗能游，黿鼉弗能居，有一丈夫方將厲❻之。孔子使人並涯❼止之，曰：「此懸水三十仞，圜流九十里，魚鼈弗能游，黿鼉弗能居也。意者❽難可以濟❾乎？」丈夫不以錯意❿，遂度而出。孔子問之曰：「巧乎？有道術乎？所以能入而出者，何也？」丈夫對曰：「始吾之入也，先以忠信⓫；及吾之出也，又從以忠信。忠信錯⓬吾軀於波流，而吾不敢用私⓭，所以能入而復出者，以此也。」孔子謂弟子曰：「二三子⑭識⑮之！水且猶可以忠信誠身親之，而況人乎！」

【章旨】本章主要強調忠信的重要性。

【注釋】❶息駕 停車。❷河梁 黃河橋。河，先秦時期一般專指黃河。❸懸水 瀑布。❹仞 古代七尺或八尺為一仞。❺圜流 漩渦。❻厲 徒步涉過水。❼並涯 順著河岸。涯，水邊。❽意者 料想；估計。❾濟 渡過河。❿錯意 在意。錯，通「措」。放置。⓫忠信 忠誠。這裡指忠誠於水流的規律，完全遵循水流的規律辦事。⓬錯 通「措」。放置。⓭用私 按主觀念頭辦事。私，個人的想法。⓮二三子 你們這些年輕人。⓯識 記住。

【語譯】孔子在從衛國返回魯國的途中，把車馬停在黃河橋上，並在那裡觀賞遊覽。只見有一條瀑布高達二十餘丈，激起的漩渦寬達九十里，魚鼈無法在那裡游蕩，黿鼉不能在那裡停留，卻有一個男子正要從這裡游過去。孔子派人沿著河岸跑去勸阻他，說：「這條瀑布高達二十餘丈，激起的漩渦寬達九十里，魚鼈無法在那裡游蕩，黿鼉不能在那裡停留。我想是很難從這裡渡過去的。」那男子並不在意，於是就游過河去上了岸。孔子問他說：「你是有技巧呢？還是有道術呢？你能進入水中並游過河去的原因是什麼呢？」那男子回答說：「當我剛開始進入水中的時候，我懷著對水流規律的忠誠；等我準備從水中游出來的時候，仍然懷著對水流規律的忠誠。是這顆忠誠於水流規律的心能夠讓我的身體游蕩於激流之中，那時我絲毫不敢按照個人的想法去行事。我之所以能夠自由地出入於水中，就是這個原因啊！」孔子對學生們說：「你們這些年輕人要記住這件事！水，尚且能夠憑著忠誠之心去同它親近，更何況人呢！」

白公❶問孔子曰：「人可與微言❷乎？」孔子不應。白公問曰：「若以石投水，何如？」孔子曰：「吳❸之善沒者❹能取之。」曰：「若以水投水，何如？」孔子曰：「淄澠❺之合，易牙❻嘗而知之。」白公曰：「人固不可與微言乎？」孔子曰：「何為不可？唯知言之謂❼者乎！夫知言之謂者，不以言言❽也。爭魚者濡❾，逐獸者趨，非樂之❿也。故至言⓫去言，至為⓬無為⓭。夫淺知之所爭者，末矣。」白公不得已⓮，遂死於浴室⓯。

【章旨】這個故事說明不按無為原則辦事、逞強好鬥的人絕沒有好下場。

【注釋】❶白公　白公勝，楚平王的孫子，曾任楚國大夫。楚惠王十年（西元前四七九年）起兵叛亂，後被擊敗，自縊而死。❷微言　機密的話。❸吳　國名。吳國多水，所以有善沒者。❹善沒者　善於潛水的人。孔子這句話的意思是，即使非常秘密的談話，也曾有人知道。❺淄澠　兩條河的名字。即淄水和澠水。❻易牙　人名。春秋時期的人，齊桓公的寵臣，擅長於烹調。❼知言之謂　善於理解語言的含義。謂，含義。❽不以言

言　不必用語言去表達。❾濡　沾濕衣服。❿非樂之　以上幾句意思是說，漁人和獵人並非樂意沾濕衣服和到處奔跑，但為了獲得魚獸，又不得不如此。比喻人們並非樂意說話，但為了表達思想，又不得不說話。只有那些得道之人纔能不用語言就可以表達自己的思想。⓫至言　符合大道的最精深的言論。⓬至為　符合大道的最崇高的行為。⓭無為　含有「不要做」和「順應客觀而為」雙重意思。這是孔子在暗示白公不要去發動叛亂。⓮不得已　沒有領會。已，通「矣」。⓯死於浴室　指白公叛亂失敗後，被迫自殺於浴室。

【語譯】白公問孔子說：「可以同別人談談機密的話嗎？」孔子沒有回答。白公又問道：「如果把石塊投入水裡，怎麼樣？」孔子說：「吳國善於潛水的人能把石塊取出來。」白公又問：「那麼把水投入水中，怎麼樣？」孔子說：「淄水和澠水的水會合在一起，易牙只要嚐嚐，就能把它們區別開來。」白公說：「那麼真的就不能同別人談談機密的話嗎？」孔子說：「為什麼不可以呢？只要是善於理解言語含義的人就可以！對於那些善於理解言語含義的人，就不必用語言去表達自己的意思。捕魚的人沾濕了衣服，打獵的人四處奔跑，他們並非樂意這樣做。所以符合大道的最精深的語言是不用語言表達的，符合大道的最崇高的行為就是不做什麼或順應客觀形勢去做。那些智慧淺薄的人所爭奪的東西，都是一些細枝末節的東西。」白公沒有領會這番話的含義，於是最終因為叛亂失敗而被迫自殺於浴室。

趙襄子❶使新穉穆子❷攻翟❸，勝之，取左人❹、中人❺，使遽人❻來謁之❼。襄子方食而有憂色。左右曰：「一朝而兩城下❽，此人之所喜也；今君有憂色，何也？」襄子曰：「夫江河之大⑨也，不過三日；飄風⑩暴雨不終朝⑪，日中⑫不須臾。今趙氏之德行無所施⑬於積，一朝而兩城下，亡其⑭及我哉！」孔子聞之曰：「趙氏其昌乎！夫憂者所以為昌也，喜者所以為亡也。勝非其難者也，持之⑮，其難者也。賢主以此⑯持勝，故其福及後世。齊、楚、吳、越皆常⑰勝矣，然卒取亡焉，不達⑱乎持勝也。唯有道之主為能持勝。」孔子之勁⑲能拓⑳國門之關㉑，而不肯以力聞。墨子為守攻㉒，公輸般㉓服，而不肯以兵知㉔。故善持勝者以強為弱。

【章旨】本章提醒人們在有利的條件下要看到不利的因素，只有如此，纔能保持常勝的局面。

【注釋】❶趙襄子　春秋末年晉國權臣。❷新穉穆子　趙襄子的家臣。❸翟　通「狄」。古代少數民族之一。❹左人　古城市名。在今河北省境內。❺中人　古城市名。在今河北省境內。❻遽人　傳遞命令、公文的人。❼謁之　向趙襄子報捷。謁，稟告。之，代指趙襄子。❽下　被佔領。❾江河之大　江河漲水。大，這裡指漲水。❿飄風　旋風；狂風。⓫終朝　整天。⓬日中　太陽處於正中的位置。⓭施　衍文。俞樾《諸子平議》：

「施，衍字，蓋即『於』字之誤而復者。」⑭其　表示推測。大概；恐怕要。⑮持之　保持勝利的局面。之，代指勝利的局面。⑯以此　以這種態度。此，指為勝利而擔憂的態度。⑰常　通「嘗」。曾經。⑱不達　不理解。⑲勁　力氣。⑳拓　舉起。㉑國門之關　國都城門的門閘。國，國都。關，門閂。這裡指門閘。㉒為守攻　制訂防守措施以備攻擊。墨子曾在楚王和公輸般面前演習自己的守城措施，使公輸般折服。事見《墨子‧公輸》。㉓公輸般　即魯班。春秋時期魯國人，著名的工匠。㉔以兵知　憑藉自己的軍事才能而知名。

【語　譯】趙襄王派新穉穆子去攻打翟國，大獲全勝，佔領了左人和中人兩座城市。新穉穆子派傳令兵向趙襄子報捷。趙襄子正在用餐，聽到這個消息後露出憂慮的神情。身邊的人說：「一天就攻佔兩座城市，這是一般人都會感到高興的事，而現在您卻面帶愁容，這是為什麼呢？」趙襄子說：「大江大河漲水，不過三天就會消退；狂風暴雨不會持續整整一天，太陽處於正中的時間也只有一會兒。現在我們趙家沒有積累多少德行，卻在一天之內就攻下兩座城市，衰亡的命運恐怕就要落在我的頭上了！」孔子聽說了這件事，說：「趙家大概要興盛啦！知道擔憂就是興盛的原因，沾沾自喜就是衰亡的原因。取得勝利並非一件困難的事，而要保持這種勝利局面卻是很難的。賢明的君主以這種態度來保持勝利的局面，所以他們的恩澤能傳給後世。齊國、楚國、吳國和越國都曾取得過勝利，但最終都衰敗了，這是因為他們不懂得保持勝利局面的方法。只有那些有道的君主纔能保持住勝利的局面。」孔子的力氣能夠舉起國都城門的門閘，但他卻不肯憑藉氣力而聞名於世。墨子制訂防守措施以備進攻，連公輸般都很佩服，但他卻不肯憑藉自己的軍事才能而揚名天下。所以那些善於保持勝利局面的人，總是把自己的強大看作是弱小。

宋人有好行仁義者，三世不懈。家無故黑牛生白犢，以問孔子。孔子曰：「此吉祥也，以薦❶上帝。」居一年，其父無故而盲，其牛又復生白犢。其父又復令其子問孔子。其子曰：「前問之而失明，又何問乎？」父曰：「聖人之言，先迕後合❷。其事未究❸，姑復問之。」其子又復問孔子，孔子曰：「吉祥也。」復教以祭。其子歸致命❹。其父曰：「行孔子之言也。」居一年，其子又無故而盲。其後楚攻宋，圍其城。民易子❺而食之，析骸❻而炊之。丁壯者皆乘❼城而戰，死者太半。此人以父子有疾，皆免。及圍解而疾俱復❽。

【章　旨】這個故事說明好心自有好報，宣傳了傳統的因果報應思想。

【注　釋】❶薦　進獻祭品。❷先迕後合　開始不應驗，後來會應驗。迕，與事實相違背。❸究　結果。❹致命　轉述孔子的意見。❺易子　交換子女。❻析骸　劈開骨頭。❼乘　登上。❽復　康復。

【語　譯】宋國有一家喜好施行仁義的人，他們三代人都毫不懈怠地行仁行義。他家的一頭黑牛無緣無故地生了一頭白色小牛，他便為此事去請教孔子。孔子說：「這是一個吉祥的兆頭，就用牠祭祀上帝吧。」過了一年，他家做父親的眼睛無緣無故地瞎了，而那頭牛又生了一頭白色小牛。父親就又命令兒子去向孔子請教。兒子說：「上次去請教過他，而你的眼睛瞎了，為什麼還要去請教呢？」父親說：「聖人說的話，往往開始時不應驗，而後來就應驗了。他講的那件事還沒有結果，你姑且再去問問。」兒子於是再次去向孔子請教，孔子說：「吉祥啊！」並要他們再把這頭小牛也獻祭給上帝。兒子回去後轉述了孔子的意見。父親說：「按孔子的意見辦吧！」過了一年，兒子的眼睛也無緣無故地瞎了。後來，楚國進攻宋國，包圍了他們居住的城市。城內的百姓餓得交換子女充飢，劈開骨頭當柴燒火做飯。年輕力壯的人全都登上城牆作戰，戰死了一大半。而這家由於父子都是瞎子，沒有被派去作戰。等到包圍解除以後，他們的眼睛又全都康復了。

宋有蘭子❶者，以技干❷宋元❸。宋元召而使見❹其技，以雙枝❺長倍其身，屬其脛❻，並趨並馳，弄七劍，迭而躍之❼，五劍常在空中。元君大驚，立賜金帛❽。又有蘭子又能燕戲❾者，聞之，復以干元君。元君大怒，曰：「昔有異技干寡人者，技無庸❿，適值⓫寡人有歡心，故賜金帛。彼必聞此而進，復望吾賞。」拘而擬戮之，經月⓬乃放。

【章旨】這個故事說明時機的好壞決定著一個人的成功與失敗。

【注釋】❶蘭子　以雜技為生的人。❷干　謀取。❸宋元　即宋元君。宋國君主。❹見　通「現」。表演。❺雙枝　一雙木棍。即踩高蹺用的木棍。❻屬其脛　連接在他的小腿上。屬，連接。脛，小腿。❼迭而躍之　交替著把它們拋向空中。❽帛　絲織品的總稱。❾燕戲　雜技名，類似今天的鑽刀圈。❿無庸　沒有用。庸，通「用」。⓫適值　剛好碰上。⓬經月　過了一個月。

【語譯】宋國有一個耍雜技的人，他憑藉著自己的技藝想從宋元君那裡謀取點好處。宋元君召見了他，讓他表演自己的雜技。他用兩根比自己身體長一倍的木棍綁在小腿上，又是快走又是奔跑，同時手裡還舞弄著七把劍，他交替著把它們向上拋去，其中總有五把劍懸在空中。宋元君看了非常驚奇，馬上賞賜給他金錢絲綢。還有一個耍雜技的人，能夠表演燕戲，他聽說了這件事，也想憑自己的技藝去向宋元君謀取點好處。宋元君勃然大怒，說：「上次就有一個有異技怪巧的人來見我，那技巧沒有一點實際作用，只不過剛好碰上我高興，所以賞他一些金錢絲綢。這個人一定是聽說了那件事而來的，想再得到我的賞賜。」於是宋元君就把他抓起來準備處死，過了一個多月纔把他放掉。

秦穆公❶謂伯樂❷曰：「子之年長矣，子姓❸有可使求馬者乎？」伯樂對曰：「良馬可形容筋骨相❹也。天下之馬❺者，若滅若沒❻，若亡若失❼，若此者絕塵弭轍❽。臣之子皆下才也，可告以良馬，不可告以天下之馬也。臣有所與共擔纏薪菜❾者，有九方皋❿，此其於馬非臣之下也。請見之。」穆公見之，使行求馬。三月而反⓫，報曰：「已得之矣，在沙丘⓬。」穆公曰：「何馬也？」對曰：「牝⓭而黃。」使人往取之，牡而驪⓮。穆公不說⓯，召伯樂而謂之曰：「敗矣，子所使求馬者！色物⓰、牝牡尚弗能知，又何馬之能知也？」伯樂喟然⓱太息⓲曰：「一至於此⓳乎！是乃其所以千萬臣而無數者⓴也。若皋之所觀，天機㉑也，得其精而忘其麤㉒，在其內而忘其外。見其所見，不見其所不見；視其所視，而遺其所不視。若皋之相者，乃有貴乎馬者㉓也。」馬至，果天下之馬也。

【章旨】本章說明應該注重觀察事物的本質，而不是事物的表面現象。

【注釋】❶秦穆公　春秋時期秦國的國君。❷伯樂　人名。以善於相馬而著稱。❸子姓　子孫。❹良馬句　良馬可以通過它的形貌和筋骨來鑒別。形容，形體外貌。❺天下之馬　天下最好的馬。❻若滅若沒　似有似無。意思是說天下最好的馬數量極少，少得幾乎絕跡了。❼若亡若失　它的特徵若明若暗。指天下最好的馬識別起來非常困難。❽絕塵弭轍　指這種馬跑得極快，足不沾地，也不留下足跡。絕，不碰著。弭，沒有。轍，通「轍」。這裡指足跡。❾檐纏薪菜　挑擔幹活、打柴種菜。檐，通「擔」。纏，繩索。❿九方皋　人名。善於相馬的人。⓫反　通「返」。返回。⓬沙丘　地名。在今河北省境內。⓭牝　雌性。⓮牡而驪　雄性的黑馬。牡，雄性。驪，純黑色的馬。⓯說　通「悅」。高興。⓰色物　顏色。物，顏色。⓱喟然　嘆氣的樣子。⓲太息　嘆息。⓳一至於此　竟達到這樣高的程度。這句話是伯樂對九方皋的讚嘆。⓴千萬句　他比我強千萬倍甚至於無數倍。㉑天機　天生的內在才能。㉒麤　同「粗」。這裡指次要的東西。⓴貴乎馬者　有比相馬本身更為可貴的地方。意思是說，九方皋的相馬原則不僅可以用於相馬，而且還可以用於其他事情上。所以說他的相馬原則比相馬本身更為可貴。

【語　譯】秦穆公對伯樂說：「您的年紀已經大了，您的子孫中有沒有能夠鑒別馬匹的人呢？」伯樂回答說：「良馬可以根據它的形貌筋骨進行鑒別。而天下最優秀的馬，它們的數量少得幾乎絕跡，它們的特徵若明若暗極難識別，像這樣的馬跑起來足不沾地，也不會留下足跡。我的子孫才能低下，只可教會他們挑選良馬的方法，無法教會他們如何識別天下最好的馬。我有一位曾同我一起挑擔幹活、打柴種菜的朋友，名叫九方皋，他的相馬本領絕不在我之下。請您召見他。」秦穆公召見了九方皋，派他外出找馬。過了三個月，九方皋回來報告說：「已經找到了一匹好馬，現在在沙丘。」秦穆公問：「什麼樣的馬？」九方皋回答說：「是匹雌性的黃馬。」秦穆公派人去把那匹馬取了回來，卻原來是匹雄性的黑馬。秦穆公把伯樂召來對他說：「太糟糕了，您給我推薦的那個找馬人。他連馬的毛色、雌雄都分不清，更遑論去鑒別馬的好壞呢？」伯樂長嘆了一口氣，說：「他竟達到如此高的程度啦！這就是他比我強千萬倍甚至於無數倍的地方。像九方皋所注重觀察的，是馬的天生的內在才能，他抓住馬的精華部分而忽略馬的次要部分，注重馬的內在本質而忘掉馬的外部形貌，他只觀察他應該觀察的東西，不去觀察那些不必觀察的東西；只注意他應該注意的地方，不去注意那些不必注意的地方。像九方皋這種相馬的原則，有比相馬本身更為可貴的地方啊！」那匹馬取回來以後，果然是一匹天下少有的好馬。

楚莊王❶問詹何❷曰：「治國奈何？」詹何對曰：「臣明於治身，而不明於治國也。」楚莊王曰：「寡人得奉宗廟❸社稷，願學所以守之。」詹何對曰：「臣未嘗聞身治而國亂者也，又未嘗聞身亂而國治者也。故本在身，不敢對以末❹。」楚王曰：「善。」

【章　旨】本章認為修身是治國的根本。

【注　釋】❶楚莊王　春秋時期楚國的君主。❷詹何　人名。楚國人。❸宗廟　祖廟。❹末　治國的方法。本文認為，修身是本，治國是末。

【語　譯】楚莊王問詹何說：「如何纔能治理好國家呢？」詹何回答說：「我只知道如何修身，不知道如何治國。」楚莊王說：「我得以主祭祖廟擁有楚國，我很想學習學習保護它們的辦法。」詹何回答說：「我從未聽說過自身修養好了而國家會混亂的事，也未聽說過自身修養不好而國家會安定的事。根本在於修養好自身，所以我不敢回答處於次要位置的治國方法。」楚莊王說：「講得好！」

狐丘丈人❶謂叔孫敖❷曰：「人有三怨❸，子知之乎？」叔孫敖曰：「何謂也？」對曰：「爵高者，人妬之；官大者，主惡之；祿厚者，怨逮❹之。」叔孫敖曰：「吾爵益高，吾志益下❺；吾官益大，吾心益小；吾祿益厚，吾施益博❻。以是免於三怨，可乎？」

【章　旨】本章說明了官越大、錢越多，就越應該謙虛謹慎的道理。

【注　釋】❶狐丘丈人　狐丘地方的一位老人。狐丘，地名。丈人，老人。❷叔孫敖　應作「孫叔敖」。人名。春秋時期楚國的一位賢相。❸三怨　三種怨恨。❹逮　及；到。❺志益下　態度更加謙恭。志，思想。這裡引中為態度。益，更加。下，謙下。❻博　多。

【語　譯】狐丘丈人對孫叔敖說：「人最容易招來三種怨恨，您知道嗎？」孫叔敖問：「是哪三種怨恨呢？」狐丘丈人回答說：「爵位高了，別人會妬嫉他；官職大了，君主會討厭他；俸祿多了，就會招來怨恨。」孫叔敖說：「我的爵位越高，我的態度越謙恭；我的官職越大，我的心裡越謹慎；我的俸祿越豐，我施捨的人越多。用這三種辦法來消除人們的三種怨恨，行嗎？」

叔孫敖❶疾，將死，戒其子曰：「王亟❷封我矣，吾不受也。為❸我死，王則封汝，汝必無受利地❹。楚越之間有寢丘❺者，此地不利，而名甚惡。楚人鬼❻而越人機❼，可長有者，唯此也。」叔孫敖死，果以美地封其子，子辭❽而不受，請寢丘。與之，至今不失。

【章　旨】這個故事進一步論證了以後取先這一處世原則的正確性。

【注　釋】❶叔孫敖　應作「孫叔敖」。❷亟　多次。❸為　如果。❹利地　好地。❺寢丘　地名。在今河南省境內。「寢」有「醜惡」的意思，所以信鬼信神的人不喜歡它，認為它不吉利。❻鬼　信鬼神。❼機　通「禨」。相信並祭祀鬼神以求福去災。❽辭　拒絕。

【語　譯】孫叔敖生了重病，快死的時候，告誡他的兒子說：「楚王多次要封給我一塊土地，我都沒接受。如果我死了，楚王就會封給你，你千萬不要接受好的土地。楚國與越國交界的地方有一塊土地叫寢丘，這塊土地土質不好，名字又特別難聽。楚國人信鬼信神，越國人也喜歡拜神求福，可以長期擁有的土地，就只有這一塊了。」孫叔敖死後，楚王果然把一塊肥美的土地封給他的兒子，他的兒子推辭不要，而要寢丘。楚王就把寢丘給了他，直到現在，他家仍然擁有這塊土地。

牛缺❶者，上地❷之大儒❸也。下之邯鄲❹，遇盜於耦沙❺之中，盡取其衣裝車，牛步而去，視之歡然亡憂吝❻之色。盜進而問其故，曰：「君子不以所養害其所養❼。」盜曰：「嘻！賢矣夫！」既而相謂曰：「以彼之賢，往見趙君，使以我為❽，必困我。不如殺之！」乃相與追而殺之。燕人聞之，聚族相戒，曰：「遇盜，莫如上地之牛缺也！」皆受教。俄而其弟適秦，至關❾下，果遇盜。憶其兄之戒，因與盜力爭。既而不如❿，又追而以卑辭⓫請物。盜怒曰：「吾活汝弘⓬矣，而追吾不已，迹將著⓭焉。既為盜矣，仁將焉在！」遂殺之，又傍害其黨四五人焉。

【章　旨】這個故事說明辦事應隨機應變，不能拘泥固定的格式。

【注　釋】❶牛缺　人名。秦國人。❷上地　地名。當時屬秦國。❸大儒　學識淵博的儒生。❹下之邯鄲　到邯鄲去。下，中國的地形是西高東低，牛缺由西向東走，故稱「下」。之，到。邯鄲，趙國的都城。❺耦沙　河名。在今河北省境內。❻吝　同「吝」。吝惜。❼不以所養害其所養　不拿用來養護身體的財物去損害所要養護的身體。第一個「所養」應作「所以養」，指用來養身的財物。第二個「所養」指所要養護的身體。❽使以我為　應作「使以我為事」。派他來對付我們。❾關　函谷關。在今河南省境內。❿不如　不勝。⓫卑辭　低聲下氣的言辭。⑫弘　恩大。⑬著　顯明；暴露。

【語譯】牛缺是上地的一位學問淵博的儒生。他到趙國的邯鄲去，在耦沙這個地方遇上了強盜。強盜搶光了他的衣服、行裝和車馬，牛缺便步行而去，看上去還高高興興沒有一點憂傷痛惜的神情。強盜趕上前去問他是什麼原因，牛缺說：「君子不會因為養身的財物而損害了所要養護的身體。」強盜說：「啊！還真是個賢人哩！」過了一會兒，強盜們又在一起商量說：「憑著他的才能去見趙國的君主，君主一定會派他來對付我們，我們肯定會遭殃。不如殺了他！」於是強盜們一起追了上去，殺死了牛缺。燕國有個人聽說了這件事，就把全族人召集起來，告誡說：「如果遇上強盜，千萬別像上地的牛缺那樣做啊！」大家都接受了這個告誡。不久，他的弟弟去秦國，到了函谷關下，果真遇上了強盜。他回想起哥哥的告誡，便同強盜奮力爭鬥。不久就抵擋不住了，他又追著強盜，低三下四地索還財物。強盜們憤怒地說：「我們留你一條性命，恩德已經不小了，而你還追著我們不放，我們的行跡將會暴露的。既然當了強盜，還要什麼仁義道德！」於是就把他殺了，又連帶著殺死了他的四五個伙伴。

虞氏❶者，梁❷之富人也，家充❸殷盛，錢帛無量，財貨無訾❹。登高樓，臨大路，設樂陳酒，擊博❺樓上。俠客相隨而行。樓上博者射❻，明瓊張中❼，反兩㯓魚❽而笑。飛鳶適墜其腐鼠而中之❾，俠客相與言曰：

「虞氏富樂之日久矣，而常有輕易⑩人之志。吾不侵犯之，而乃辱我以腐鼠。此而⑪不報，無以立慬⑫於天下。請與若等戮力⑬一志，率徒屬，必滅其家為等倫⑭。」皆許諾。至期日⑮之夜，聚眾積兵，以攻虞氏，大滅其家。

【章　旨】本章說明，越是富貴，越是應該謙虛謹慎，力戒驕盛。

【注　釋】❶虞氏　姓虞的人家。❷梁　國名。即魏國。魏國曾建都大梁，故又稱梁。❸充　富足。❹訾　估量；計算。❺擊博　古代的一種賭博遊戲。其賭博方法可見《古博經》。❻射　擲骰子。❼明瓊張中　中了頭彩。瓊，賭博用具，類似骰子。明瓊，指骰子上最佳的一面。張中，擲中。❽反兩㯓魚　連勝兩次。㯓，同「榻」，「榻」通「鰨」。比目魚。博局的兩頭正中叫「水」，各放兩枚「㯓魚」，吃掉對方一魚可獲二籌，籌多者為勝。❾中之　擊中一個俠客。❿輕易　輕視；瞧不起。⓫而　如果。⓬慬　勇氣。⓭戮力　共同努力。⓮為等倫　和親戚朋友。為，和。等倫，同輩之人。這裡泛指親戚朋友。⓯期日　約定的日子。

【語　譯】虞家是魏國的富戶，家財富足殷盛，金錢絲綢多得無法估量，財產物品多得無法計數。虞家的人登上高樓，面對著大路，安排了樂隊，擺設了酒宴，在樓上玩起賭博遊戲來。這時有一群俠客從樓下路過。樓上賭博的人擲骰子中了頭彩，接著連勝兩次，為此正開懷大笑。就在此刻，一隻飛鷹叼落一隻腐爛的老鼠，這老鼠又正好擊中了一個俠客。俠客們便在一起商議說：「姓虞的過發財快樂的日子太久了，常常有瞧不起人的意思。我們不去侵犯他，他卻拿爛老鼠來侮辱我們。這個仇如果不報的話，我們就沒辦法在天下建立起我們的威名。我希望與你們齊心協力，率領手下人，一定滅掉他們全家和他們的親戚朋友。」俠客們都同意了。到了約定的那一天的夜晚，俠客們聚合起來，拿著兵器去進攻虞家，把虞家徹底毀滅了。

東方有人焉，曰爰旌目❶，將有適❷也，而餓於道。狐父❸之盜曰丘，見而下壺餐以餔❹之。爰旌目三餔而後能視，曰：「子何為者也？」曰：「我狐父之人丘也。」爰旌目曰：「譆！汝非盜邪？胡為而餐我？吾義不食子之食也。」兩手據地而嘔之，不出，喀喀然❺遂伏而死。狐父之人則盜矣，而食非盜也。以人之盜，因謂食為盜而不敢食，是失名實❻者也。

【章　旨】本章告誡人們要注意名與實的關係，不要顛倒了二者的位置。

【注　釋】❶爰旌目　人名。❷適　往。❸狐父　地名。在今安徽省境內。❹餔　通「哺」。餵養。❺喀喀然　形容用力嘔吐的聲音。❻失名實　弄錯了名稱與實質的關係。

【語　譯】東方有一個人，名叫爰旌目，將要到某一個地方去，卻在半路上餓倒了。狐父這個地方有一個強盜，名字叫丘，他看見爰旌目就摘下壺，用壺中的飯餵爰旌目。爰旌目吃了三口以後，眼睛纔能看得見東西，他問道：「您是幹什麼的？」丘回答說：「我是狐父那個地方的人，名字叫丘。」爰旌目說：「啊呀！你不是一個強盜嗎？為什麼要餵我飯吃？我是絕對不該吃你的食物的。」於是他兩手撐著地，想把食物吐出來，可又吐不出來，喉嚨憋得「喀喀」作響，最後趴在地上死了。狐父那個叫丘的人是強盜，但食物本身並不是強盜。因為人是強盜，就把他的食物也看作強盜而不敢去吃，這是弄錯了名稱與實質的關係。

柱厲叔❶事莒敖公❷，自為❸不知己，去居海上，夏日則食菱芰❹，冬日則食橡❺栗。莒敖公有難，柱厲叔辭其友而往，死之❻。其友曰：「子自以為不知己，故去，今往死之，是知與不知無辨❼也。」柱厲叔曰：「不然。自以為不知，故去；今死，是果不知我也。吾將死之，以醜❽後世之人主不知其臣者也。」凡知則死之，不知則弗死，此直道❾而行者也。柱厲叔可謂懟❿以忘其身者也。

【章　旨】本章主張以德報德，以怨報怨，反對因怨懟而不顧性命的行為。

【注　釋】❶柱厲叔　人名。生平不詳。❷莒敖公　莒國的國君。❸自為　自己認為。❹菱芰　菱角。❺橡　櫟樹的果實。❻死之　為他而死。即為他拼命效力。❼辨　區別。❽醜　羞辱。❾直道　正直的原則。❿懟　怨憤。

【語　譯】柱厲叔在莒敖公手下做事，自己認為沒有得到賞識，便離開莒敖公到海邊隱居起來，夏天就吃菱角，冬天就吃橡栗。後來莒敖公遇到了危難，柱厲叔便告別朋友去莒敖公那裡，打算為他拼死效力。他的朋友說：「您自己認為不受賞識，所以纔離開莒敖公，現在又去為他拼死效力，這樣的話，受賞識和不受賞識就沒有什麼區別了。」柱厲叔說：「你講的不對。我自認為不受賞識，所以離開了他；現在我為他而死，這就證明了他的確是不了解我。我將去為他而死，用這件事來羞辱後世那些不了解自己臣下的君主。」一般來說，受到君主的賞識就應該為他拼死效力，不受賞識就不必為他而死，人們大多是按照這條正直的原則行事的。柱厲叔可以說是一個因為怨懟而不顧自己生命的人。

楊朱曰：「利出者實及❶，怨往者害來。發於此❷而應於外者唯請❸，是故賢者慎所出。」

【章　旨】本章認為應該注意自己的言行，因為言行的好壞都會得到相應的回報。

【注釋】❶實及　實利會來到自己身邊。及，來到。❷發於此　自身發出的言語和做出的行動。此，指自身。❸請　通「情」。真實；確實。

【語譯】楊朱說：「把利益送給別人，自己也會得到實惠；把怨恨發洩給別人，自己就會招來災禍。自身發出的言語和做出的行為，在外面都會得到相應的回報，這是千真萬確的事實。所以那些賢良的人對自己的言行都十分小心。」

楊子之鄰人亡羊❶，既率其黨❷，又請楊子之豎❸追之。楊子曰：「嘻！亡一羊，何追者之眾？」鄰人曰：「多歧路。」既反❹，問：「獲羊乎？」曰：「亡之矣。」曰：「奚亡之？」曰：「歧路之中又有歧焉，吾不知所之❺，所以反❻也。」楊子戚然變容，不言者移時❼，不笑者竟日❽。門人怪之，請曰：「羊，賤畜，又非夫子之有，而損❾言笑者，何哉？」楊子不答，門人不獲所命❿。弟子孟孫陽⓫出以告心都子⓬，心都子他日與孟孫陽偕入，而問曰：「昔有昆弟三人，游齊、魯之間，同師而學，進⓭仁義之道而歸。其父曰：『仁義之道若何？』伯⓮曰：『仁義使我愛身而後名。』仲⑮曰：『仁義使我殺身以成名。』叔⑯曰：『仁義使我身名並全。』彼三術相反，而同出於儒。孰是孰非邪？」楊子曰：「人有濱河⑰而居者，習於水，勇於泅，操舟鬻渡⑱，利供百口⑲。裹糧就學者成徒⑳，而溺死者幾半。本學泅，不學溺，而利害如此。若㉑以為孰是孰非？」心都子默然而出，孟孫陽讓㉒之曰：「何吾子問之迂㉓，夫子答之僻㉔？吾惑愈甚。」心都子曰：「大道以多歧亡羊，學者以多方㉕喪生㉖。學非本不同，非本不一，而末㉗異若是。唯歸同反一㉘，為亡得喪㉙。子長㉚先生之門，習先生之道，而不達㉛先生之況㉜也，哀哉！」

【章旨】本章批評了學術界紛紜混亂的現象，認為應返本歸一，回到大道上來。

【注釋】❶亡羊　丟失了羊。❷黨　鄰居。這裡指親戚朋友。❸豎　童僕。❹反　通「返」。返回。❺所之　到哪裡去。之，到；往。❻反　通「返」。❼移時　很長一段時間。❽竟日　整天。❾損　失去；沒有。❿不獲所命　沒有領會楊朱的想法。⓫孟孫陽　人名。楊朱的大弟子。⓬心都子　人名。生平不詳。⓭進　通「盡」。完全掌握。⓮伯　老大。古代以伯、仲、叔、季表示兄弟之間的順序。⓯仲　老二。⓰叔　老三。⓱濱河　臨河；靠河邊。⓲鬻渡　靠擺渡謀生。⓳利供百口　掙的錢可供上百人生活。⓴成徒　成群。㉑若　你。㉒讓責備。㉓迂　曲折；委婉。㉔僻　原指地方荒遠，這裡指說話不著邊際，離題太遠。㉕多方　指與大道不一致的各種各樣的學術見解。方，方術；學術。㉖喪生　白白浪費掉了生命。㉗末　發展到後來。㉘歸同反一　回歸到一致的地方。反，通「返」。㉙亡得喪　不會浪費生命。亡，通「無」。得喪，應為偏義複詞，「得」無義。㉚長　大；第一。㉛達　理解。㉜況　比喻。

【語　譯】楊朱的鄰居丟失了一隻羊，鄰居家的主人便率領全家和親朋去尋找，又來請楊朱的童僕前去幫忙追趕。楊朱說：「哎呀！丟了一隻羊，為什麼要這麼多人去尋找呢？」鄰居說：「岔路太多了。」找羊的人回來後，楊朱問：「找到羊了嗎？」鄰居回答說：「沒有找到啊！」楊朱又問：「怎麼會找不到呢？」鄰居說：「岔路上又有岔路，我們不知道該往哪條岔路上去尋找，所以只好回來了。」楊朱聽後，面容變得很憂愁，好長時間沒說一句話，整天沒露出一個笑臉。他的學生們感到很奇怪，就問道：「羊，是不值錢的家畜，又不是先生您的財產，而您卻憂愁得不說不笑，為什麼呢？」楊朱沒有回答，學生們也弄不清楊朱的想法。有個叫孟孫陽的學生出來後把這件事告訴了心都子。第二天，心都子與孟孫陽一同走進楊朱的住室，心都子問道：「從前，有兄弟三人在齊、魯兩國遊學，拜同一位老師學習，當他們完全掌握了仁義這門學問以後，就返回家中。他們的父親問：『仁義這門學問怎麼樣？』老大回答說：『仁義教我愛惜身體，把名聲放在次要位置。』老二回答說：『仁義教我為了名聲不惜犧牲自己的生命。』老三說：『仁義教我既保全生命，又要贏得名聲。』那三人的觀點完全相反，卻都出自儒家。究竟哪個正確哪個錯誤呢？」楊朱說：「有一個居住在河邊的人，他熟習水性，勇於游水，靠撐船擺渡為生，掙的錢可供上百人生活。於是帶著糧食來向他學習的人成群，結果淹死的差不多就佔了一半。這些人本來是來學習游水的，不是來學習淹死的，然而有人得利有人受害，差別是如此之大。你認為他們究竟誰正確誰錯誤呢？」心都子一言不發地走了出來，孟孫陽責備他說：「為什麼您問得那樣委婉含蓄？而先生又回答得那樣不著邊際呢？我越聽越糊塗了。」心都子說：「大路因為歧路太多而丟失了羊，學習的人因為學術觀點太多而浪費掉了自己的生命。學問並非本來有什麼不同，也並非本來有什麼不一致的地方，然而發展到後來，卻有如此大的差異。只有回歸到一致的地方去，纔不會浪費學習者的生命。您是先生門下的大弟子，學習先生的學說，卻聽不懂先生的比喻，真是可悲呀！」

楊朱之弟曰布，衣素衣❶而出。天雨，解素衣，衣緇衣❷而反❸。其狗不知，迎而吠之。楊布怒，將扑❹之。楊朱曰：「子無扑矣！子亦猶是也。嚮者❺使汝狗白而往，黑而來，豈能無怪哉？」

【章旨】這個故事說明人們往往被表面現象所迷惑，而看不到事物的實質。

【注釋】❶衣素衣　穿著白色的衣服。素，白色。❷緇衣　黑色的衣服。❸反　通「返」。返回。❹扑　打。❺嚮者　從前；剛纔。

【語譯】楊朱的弟弟叫楊布，有一次他穿著白色的衣服出門去了。天下了雨，楊布便脫下白色的衣服，穿著黑色的衣服回來了。他家的狗沒認出來，對著他亂叫。楊布十分生氣，準備打牠一頓。楊朱說：「你別打牠啦！你同牠也差不多哩。假如剛纔你的狗渾身雪白地出門去了，回來時卻一身烏黑，你難道能不感到奇怪嗎？」

楊朱曰：「行善不以為名，而名從之；名不與利期❶，而利歸之；利不與爭❷期，而爭及之。故君子必慎為善。」

【章旨】本章認為行善會引起爭端，因此行善時一定要小心謹慎。

【注釋】❶期　約定。❷爭　鬥爭；爭奪。

【語譯】楊朱說：「做善事並非為了名聲，而名聲會隨之而來；名聲與利益並沒有什麼約定，而利益會隨名聲而來；有了利益並不希望爭奪，而爭奪會隨利益而來。所以君子們在做善事時一定要小心謹慎。」

昔人有言有❶知不死之道者，燕君使人受❷之，不捷❸，而言者死。燕君甚怒其使者，將加誅焉。幸臣❹諫曰：「人所憂者，莫急乎死；己所重者，莫過乎生。彼自喪其生，安能令君不死也？」乃不誅。有齊子❺亦欲學其道，聞言者之死，乃撫膺❻而恨❼。富子❽聞而笑之曰：「夫所欲學不死，其人已死，而猶恨之，是不知所以為學。」胡子❾曰：「富子之言非也。凡人有術不能行者有矣，能行而無其術者亦有矣。衛人❿有善數⓫者，臨死，以訣⓬喻其子。其子志⓭其言而不能行也。他人問之，以其父所言告之。問者用其言而行其術，與其父無差焉。若然，死者奚為不能言生術⓮哉？」

【章　旨】本章討論了理論與實踐的關係，認為有理論的人未必能付諸實踐，能實踐的人未必有理論作指導。本章對長生術的看法，客觀上有利於道教的發展。

【注　釋】❶有　應為衍文。❷受　接受；學習。❸不捷　沒有成功；沒有學到手。❹幸臣　受君主寵幸的臣子。❺齊子　人名。生平不詳。❻撫膺　拍著胸膛。表示十分遺憾的樣子。❼恨　後悔；遺憾。❽富子　人名。生平不詳。❾胡子　人名。生平不詳。❿衛人　衛國人。⓫數　算術。⓬訣　口訣或訣竅。⓭志　記住。⓮生術　長生的辦法。

【語　譯】從前，有一個自稱懂得長生不死之術的人，燕國的君主就派人去向他學習。還沒學到手，而那個自稱懂得長生術的人卻死了。燕國君主對那個被派去學習的人非常惱火，準備殺死他。有一位受寵幸的臣子勸道：「人們所擔憂的事情中，最急於解決的問題就是死亡；個人所重視的事情中，最重要的就是生命。那個人連自己的生命都喪失了，又怎能讓您長生不死呢？」於是燕國君主就不再處死那個被派去學習的人。有一個名叫齊子的人，也想學習長生不死之術，當他聽到那個自稱懂得長生術的人死亡的消息後，遺憾得直拍胸膛。富子聽說後，嘲笑齊子說：「你想學的是長生不死，而那個人自己就已經死了，你卻還要後悔不已，這說明你不懂得究竟該如何去學習。」胡子說：「富子的話不對。一般來說，掌握了道術而不能實行的人是有的，能夠實行但不懂道術的人也是有的。衛國有一位擅長算術的人，臨死前，他把算術的訣竅告訴給他的兒子。他的兒子記住了他的算術訣竅卻不會運用。別人來向他的兒子求教，他的兒子就把父親講的訣竅告訴給那個人。那個人就根據他講的訣竅去運用他的計算技術，結果與他父親的計算本領相比毫不遜色。如果像這樣的話，那位死去的人為什麼不能夠懂得長生術呢？」

邯鄲❶之民以正月之旦❷獻鳩於簡子❸，簡子大悅，厚賞之。客❹問其故，簡子曰：「正旦放生，示有恩也。」客曰：「民知君之欲放之，故競而捕之，死者眾矣。君如欲生之，不若禁民勿捕。捕而放之，恩過不相補❺矣。」簡子曰：「然。」

【章旨】這個故事仍在說明看問題不能停留在名稱和現象上，應該把握問題的實質。

【注釋】❶邯鄲 地名。在今河北省境內。❷正月之旦 正月初一。❸簡子 即趙簡子，春秋末年晉國的大臣。❹客 門客。❺恩過不相補 恩德抵不上罪過。

【語譯】邯鄲的百姓在正月初一那天向趙簡子敬獻斑鳩鳥，趙簡子非常高興，就重賞那些獻鳥的人。有位門客問他為什麼這樣做，趙簡子說：「正月初一放生，可以顯示我對萬物的恩惠。」那位門客說：「百姓知道您想放生，所以纔爭先恐後地去捕捉小鳥，這樣被弄死的鳥就太多了。您如果想讓鳥活著，不如下道禁令，不許百姓捕捉。現在把牠們捉來再放走，您給牠們的恩惠還抵不上您對牠們犯下的過失啊！」趙簡子說：「講得很對！」

齊田氏❶祖❷於庭，食客千人。中坐❸有獻魚鴈❹者，田氏視之，乃歎曰：「天之於民❺厚矣！殖五穀，生魚鳥，以為之用。」眾客和之如響❻。鮑氏之子年十二，預於次❼，進曰：「不如君言。天地萬物與我並生，類❽也。類無貴賤，徒❾以小大智力而相制，迭相食❿，非相為而生之。人取可食者而食之，豈天本為人生之？是蚊蚋⓫噆⓬膚，虎狼食肉，非天本為蚊蚋生人、虎狼生肉者哉！」

【章　旨】本章強調萬物的生存出於自然，並非上天的有意安排。

【注　釋】❶齊田氏　齊國姓田的人家，可能是指以田常為首的田氏家族。❷祖　一種祭祀的名稱。出行之前，祭祀路神叫祖。❸中坐　坐中；宴會之中。❹鴈　鵝。❺民　人。❻和之如響　像回聲一樣附和他。響，回聲。❼預於次　參加了這次宴會。預，參加。次，行列。這裡指參加宴會的客人們。❽類　同類。❾徒　不過；僅僅。❿迭相食　我吃你、你吃他地相互吞食。⓫蚋　蚊子一類的小昆蟲，吸食人畜的血液。⓬噆　叮咬。

【語　譯】齊國的田氏在庭院裡舉行祖祭宴會，前來赴宴的有上千人。宴席上，有人向田氏敬獻了魚和鵝，田氏看了，感嘆地說：「上天對於人真是恩重如山啊！上天種植五穀，生產魚鳥，來供人們享用。」眾賓客像回聲那樣隨聲附和。鮑家的兒子只有十二歲，也參加了這個宴會，他走向前來說：「並不像您講的那樣。天地萬物與我們人類共同生存著，屬於同一類的事物。既然屬於同一類的事物，就沒有貴賤之分，只不過彼此憑著氣力的大小和智力的高低互相制約、互相吞食而已，並非某種事物的生存是為了另一種事物。人類選取可以食用的東西去吃，難道是上天特意為人類生長出這些東西嗎？這正如蚊蟲叮咬人的皮膚、虎狼吞食人的肉一樣，並非上天特意為蚊蟲生出人、為虎狼生出人肉來啊！」

齊有貧者，常乞於城市❶。城市患❷其亟❸也，眾莫之與。遂適田氏之廄❹，從馬醫❺作役而假食❻。郭❼中人戲之曰：「從馬醫而食，不以辱乎？」乞兒曰：「天下之辱莫過於乞，乞猶不辱，豈辱馬醫哉？」

【章　旨】這個故事說明，辱與不辱，其標準完全在於自我把握。

【注　釋】❶城市　城裡的集市上。市，集市。❷患　討厭。❸亟　多次。❹廄　馬棚。❺馬醫　為馬治病的人。馬醫的地位本來就低賤，貧者又為馬醫服役，所以人們認為這是件不光彩的工作。❻假食　混口飯吃。❼郭　外城。這裡泛指城市。

【語　譯】齊國有一個窮人，經常到城內的集市上討飯吃。城內集市上的人們討厭他來的次數太多，便沒有人再給他飯吃。於是他就到田氏的馬棚子裡去，跟著馬醫當幫工，藉此混口飯吃。城裡人戲弄他說：「跟著馬醫混飯吃，你不感到恥辱嗎？」那個討飯人說：「天下最恥辱的事就是討飯，討飯我尚且不感到恥辱，難道我會因為跟著馬醫幹活兒而感到恥辱嗎？」

宋人有遊於道，得人遺契❶者，歸而藏之，密❷數其齒❸。告鄰人曰：「吾富可待矣。」

【章　旨】本章諷刺了那些因發財心切而以假當真的人。

【注　釋】❶遺契　丟棄不要的契據。❷密　偷偷地。❸齒　契據上的刻痕。古人把契約寫在竹片或木片上，然後一分為二，雙方各拿一半作為憑證。齒就是契據上的刻痕，因其凸凹不平似齒，故名。

【語　譯】有個宋國人在路上遊逛，拾到一片別人廢棄不要的契據，便趕忙回家把契據收藏起來，還偷偷地清點了契據上的刻痕。然後跑去對鄰居說：「我馬上就要發財啦！」

人有枯梧樹者，其鄰父❶言枯梧之樹不祥。其鄰人遽❷而伐之。鄰人父因❸請以為薪。其人乃不悅，曰：「鄰人之父徒❹欲為薪，而教吾伐之也。與我鄰，若此其險❺，豈可哉！」

【章　旨】本章批評了那些喜歡無端臆測的人。

【注　釋】❶鄰父　鄰居家的老人。❷遽　畏懼；惶恐。❸因　接著。❹徒　僅僅；只不過。❺險　用心險惡。

【語　譯】有個人的梧桐樹枯乾了，鄰居的老人說留著枯乾的梧桐樹不吉利，那人嚇得連忙把枯樹砍掉了。鄰居老人接著要求把枯樹送給他當柴火，那個人很不高興，說：「鄰居老頭不過是想弄把柴火燒纔叫我把枯樹砍掉的。與我做鄰居，竟如此陰險，這怎麼可以呢！」

人有亡鈇❶者，意❷其鄰之子，視其行步，竊鈇也；顏色❸，竊鈇也；言語，竊鈇也；動作態度無為而不竊鈇也。俄而抇❹其谷而得其鈇。他日復見其鄰人之子，動作態度無似竊鈇者。

【章　旨】本章主旨與上章基本相同，批評了那些疑神疑鬼的主觀主義者。

【注　釋】❶亡鈇　丟失了斧頭。鈇，通「斧」。❷意　懷疑。❸顏色　面部表情。❹扣　挖掘。

【語　譯】有個人丟失了斧頭，懷疑是鄰居的兒子偷的，看他走路的模樣，像他偷的；看他的表情，像他偷的；聽他說話，也像他偷的；他的所有動作態度，無不像是一個偷斧頭的人。不久，丟失斧頭的人在山溝裡挖地，找到了那把斧頭。第二天，他又看見了鄰居的兒子，鄰居兒子的所有動作和態度，再也不像是偷斧頭的人了。

白公勝❶慮亂，罷朝而立，倒杖策❷，錣上貫頤❸，血流至地而弗知也。鄭人聞之曰：「頤之忘，將何不忘哉？」意之所屬❹者，其行足躓株埳❺，頭抵植木❻，而不自知也。

【章　旨】本章說明邪欲太盛會使人行為反常。

【注　釋】❶白公勝　楚平王的孫子，曾任楚國大夫。❷杖策　用來驅馬的木杖，一頭裝有鐵刺，用來刺馬，使馬跑得更快。❸錣上貫頤　驅馬木杖的鐵刺向上刺穿了面頰。錣，驅馬木杖上的鐵刺。貫，刺穿。頤，面頰。

❹屬　專注。❺足蹪株埳　腳被樹樁凹坑絆倒。蹪，絆倒。株，樹樁。埳，同「坎」。凹坑。❻植木　樹木。

【語　譯】白公勝一心思考叛亂的事情，朝會結束後他還呆呆地站在那裡，手裡倒拿著驅馬的木杖，木杖的鐵刺向上刺穿了他的面頰，鮮血一直流到地上，而他都沒有察覺。鄭國人聽說了這件事，說：「連臉面都忘記了，那麼還有什麼不會忘記呢？」思想高度專注的人，在他行走的時候，腳被樹樁凹坑絆倒，一頭碰在樹木上，而他自己卻不知道。

昔齊人有欲金者，清旦衣冠❶而之市❷，適❸鬻❹金者之所，因攫❺其金而去。吏捕得之，問曰：「人皆在焉❻，子攫人之金，何？」對曰：「取金之時，不見人，徒❼見金。」

【章　旨】本章說明貪欲會使人心亂神迷，做出荒唐可笑的事情來。

【注　釋】❶衣冠　穿好衣服，戴好帽子。❷之市　到集市上去。之，到。❸適　到。❹鬻　賣。❺攫　抓取。❻焉　代指賣金子的地方。❼徒　只。

【語　譯】從前，齊國有一個想得到金子的人，一大清晨，他衣冠整齊地來到市場上，走進一家賣金子的店舖裡，趁機抓起一把金子就走。官吏們把他捉住，問他：「大家都在那裡，你卻敢抓走別人的金子，這是為什麼呢？」那人回答說：「我拿金子的時候，沒有看見人，只看見了金子。」

古籍今注新譯叢書

文學的・歷史的・哲學的・宗教的　古籍精華　盡在三民

哲學類

新譯四書讀本
新譯論語新編解義
新譯學庸讀本
新譯孝經讀本
新譯易經讀本
新譯乾坤經傳通釋
新譯周易六十四卦經傳通釋
新譯易經繫辭傳解義
新譯禮記讀本
新譯儀禮讀本
新譯孔子家語
新譯老子讀本
新譯帛書老子
新譯老子解義
新譯莊子讀本
新譯莊子本義
新譯莊子內篇解義
新譯列子讀本
新譯管子讀本
新譯墨子讀本
新譯公孫龍子
新譯晏子春秋
新譯鄧析子
新譯荀子讀本
新譯尹文子
新譯尸子讀本
新譯鶡冠子
新譯鬼谷子
新譯韓非子
新譯呂氏春秋
新譯韓詩外傳
新譯淮南子
新譯春秋繁露
新譯新書讀本
新譯新語讀本
新譯潛夫論
新譯論衡讀本
新譯申鑒讀本
新譯人物志
新譯張載文選
新譯近思錄
新譯傳習錄
新譯呻吟語摘
新譯明夷待訪錄

文學類

新譯詩經讀本
新譯楚辭讀本
新譯文心雕龍
新譯六朝文絜
新譯世說新語
新譯昭明文選
新譯古文觀止
新譯古文辭類纂
新譯樂府詩選
新譯古詩源
新譯千家詩
新譯詩品讀本
新譯花間集
新譯南唐詞
新譯絕妙好詞
新譯唐詩三百首
新譯宋詩三百首
新譯宋詞三百首
新譯元曲三百首
新譯明詩三百首
新譯清詩三百首
新譯清詞三百首
新譯唐人絕句選
新譯拾遺記
新譯搜神記
新譯唐才子傳
新譯唐傳奇選
新譯宋傳奇小說選
新譯明傳奇小說選
新譯容齋隨筆選
新譯明散文選
新譯明清小品文選
新譯人間詞話
新譯白香詞譜
新譯幽夢影
新譯菜根譚
新譯小窗幽記
新譯圍爐夜話
新譯郁離子
新譯歷代寓言選
新譯賈長沙集
新譯揚子雲集
新譯建安七子詩文集
新譯曹子建集
新譯阮籍詩文集
新譯嵇中散集
新譯陸機詩文集
新譯陶淵明集
新譯江淹集
新譯庾信詩文選
新譯初唐四傑詩集
新譯駱賓王文集
新譯王維詩文集
新譯孟浩然詩集
新譯李白詩全集
新譯李白文集
新譯杜甫詩選
新譯杜詩菁華
新譯高適岑參詩選
新譯昌黎先生文集
新譯劉禹錫詩文選
新譯柳宗元文選
新譯白居易詩文選
新譯元稹詩文選
新譯李賀詩集
新譯杜牧詩文集

新譯李商隱詩選
新譯范文正公選集
新譯蘇洵文選
新譯蘇軾文選
新譯蘇軾詞選
新譯蘇轍文選
新譯曾鞏文選
新譯王安石文選
新譯唐宋八大家文選
新譯柳永詞集
新譯李清照集
新譯辛棄疾詞選
新譯陸游詩文選
新譯歸有光文選
新譯唐順之詩文選
新譯徐渭詩文選
新譯薑齋文集
新譯顧亭林文集
新譯納蘭性德詞
新譯方苞文選
新譯鄭板橋集
新譯袁枚詩文選
新譯李慈銘詩文選
新譯聊齋誌異選
新譯閱微草堂筆記
新譯浮生六記
新譯弘一大師詩詞全編

教育類

新譯爾雅讀本
新譯顏氏家訓
新譯聰訓齋語
新譯曾文正公家書
新譯三字經
新譯百家姓
新譯幼學瓊林
新譯增廣賢文・千字文
新譯格言聯璧

歷史類

新譯史記
新譯漢書
新譯後漢書
新譯三國志
新譯資治通鑑
新譯史記——名篇精選
新譯尚書讀本
新譯周禮讀本
新譯逸周書
新譯左傳讀本
新譯公羊傳
新譯穀梁傳
新譯春秋穀梁傳
新譯戰國策
新譯國語讀本
新譯說苑讀本
新譯新序讀本
新譯吳越春秋
新譯西京雜記
新譯列女傳
新譯越絕書
新譯燕丹子
新譯東萊博議
新譯唐六典
新譯唐摭言

宗教類

新譯金剛經
新譯高僧傳
新譯碧巖集
新譯百喻經
新譯楞嚴經
新譯梵網經
新譯圓覺經
新譯法句經
新譯六祖壇經
新譯禪林寶訓
新譯維摩詰經
新譯經律異相
新譯阿彌陀經
新譯無量壽經
新譯妙法蓮華經
新譯景德傳燈錄
新譯大乘起信論
新譯釋禪波羅蜜
新譯八識規矩頌
新譯永嘉大師證道歌
新譯華嚴經入法界品
新譯地藏菩薩本願經
新譯悟真篇
新譯无能子
新譯坐忘論
新譯列仙傳
新譯抱朴子
新譯神仙傳
新譯性命圭旨
新譯老子想爾注
新譯周易參同契
新譯道門觀心經
新譯養性延命錄
新譯樂育堂語錄
新譯沖虛至德真經
新譯長春真人西遊記
新譯黃庭經・陰符經

地志類

新譯山海經
新譯水經注
新譯佛國記
新譯大唐西域記
新譯洛陽伽藍記
新譯徐霞客遊記
新譯東京夢華錄

政事類

新譯商君書
新譯鹽鐵論
新譯貞觀政要

軍事類

新譯孫子讀本
新譯司馬法
新譯尉繚子
新譯三略讀本
新譯六韜讀本
新譯吳子讀本
新譯李衛公問對

◎新譯樂育堂語錄

戈國龍／注譯

《樂育堂語錄》乃清代著名養生學家、傳統內丹功宗師黃元吉於清道光、咸豐年間講學四川樂育堂時所授道門心法，由弟子記錄整理而成，為一綜合集成之丹道巨著。《語錄》中既有系統的丹道理論，又有切實詳明的丹道工夫與火候的描述，理論和實踐並重，能融通儒佛而不失丹道本色，是站在道教立場而融通三教的代表作。本書為首次對《語錄》進行分章注釋、語譯和研析，於道教基礎和應用研究皆具有開拓意義。

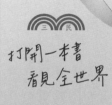